U0516018

本书获四川师范大学学术著作出版基金资助

何 玥
—— 著

Research on the Governance
Mechanism of
Financial Technology
Security in China

基于法经济学的视角
**From the Perspective of Law
and Economics**

中国金融科技
安全治理机制研究

社会科学文献出版社
SOCIAL SCIENCES ACADEMIC PRESS (CHINA)

目 录
CONTENTS

绪　论

第一节　研究背景与意义

一　研究背景和问题的提出

改革开放 40 多年来，金融业改革一直是中国经济领域全面深化改革的主体内容。1978 年，中国开始实施恢复、重构金融组织体系的系列工作，银行、证券、信托、保险等金融行业逐步发展，基本形成了符合现代市场经济要求的金融体制模式。20 世纪 90 年代，以互联网为代表的信息技术与金融资本开始融合，信息技术的革新对金融行业的演进与发展产生了全面而深刻的影响，并由此产生了金融科技（Financial Technology，FinTech）这一新兴金融模式。

中国的金融科技业态最早产生于 2007 年，以一家名为拍拍贷的P2P 网络借贷公司的上线运营为标志。2013 年 6 月，支付宝与天弘基金合作推出的"余额宝"开始席卷整个金融市场，用户规模呈爆发式增长，这让传统金融行业第一次感受到互联网和金融融合的巨大能量。此后三年，腾讯、百度等一批批互联网企业纷纷开始涉足金融行业，并推出"宝"类产品，迅速抢占金融科技市场。与此同时，传统金融行业也开始反思，被打破的垄断该如何应对，不少商业银行开始推出各类电商平台以应对金融科技带来的巨大震荡。短短三年的时间，网络支付、网络借贷、网络众筹等各类金融科技业态在中国生根发芽、遍地开花。之后，金融科技并没有停下发展的脚步，其以惊人的速度抢占中国网络经济和金融各业态市场份额。艾瑞咨询发布的《2018 年中国网络经济年度洞察报告》显示，与 2016 年相比，2017 年在网络经济中的占比涨幅最大的是金融科技，涨幅达到了 1.5%，完成了对文化娱乐行业的反超，跃居网络经济份额第二。[①] 2023 年，中国互联网络信息中心发布的《第 52 次中国互联网络发展状况统计报告》显示，截至 2023 年 6 月，中国网络支付用户规模达 9.43 亿人，较 2022 年底增加了 3176 万人，网络支付使用率由 2022 年底的 85.4% 提升至 2023 年 6 月的 87.5%，城乡网络支付的使用率差值为 11.4%，较 2022 年 6 月缩小了 0.5 个百分点，可见网络支付的城乡差距进一步缩小。[②] 同时，移动支付与便民服务场景深度融合，数字人民币的推广应用进入快车道。

金融科技的大力发展促进了中国金融行业的创新改革，提高了资金融通效率，有效解决了长期困扰创新创业者和小微企业的"融资难、融资贵"问题，推动了普惠金融服务体系的发展进程，使全社会共享金融经济发展成果。正是金融科技独特的社会地位，使其受到了国家各级政府部门的高度关注，也得到了国家各级政府部门的明确支持。2013 年 11 月，党的十八届三中全会中正式提出"发展普惠金融""鼓励金融创新"，拉开了发展金融科技的序幕。2014 年 3 月，互联网金融被首次写入《政府工作报告》，与此相关的办法及通知意见也相继出台。2015 年 3 月，《政府工作报告》中再次提到互联网金

---

① 艾瑞咨询：《中国网络经济年度洞察报告（2018 年）》，http://report. iresearch. cn/wx/report. aspx? id = 3284，2022 年 5 月 17 日最后访问。

② 《第 52 次中国互联网络发展状况统计报告》，中国互联网络信息中心官网 https://www. cnnic. net. cn/NMediaFile/2023/0908/MAIN1694151810549M3LV0UWOAV. pdf，2023 年 9 月 6 日最后访问。

融，要求"促进互联网金融健康发展"。同年 7 月，《关于促进互联网金融健康发展的指导意见》印发，首次明确规定由一行三会分别对互联网金融的各业态进行监管，并且于 11 月将互联网金融纳入国家第十三个"五年规划"中。2016 年，金融科技进入了真正意义上的"监管元年"。2016 年 3 月，中国互联网金融协会成立，成为首个国家级别的行业协会；同年 8 月，中国银监会发布《网络借贷信息中介机构业务活动管理暂行办法》，正式出台规范 P2P 网贷平台业务活动的管理文件。2017 年 12 月，P2P 网络借贷风险专项整治工作领导小组办公室（以下简称"P2P 网络借贷风险专项整治办"）下发《关于做好 P2P 网络借贷风险专项整治整改验收工作的通知》，明确了网络贷款的监管思路，而此时距第一家网贷公司"拍拍贷"的上线已经过去了 10 年。

目前，中国还没有出台与金融科技安全治理相关的成体系的法律法规，也没有建立具有中国特色的金融科技安全治理机制。而作为新兴业态的金融科技，一方面，诸多科技元素的渗透使得金融科技的不当应用会导致传统金融风险和金融科技风险的双重叠加效应，从而增大系统性风险发生的可能性[1]；另一方面，金融科技的跨界、混业以及跨区域经营等特征使其风险传染速度更快、波及面更广。因此，传统被动的监管模式已经难以匹配金融科技复杂多变的风险环境。[2] 金融创新与金融监管的匹配不及时，会使得金融风险事件一旦密集爆发，政府就会以风险整治行为的方式清理金融行业风险，如 2016 年开展的互联网金融风险专项整治工作和 2022 年 8 月"一刀切"地"全面叫停新设网络小额贷款从业机构"。这种监管方式大大抑制了金融行业的发展和金融市场的活力。党的二十大报告强调："加强和完善现代金融监管，强化金

---

[1] 陈放：《我国金融安全面临的挑战及其政府治理创新策略》，《政治学研究》2021 年第 5 期。

[2] 宁泽逵、王哲、屈桥：《中国互联网金融风险监管的主要历程、典型模式及未来挑战》，《山东财经大学学报》2023 年第 2 期。

融稳定保障体系，依法将各类金融活动全部纳入监管，守住不发生系统性风险底线。"同时，在《"十四五"数字经济发展规划》"规范数字经济发展，坚持发展和监管两手抓"的要求下，构建一套符合中国国情的金融科技治理机制是金融科技持续健康发展的当务之急，也是守住不发生系统性风险的底线要求。

二 研究意义

20世纪90年代，互联网技术不断提升，金融服务需求快速增长，由于金融科技服务存在边际成本低、效率高、服务便捷等优势，西方发达国家的金融科技业务规模呈快速发展态势。与西方发达国家相比，中国金融科技的发展相对滞后，但其发展速度不容小觑。2015年，习近平总书记在中央全面深化改革领导小组第十八次会议中强调，提升金融服务的覆盖率、可得性、满意度是发展普惠金融的目的。[1] 2017年，在全国第五次金融工作会议中，习近平总书记再次强调保障国家金融安全的重要性，通过推进现代金融监管框架的构建和金融法治的健全，促进金融良性循环、健康发展。[2] 2019年，党的十九届四中全会又明确了制度建设对防范化解金融风险的作用，指出应通过"加强资本市场基础制度建设，健全具有高度适应性、竞争力、普惠性的现代金融体系，有效防范化解金融风险"[3]。党的二十大报告也强调："加强和完善现代金融监管，强化金融稳定保障体系，依法将各类金融活动全部纳入监管，守住不发生系统性风险底线。"同时，《"十四五"数字经济发

---

① 《全面贯彻党的十八届五中全会精神 依靠改革为科学发展提供持续动力》，《人民日报》2015年11月10日，第1版。

② 《服务实体经济防控金融风险深化金融改革 促进经济和金融良性循环健康发展》，《人民日报》2017年7月16日，第1版。

③ 《中共中央关于坚持和完善中国特色社会主义制度 推进国家治理体系和治理能力现代化若干重大问题的决定》，中国政府网，http://www.gov.cn/zhengce/2019 – 11/05/content_5449023.htm，2022年12月24日最后访问。

展规划》也明确要求："规范数字经济发展，坚持发展和监管两手抓。"在中国金融改革深化的大背景下，对金融科技安全治理机制进行研究具有重要的理论分析价值和实践意义。

（一）研究的理论分析价值

1. 有助于在理论和经验上廓清金融科技安全治理的逻辑和法律路径

与传统金融相比，金融科技在便捷性、覆盖率和高效率等方面具有非常明显的优势，现存的对传统金融安全的治理机制不能平行移植于金融科技，尽管学界已经有很多对金融科技风险监管和安全治理的研究，但这些研究都没能形成系统的金融科技安全治理机制。因此，在比较总结金融科技自身特点和风险特征的基础上，通过运用科学的分析方法，探索有效的金融科技安全治理逻辑和法律路径，在理论上建立一套完整的金融科技安全治理机制有着重要的理论研究意义。

2. 突破单学科的分析范式进一步丰富和发展了金融科技安全治理理论

法经济学作为一种思维方法，其遵循"正义、公平、秩序"前提下的高效原则，主要用于研究法律制度对经济效率和经济秩序的作用。中国现有的安全治理措施大多只局限于保护现存的经济体制和金融结构，而忽略了对成本的衡量，这种低估成本而夸大收益的做法在一定程度上对金融创新产生了阻碍，导致效率低下。而法经济学的研究思路是以法学和经济学的交叉适用为依托，通过合理配置市场各方的权利与义务，试图在安全治理的过程中实现效率与公平的兼顾，全面考虑安全治理的投入产出比，从而实现效用最大化。因此，立足于法经济学视野，对丰富和发展金融科技安全治理理论有一定的理论价值。

3. 有助于提高金融科技安全治理法治水平

1996年，党的十五大报告首次深刻阐述了依法治国的含义，并提出了"依法治国，建设社会主义法治国家"的历史任务。从此，我国的法治建设进入了一个崭新的时代。金融科技作为当前的新兴事物，其产生和发展给社会带来了巨大的挑战，各领域专家学者开始了对金融科技的开拓性研究，当然也包括法律实务界的各种声音。如何在依法治国的理念框架下，有效规制金融科技发展过程中的安全问题，是大多数学者在研究中明确提到的。本书的研究致力于在依法治国的大框架下，综合运用相关学科的理论知识，对金融科技进行综合理论分析，在现有的金融安全治理体系的基础上完善金融科技安全治理机制，有助于推动金融科技安全治理的法治化进程。

4. 促进"共建共治共享"协同治理理念在金融科技领域的应用和发展

习近平总书记在党的二十大报告中指出："健全共建共治共享的社会治理制度，提升社会治理效能。"构建多元化的社会治理体系，是党的二十大提出的重大理论成果之一，也是中国国家治理现代化的重要体现。"共建共治共享"强调政府、社会、人民间的合作，各方主体向着共同目标奋斗，实现共同目标的同时，兼顾协调各方主体的利益。主体协同，目标一致，行动共同，资源共享是"协同治理"理论的特征，也是金融科技安全治理的逻辑基础。因此，将"共建共治共享"协同治理理念应用于金融科技安全治理中，一方面，作为社会协同治理的一部分，有利于总结中国金融科技发展以来，其安全治理理论与现实规律，探索更加有效科学的金融科技安全治理路径；另一方面，也有助于"共建共治共享"协同治理理念在金融科技领域的应用和发展。

（二）研究的实践意义

1. 为金融科技的可持续发展提供了制度供给

自 2013 年互联网金融这一新业态一鸣惊人后，2014 年初，市场中关于金融科技的态度出现了两极分化之势。一方面，有人认为金融科技是创新金融的代表，应多方位支持其发展；另一方面，也有人认为金融科技是不守规矩的监管套利者，强烈呼吁相关监管机构对其予以取缔。但事实上，这两者的观点均有不妥之处，前者只重视金融科技对整个金融效率的作用，而忽略了其在发展过程中对社会造成的不良影响。而后者只看到了金融科技的弊端却忽略了其优势。正如陈雨露教授所讲："互联网金融对于整个金融体系效率提高都是非常好的契机。互联网金融发展很快，将使百姓受益，也有利于市场竞争；另一方面，也因为发展很快，需要引起高度重视，推动其规范发展。"① 金融科技的发展是一个博弈的过程，过宽或过紧的金融环境都会对金融科技的健康发展产生不利影响。因此，本书的研究在金融科技发展的制度供给上具有重要的实践意义。

2. 为金融科技安全治理的执法提供借鉴参考

自 2018 年下半年网贷整治办下发"网贷 108 条"的通知后，P2P 网贷备案工作实质性暂停，统一标准问题亟待解决。很多整改工作落到地方金融办身上，但地方金融安全治理机制不完善，应对乏力。广州市金融工作局局长邱亿通指出："地方金融监管普遍存在三大难题：监管办法相对滞后、监管职责不太明确，队伍编制紧张，缺乏执法权。"② 可见，执法难问题已成为金融科技安全治理的突出问题，而对金融科技安全治理机制的研究能够为各级执法提供借鉴参考。

3. 为中国金融市场的创新改革提供理论支撑

长久以来，中国金融行业准入限制、价格管制、市场封闭，导致市场竞争不充分、超额利润明显、金融产品及服务创新动力不足、客户满意度低等问题突出。③ 金融科技作为金融行业的新生力量，其介入对传统金融机构的变革、转型均具有较大的推动和促进作用。目前，中国金融市场进入改革

---

① 《互联网金融首度写入政府工作报告》，中国政府网，https://www.gov.cn/xinwen/2014－03/05/content_2630456.htm，2023 年 5 月 24 日最后访问。

② 《广州市金融工作局局长邱亿通：地方金融监管职责加重 执法权亟待明确》，搜狐网，https://www.sohu.com/a/203240118_115124，2023 年 5 月 28 日最后访问。

③ 吴晓求：《中国金融的深度变革与互联网金融》，《财贸经济》2014 年第 1 期。

创新的关键时期，研究金融科技安全治理的有效机制旨在寻求金融稳定与金融创新的均衡点，为中国金融市场的创新改革提供理论支撑。

4. 有助于构建具有中国特色的金融科技安全治理机制

与传统金融相比，创新是金融科技领域追求的重要目标，但如果利用创新规避监管，则会引发金融风险甚至金融危机。金融科技的发展凸显了维护国家金融安全的重要性。因此，针对金融科技发展过程中出现的诸多问题，如何通过科学有效的治理机制来消除当前由安全治理体系不完善等带来的负面影响是当下亟须解决的问题。作者认为，当下对金融科技安全治理机制的构建研究正合时宜，完善安全治理的法治体系，构建协同治理的安全治理体系，都有助于最终形成具有中国特色的金融科技安全治理机制。

第二节　国内外研究综述

一　国内研究现状

（一）金融科技的特点与影响

互联网与金融结合而成的金融科技，有机融合了互联网自身的优势和金融的特点，包括低交易成本、覆盖面广、金融脱媒、信息对称和长尾等特征。2012 年，谢平、邹传伟提出金融科技能够通过提高资源配置效率来降低交易成本，从而促进经济增长。[1] 由于成本收益的不匹配，传统金融一直以来偏好发展大金融以规避道德风险。与传统金融相比，一方面，互联网开放、共享的特征能够有效整合中小型客户的碎片化需求，同时通过借助标准化、网络化的操作流程，有效降低了金融交易的专业

---

[1]　谢平、邹传伟：《互联网金融模式研究》，《金融研究》2012 年第 12 期。

化程度，边际成本低。① 另一方面，金融科技机构依托互联网提供金融服务，不需要建立众多网点，有效降低了场地、人力及管理成本，② 是一种更接近金融市场的服务模式。③ 金融科技的广覆盖性主要体现在覆盖区域和服务对象两个方面。④ 从覆盖区域上来看，传统金融以开设分支机构来扩大金融覆盖面的方式决定了大部分传统金融机构都集中于人口、商业集中的地方，而对乡村、农村等经济落后的地区难以渗透。而随着电脑、智能手机等互联网终端的普及，金融科技的区域覆盖面扩大。从服务对象上来看，金融科技通过产品创新降低了客户准入门槛，全方位地为各个阶层提供金融服务，在很大程度上解决了金融排斥问题，⑤ 从而实现了金融需求"大众化"。

在传统金融业中，商业银行被认定为是资金从储蓄向投资转化的重要中介。而互联网技术的介入，使金融中介的作用不断弱化，金融脱媒日益成为普遍现象。资金借贷双方通过网络直接匹配供求关系，不再需要经过任何金融中介。⑥ 封思贤、章洪量通过对金融脱媒进行界定并对其形成的经济学原理进行研究，进一步明确金融脱媒不仅是传统意义上金融中介功能的弱化，他们认为金融中介的虚拟化也是一种脱媒。⑦ 对此，也有学者给出了不同的观点，北京软件和信息服务交易所副总裁罗明雄指出，目前金融科技更多的是一种用高效而低成本的金融媒介来替换传统媒介的金融换媒。⑧ 互联网另一个重要的功能是将信

---

① 丁杰：《互联网金融与普惠金融的理论及现实悖论》，《财经科学》2015 年第 6 期。
② 林宏山：《互联网金融助推普惠金融发展探讨》，《上海金融》2014 年第 12 期。
③ 曾刚：《积极关注互联网金融的特点及发展——基于货币金融理论视角》，《银行家》2012 年第 11 期。
④ 丁杰：《互联网金融与普惠金融的理论及现实悖论》，《财经科学》2015 年第 6 期。
⑤ 白钦先、李士涛：《互联网金融可持续发展研究——基于金融资源观视角》，《征信》2014 年第 12 期。
⑥ 李佳：《互联网金融对传统银行业的冲击与融合——基于功能观的讨论》，《云南财经大学学报》2015 年第 1 期。
⑦ 封思贤、章洪量：《金融脱媒的界定、机理与测度》，《经济与管理研究》2016 年第 6 期。
⑧ 罗明雄：《互联网金融是金融换媒而非脱媒》，《中华工商时报》2014 年 2 月 25 日，第 9 版。

息电子化，继而快速分发相关信息，互联网自由、高效传递信息的特征改变了传统金融行业金字塔式的信息结构，[1] 实现了对金融市场交易信息、经济环境运行信息甚至内幕信息等的快速交流，[2] 完成信息资源的共享。同时，金融科技机构也能通过自媒体等社交网络信息全面掌握客户的还款能力和信用水平，克服了传统金融对小微企业、草根阶层信息掌控不足的劣势，使交易双方信息更加对称。

关于金融科技特征的探析，学界还有一个共识，金融科技覆盖了在传统"二八定律"中体现为仅能提供少部分利润的"长尾群体"，即长尾特征。[3] 传统金融市场关注给银行带来80%的利润的那20%的高端客户，将中小企业和低收入人群排斥在外，从而催生了金融科技的长尾市场。与传统金融相反，金融科技主要服务于剩余80%的中小企业所形成的长尾市场，这些众多利基产品的需求形成了一个与主流传统金融市场相匹配的市场，为互联网非金融机构创造了可观的利润。王聪聪等进一步明确金融科技作为金融服务与信息技术的有机结合，能够有效缓解小微企业这类长尾群体的麦克米伦缺口。[4]

总体而言，国内大多数学者认为，金融科技依托互联网技术的支持，能够显著改善传统金融所面临的信息不对称问题，降低金融交易成本，提供更广、更快、更便捷的金融服务，优化金融服务结构，从而促进社会整体经济和福利的增长。但是，金融科技在迅速发展的过程中也给金融市场带来了影响和挑战。首先，金融科技削弱了传统金融行业的主导地位。这主要表现在两个方面：一是金融科技的创新发展分散了传统金融行业的资金流，影响了传统金融机构的业务量，从

---

① 彭涵祺、龙薇：《互联网金融模式创新研究——以新兴网络金融公司为例》，《湖南社会科学》2014年第1期。

② 袁金星：《互联网金融发展模式及其监督机制分析》，《金融理论与实践》2014年第12期。

③ 马慧子、王向荣、王宜笑：《中国情境下互联网金融的内涵、特征与风险》，《商业经济研究》2016年第21期。

④ 王聪聪等：《互联网金融背景下的金融创新和财富管理研究》，《管理世界》2018年第12期。

而减少了存贷差盈利①；二是"金融脱媒"大大削减了传统金融机构在金融市场中的中介功能。其次，金融科技改变了传统金融安全第一位的经营理念。金融科技采用边缘性进入方式渗透到传统金融业务领域，打破了传统金融业务的时空限制，把便捷、灵活、快速作为经营理念，通过产品创新满足广泛的客户需求。② 再次，金融科技呈现出次级贷款市场的特征。金融科技初期的服务对象大多是被传统金融机构筛选排除在外的客户，这类贷款主体不符合传统贷款市场的标准，具有较强的次级贷款性质，容易产生"劣币驱逐良币"的"柠檬市场"现象，可能会给整个金融市场造成较大的冲击。③ 最后，金融科技对市场和政府宏观调控提出了挑战。一方面，金融科技市场中的融资交易，难以得到有效的金融管控，传统的数量调控方式面临失灵的巨大挑战；另一方面，金融科技导致货币流动性与以往有所不同，政府宏观调控能力遭到削弱。④

（二）金融科技风险

金融科技在快速发展过程中为普惠金融服务奠定良好基础的同时，也产生了相应的风险。金融科技表现出风险二重性特征，既包括来自传统金融风险的影响，又涵盖了互联网技术带来的特有风险。⑤ 前者主要包括系统性风险、市场风险、信用风险、流动性风险、操作风险和运营风险；后者则包括了技术风险、信息安全风险和法律政策风险等（见表1-1）。

---

① 姚珊珊、滕建州、王元：《我国互联网金融发展的问题与对策》，《税务与经济》2017年第2期。
② 张鑫：《互联网金融创新的三大争议》，《探索与争鸣》2014年第12期。
③ 刘勤福、孟志芳：《基于商业银行视角的互联网金融研究》，《新金融》2014年第3期。
④ 曾刚：《积极关注互联网金融的特点及发展——基于货币金融理论视角》，《银行家》2012年第11期。
⑤ 林莉芳：《互联网金融商业模式、风险形成机理及应对策略》，《技术经济与管理研究》2018年8期。

1. 传统金融风险的延伸

（1）系统性风险

系统性风险从 20 世纪 80 年代被提出至今，一直是金融界关注的重点。学界普遍认为系统性风险是指一种由金融内部脆弱性或外部宏观冲击引发的大范围金融不稳定风险。张晓朴认为，金融科技的显著公众性、易触及法律红线等特点，是导致系统性风险的主要原因。[①]彭景、卓武扬进一步论证了金融科技系统性风险的独特性及其成因。金融科技由于融合了"互联网"，相较于传统金融，其系统性风险呈现强交叉传染性、低可控性、显著的负外部性和强隐蔽性等特点。同时，系统性风险的成因包括内部和外部两个方面：内部因素包括金融科技市场的脆弱性、金融体系的周期性、监管模式的分业化以及监管机制的分段式等；外部因素则包括信息技术的过度使用、市场主体突出的非理性行为、互联网企业较强的舆论掌控力以及政策法规的滞后。[②]

（2）市场风险

金融科技的市场风险主要是指由于利率或汇率等变化产生的风险。云佳祺基于 Diamond&Dybvig 挤兑模型分析了金融科技的风险传导机制，并具体论述了金融科技市场风险的传导路径。相较于较为成熟的传统金融市场，市场利率、汇率等波动对金融科技市场的潜在收益或损失的不确定性影响更大，更易发生市场风险。[③]

（3）信用风险

金融科技的信用风险通常被认定为违约风险，具体是指借款人、证券发行者以及交易者不履行合约而使投资人遭受巨大损失的风险。姚

---

① 张晓朴：《互联网金融监管的原则：探索新金融监管范式》，《金融监管研究》2014 年第 2 期。
② 彭景、卓武扬：《我国互联网金融系统性风险的特征、成因及监管》，《西南金融》2016 年第 10 期。
③ 云佳祺：《互联网金融风险管理研究》，中国社会科学院研究生院博士学位论文，2017。

国章、赵刚指出，金融科技的信用风险主要表现为违约、个人信用信息被滥用和欺诈三类风险。[①] 金融科技信用风险的产生主要是由于金融科技交易的虚拟性，对申请人信用的评估主要采用云计算、大数据等先进技术手段，而中国人民银行征信系统尚未涵盖金融科技市场，无法实现与个人征信系统的对接，从而导致违约风险。[②]

（4）流动性风险

流动性风险是传统金融中最典型且最具杀伤力的风险，金融科技流动性风险则是在传统金融流动性基础上的延伸和变种。薛紫臣将金融科技的流动性风险定义为金融科技企业无法获得或无法及时获得充足资金以应对资产增长或支付到期债务的风险，以及投资者无法按预期实现资金与资产转换的风险。[③] 张健进一步论述了金融科技流动性风险的成因，相较于传统金融机构对资金流动性准备的充分性而言，金融科技平台防范资金风险相对不足，缺乏风险准备金、存款保险制度及风险资产拨备制度等，易导致流动性挤兑风险。[④]

（5）操作风险

金融科技的操作风险主要是由于工作人员或消费者不熟悉网络操作系统或未按操作指引进行操作而引发的金融风险，[⑤] 主要包括技术操作失误的风险和消费者操作失误的风险两类。[⑥] 何文虎、杨云龙还进一步论证了操作风险产生的缘由，金融科技由于过分追求市场份额及业务增长，导致内部流程管理有缺陷、风险识别评估和监控体系缺失，从

---

① 姚国章、赵刚：《互联网金融及其风险研究》，《南京邮电大学学报》（自然科学版）2015年第2期。
② 张健：《中国互联网金融风险与监管体系改革的路径选择》，《亚太经济》2018年第6期。
③ 薛紫臣：《互联网金融流动性风险的成因和防范》，《中国发展观察》2016年第12期。
④ 张健：《中国互联网金融风险与监管体系改革的路径选择》，《亚太经济》2018年第6期。
⑤ 何文虎、杨云龙：《我国互联网金融风险监管研究——基于制度因素和非制度因素的视角》，《金融发展研究》2014年第8期。
⑥ 姚国章、赵刚：《互联网金融及其风险研究》，《南京邮电大学学报》（自然科学版）2015年第2期。

而导致金融科技企业（尤其是新进企业）产生操作风险。[1]

（6）运营风险

学界对金融科技运营风险的理解有两种不同的观点。一部分学者认为行业发展初期的金融科技从业人员稀缺，其专业水平较低且易发生道德风险，由此带来直接损失或间接损失，从而产生营运风险。[2]另一种观点将金融科技运营风险扩大化，既包括征信风险、信用风险、资金流动性风险、企业信誉风险、成本收益风险等多种金融科技运营过程中产生的风险，也包括由此带来的转化型风险、关联型风险。

2. 金融科技的特有风险

（1）技术风险

传统金融机构一般有独立的通信网络系统用以保障金融市场的正常运转。与传统金融机构不同的是，金融科技以开放式网络通信系统为基础，TCP/IP 协议本身的安全性面临较大的非议，加之金融科技当前不够完善的加密技术，极易导致计算机遭受黑客攻击，从而产生直接损失或潜在损失的风险。[3]姚国章、赵刚将金融科技技术风险细化为技术泄密和计算机病毒感染两类风险。

（2）信息安全风险

互联网环境下，信息数据成为社会运转的核心资源和关键方式，信息安全也在这一背景下逐步演变成金融科技最大的风险。所谓金融科技信息安全风险，主要是指金融消费者在享受金融便利的同时，所面临的账号被盗、资金被窃、交易欺诈以及财产损失等的风险。[4]王肃之将金融科技信息安全风险分为信息系统风险、账户信息风险和用

① 何文虎、杨云龙：《我国互联网金融风险监管研究——基于制度因素和非制度因素的视角》，《金融发展研究》2014 年第 8 期。
② 云佳祺：《互联网金融风险管理研究》，中国社会科学院研究生院博士学位论文，2017。
③ 张明：《警惕互联网金融行业的潜在风险》，《经济导刊》2013 年第 Z5 期。
④ 胡剑波、宋帅、石峰：《互联网金融信息安全风险及其防范》，《征信》2015 年第 4 期。

户信息风险三类。① 毕建华、肖林江分析了金融科技信息安全风险产生的原因主要是国内网络安全防护机制尚不成熟，金融科技的参与各方对数据信息安全的风险防范意识较弱，从而造成金融科技信息安全风险事件频繁发生，这主要包括金融网络犯罪集团发起的有组织的攻击风险、客户端安全认证风险、金融科技企业业务外包风险和来自云端的风险。②

（3）法律政策风险

金融科技法律政策风险是指由于缺乏完善的金融科技法律规范和不确定的政策环境而导致金融科技交易主体经济损失的可能性。③ 云佳祺认为金融科技立法不完善，法律法规的颁布存在滞后性，导致金融科技机构的监管套利行为的发生，从而导致金融科技法律政策风险的发生。

表 0 - 1　金融科技风险种类

风险种类	具体风险	风险内涵	风险成因	文献来源
传统金融风险的延伸	系统性风险	一种由金融内部脆弱性或外部宏观冲击引发的大范围金融不稳定风险	信息技术的过度使用→市场主体突出的非理性行为→金融科技市场的脆弱性增强→系统风险	张晓朴（2014）；彭景、卓武扬（2016）
	市场风险	由于利率或汇率等变化产生的风险	金融科技市场利率、汇率强波动→潜在收益或损失的不确定性增强→市场风险	云佳祺（2017）
	信用风险	借款人、证券发行者以及交易者不履行合约而使投资人遭受巨大损失的风险	金融科技交易的虚拟性→中国人民银行征信系统无法与个人征信系统对接→出现到期不还款的违约风险→信用风险	姚国章、赵刚（2015）；张健（2018）

---

① 王肃之：《互联网金融信息风险的法律防控》，《当代经济管理》2017 年第 6 期。
② 毕建华、肖林江：《关注互联网金融信息风险》，《金融时报》2016 年 11 月 7 日，第 12 版。
③ 张旭辉：《互联网金融风险防范和监管问题研究》，中共中央党校博士学位论文，2015。

风险种类	具体风险	风险内涵	风险成因	文献来源
传统金融风险的延伸	流动性风险	金融科技企业无法获得或无法及时获得充足资本以应对资产增长或支付到期债务的风险，以及投资者无法按预期实现资金与资产转换的风险	缺乏风险准备金、存款保险制度及风险资产拨备制度→发生第三方资金挤兑→资金链断裂→流动性风险	薛紫臣（2016）；张健（2018）
	操作风险	由于工作人员或消费者不熟悉网络操作系统或未按操作指引进行操作而引发的金融风险	金融科技由于过分追求市场份额及业务增长→内部流程管理有缺陷、风险识别评估和监控体系缺失→操作风险	何文虎、杨云龙（2014）；姚国章、赵刚（2015）
	运营风险	金融科技从业人员在营运过程中因专业水平低而导致的风险	从业人员专业水平较低且易发生道德风险→带来直接或间接损失→运营风险	云佳祺（2017）
		金融科技运营过程中产生的征信、信用、资金流动性、企业信誉、成本收益等诸多风险	金融科技业务运营过程中面临的诸多风险的集合	何文虎、杨云龙（2014）；姚国章、赵刚（2015）
金融科技的特有风险	技术风险	技术漏洞、系统缺陷等原因导致的不确定性以及偏离目标结果的可能性	开放式网络通信系统、不完善的加密技术→计算机遭受黑客攻击→技术风险	张明（2013）；姚国章、赵刚（2015）
	信息安全风险	金融消费者在享受金融便利的同时，所面临的账号被盗、资金被窃、交易欺诈以及财产损失等的风险	国内网络安全防护机制尚不成熟、金融科技的参与各方对数据信息安全的风险防范意识较弱→信息安全风险	胡剑波、宋帅、石峰（2015）；王肃之（2017）；毕建华、肖林江（2016）
	法律政策风险	不完善的金融科技法律规范和不确定的政策环境导致的金融科技交易主体经济损失的可能性	金融科技发展日新月异→金融科技立法不完善、法律法规的颁布滞后→发生金融科技机构的监管套利行为→法律政策风险	张旭辉（2015）；云佳祺（2017）

（三）金融科技监管与安全治理

金融科技的监管与安全治理是一个系统工程，国内学者的研究大多集中在其模式选择方面。综观整个学术界，对金融科技监管与安全治理模式的研究随着金融科技发展阶段的变化而变化，从最开始一部分学者支持的分业监管模式到分业与混业综合统筹模式再到混业模式，最后演变出回应型监管、三元监管、智慧监管等各式各样的新型治理模式。

首先，何文虎通过分析金融科技的风险特征及主要表现类型，从制度因素和非制度因素两个相对立的角度研究了金融科技风险的成因，由此提出金融科技的监管和安全治理思路，即应针对不同的金融科技业态实施分业监管。[①] "分业监管"模式来源于传统金融行业，其是否能够被平行移植于金融科技的安全治理中受到了学界的质疑。郑联盛认为金融科技的本质仍是金融，但金融科技的混业经营趋势日趋明显，分业监管模式在面对涉及多个分业领域的金融科技产品时易出现监管缺陷和漏洞，因此，金融科技的监管和安全治理需着重解决混业经营与分业监管的制度性错配问题。[②] 与郑联盛持相同观点的还有刘力臻，其指出我国金融监管体制在缺少统一的综合监管机制下，金融跨界业务易出现监管盲区，导致系统风险，基于此，我国应建立"央行四会"的分业与混业综合统筹管理体系。[③] 庞敏、邱代坤考察了美国、英国等维护金融科技安全的举措，再次论证了分业监管和机构监管等传统监管模式对混业经营的不适用性，提出应向机构功能监管和行为监管转变。[④] 陆岷峰、葛和平同样对比分析了美国、英国和德国等西方发达国家的金融科技监管改革路径，提出金融科技市场的混业经营现状会倒逼我国金融混业监管的改革方向，应分层次推进混业监管改革。[⑤]

鉴于金融科技的双重属性，其他不同类型的监管模式也不断被提

---

① 何文虎：《我国互联网金融风险监管研究》，《南方金融》2014 年第 10 期。
② 郑联盛：《中国互联网金融：模式、影响、本质与风险》，《国际经济评论》2014 年第 5 期。
③ 刘力臻：《互联网金融：机理·特征·监管·趋势》，《当代经济研究》2014 年第 12 期。
④ 庞敏、邱代坤：《互联网金融风险产生的路径与防范对策分析》，《理论探讨》2017 年第 4 期。
⑤ 陆岷峰、葛和平：《供给侧改革背景下我国金融监管体制重构的思考——基于互联网金融对传统金融的冲击分析》，《当代经济管理》2017 年第 1 期。

出论证。谭艳斌选择从与现代"负面清单"监管模式相对的"正面清单"视角出发，总结了我国金融科技面临的监管主体缺位、监管业务缺失、监管法规缺漏和监管手段缺乏等"缺位"现象，并对我国金融科技监管和安全治理提出了建议。[①] 肖宇指出面对层出不穷的金融科技创新，我国金融科技的监管和安全治理应借鉴国外回应型监管模式，构建政府、自律组织和金融科技企业相融合的"大监管"主体，在一定范围内给予市场主体法律责任的豁免，并以 P2P 网络借贷为典型提出了分类监管、正面鼓励与负面惩罚并用的多元化策略。[②] 吴晓求基于中国金融结构的变化，提出了四个监管治理新模式的基本要点，包括监管模式上实现微观审慎监管和宏观审慎政策的协调一致、监管框架上从"一行三会"过渡到"双峰"形态、监管重点由资本监管转为资本和透明度监管并重、监管方式以"智能监管"为主。[③] 在此基础上，朱娟以区块链为研究对象，进一步明确了介于控制型监管和放松型监管之间的"智慧监管"是一种以监管多元主义为中心的治理模式，其追求的是在多个价值间取得平衡。[④] 修永春在梳理国内第三方支付发展现状、剖析风险的基础上，提出了"三元监管模式"，具体是指以政府监管有效规制外生秩序、以平台治理完善平台规则和以用户监督整肃内生秩序。[⑤] 彭冰指出，从中国实践来看，金融科技监管和安全治理有三种不同的监管模式——创新型监管模式、严格禁止模式和运动型治理模式，通过分析三种模式各自的利弊，认为创新型监管模式最适合我国金融科技行业的发展。[⑥] 潘静反思了金融科技政府中心规制的失灵，提出建立以行动者、合约相对方、社会大众、社会组织和政府机关为共治主体

---

① 谭艳斌：《"正面清单"视角下的互联网金融监管》，《企业经济》2014 年第 11 期。
② 肖宇：《构建互联网金融的回应型监管模式》，《探索与争鸣》2018 年第 10 期。
③ 吴晓求：《中国金融监管改革：逻辑与选择》，《财贸经济》2017 年第 7 期。
④ 朱娟：《我国区块链金融的法律规制——基于智慧监管的视角》，《法学》2018 年第 11 期。
⑤ 修永春：《"网联"时代第三方支付的三元监管模式探析》，《上海金融》2018 年第 11 期。
⑥ 彭冰：《反思互联网金融监管的三种模式》，《探索与争鸣》2018 年第 10 期。

的社会共治体系。① 更有学者以金融科技风险为切入，运用合成指数法和 TVP-VAR 模型发现当前的金融监管不能有效应对金融科技变革带来的金融风险，应建立混合型金融风险预警机制。②

　　此外，消费者权益保护也被视为金融科技监管与安全治理的主要路径，关于金融科技消费者保护的研究也因此得到了较多的理论关注。王茹对金融科技的监管与安全治理秉持适度原则，从政府、行业、企业和消费者四个层面出发，建议建立一套政府监管、行业自律、企业内控和消费者权益保护四位一体的多元化金融科技风险防控体系，她强调消费者层面的安全治理是金融科技监管中至关重要的一个环节。③ 李凯风、朱冠如对西方发达国家在金融消费者权益保护建设方面进行解析。他们认为，从国际经验来看，金融消费者保护是金融监管改革的三大核心之一，并提出了我国金融科技消费者权益保护机制完善的具体举措。④ 黄博文基于"消费者主张""信息不对称"等传统消费者保护理论指出，以算法不完备为代表的技术不对称成为信息不对称的重要表现，算法治理逐步成为金融科技消费者权益保护的制度路径。⑤ 袁远则从宏观、中观和微观三个维度进一步解析了金融科技消费者权益保护的新理念，他指出，在宏观层面，树立"公共产品型"的监管理念；在中观层面，建立金融科技消费者保护的专门机构；在微观层面，完善金融科技消费者的"三权"保护制度和在线纠纷解决机制。⑥ 程雪军在金融科技的背景下研究发现，互联网消费金融遵循"发展动因—发展

---

① 潘静：《从政府中心规制到社会共治：互联网金融治理的新视野》，《法律科学》（西北政法大学学报）2018 年第 1 期。
② 张晓燕：《金融科技风险及其治理机制研究》，《甘肃社会科学》2023 年第 2 期。
③ 王茹：《互联网金融风险防范与多元化金融监管体系构建》，《经济研究参考》2016 年第 63 期。
④ 李凯风、朱冠如：《我国金融消费者权益保护体系的问题与解决对策》，《金融与经济》2017 年第 11 期。
⑤ 黄博文：《算法不完备及其治理——以互联网金融消费者保护为中心》，《西南金融》2018 年第 8 期。
⑥ 袁远：《监管视角下互联网金融消费者保护研究》，《经济纵横》2019 年第 6 期。

模式—风险形成—监督管理"的理论逻辑，提出健全社会征信体系、加强金融科技监管以保护消费者合法权益。[①]

二 国外研究现状

20 世纪 90 年代初期，英美等发达国家便出现了金融与互联网相结合的金融科技业态，但并没有提出"金融科技"这一概念，而是用电子金融（Electronic Finance）取而代之。尽管电子金融没有明确统一的定义，但电子金融大体上可以认为包含两类：一类是通过上网方式替代或补充传统方式完成的金融交易；另一类是互联网普及带来的革命性变革的新交易方式。[②] Allen、Mcandrewa 和 Strahan 将电子金融定义为采用电子通信或电子计算机等方式提供金融服务的一种新金融形式，是金融科技的一种初期模式。[③] 还有学者将电子金融的范畴扩大化，所有与电子信息技术相关的，包括网络金融在内的金融服务全被纳入其中。[④]

电子金融的出现必然会对传统金融机构以及传统交易模式产生影响，而金融机构也会在电子金融的冲击下不断发展。[⑤] 例如，电子货币替代现金成为主要的支付方式。[⑥] 美国学者 Claessens、Glaessner 和 Klingebiel 指出电子金融等新交易系统的出现打破了原有的全球金融格

---

① 程雪军：《金融科技背景下互联网消费金融研究综述：基本理论框架》，《兰州学刊》2023 年第 5 期。

② Herbst, A. F., "E-Finance: Promises Kept, Promises Unfulfilled, and Implications for Policy and Research," *Global Finance Journal* 12 (2), 2001, pp. 205 – 215.

③ Franklin Allen, James Mcandrewa, and Philip Strahan, "E-Finance: An Introduction," *Journal of Financial Services Research* 22 (1 – 2), 2002, pp. 5 – 27.

④ Anguelov, C. E., Hilgert, M. A., and Hogarth, J. M., "U. S. Consumers and Electronic Banking, 1995 – 2003," *Federal Reserve Bulletin*, Winter 2004.

⑤ Greenbaum, S. I., and Thakor, A. V., "Reputation and Discretion in Financial Contracting," *American Economic Review* 83 (5), 1993, pp. 1165 – 1183.

⑥ Berentsen, A., "Monetary Policy Implications of Digital Money," *Kyklos* 51 (1), 1998, pp. 89 – 118.

局，对传统金融的结构和竞争产生了巨大的冲击效应，促使传统金融在差别定价、价格透明度和分销渠道等方面进行转型。[①] Shahrokhi 通过整理1997~2007年电子金融发展的数据介绍了电子金融的发展和创新，并指出互联网对金融模式会产生颠覆性的影响，电子金融创新不但降低了经营成本，还提高了金融服务质量。[②] 金融科技低成本、高效率以及优质的客户体验等特点充分满足了"长尾市场"的特殊需求，给传统金融带来了巨大的挑战，从而倒逼传统金融加快改革以适应金融科技的繁荣发展。

金融科技不断发展衍生出各细分子行业，Akinci、Aksoy 和 Atilgan 在研究互联网银行模式的过程中发现金融科技的风险具有极大的隐蔽性。[③] Efraim 利用美国最大的 P2P 网络借贷公司 Prosper 的贷款数据构建了搜索、羊群和拥挤的理论模型，其指出，在 P2P 网络借贷中高价值的贷款可以为投资者提供因价格溢价而带来的超额回报，从而更易受到投资者的追捧。[④] Bansal 采用商业银行经营理论与资本资产定价模型（CAPM）研究了互联网货币基金的属性、特点及优势，并通过定量分析的方法，明确了互联网货币基金对商业银行传统理财产品、存款以及资产管理等服务产生了替代效应。[⑤]

但在网络经济框架下，金融科技的出现也对现行法律与监管框架

① Stijn Claessens, Thomas Glaessner, and Daniela Klingebiel, "Electronic Finance: Reshaping the Financial Landscape around the World," *Journal of Financial Services Research* (8), 2002, pp. 29-61.

② Shahrokhi, M., "E-finance: Status, Innovations, Resources and Future Challenges," *Managerial Finance* 34 (6), 2008, pp. 365-398.

③ Serkan Akinci, Şafak Aksoy, Eda Atilgan, "Adoption of Internet Banking among Sophisticated Consumer Segments in An Advanced Developing Country," *International Journal of Bank Marketing* 22 (3), 2004, pp. 212-232.

④ Efraim, B., "Search and Herding Effects in Peer-To-Peer Lending: Evidence from Prosper. com," *Annals of Finance* (7), 2011, pp. 389-405.

⑤ Bansal, P., "The Influence of Internet Currency Fund to Commercial Banks Business," *Strategic Management Journal* 26 (3), 2014, pp. 197-218.

提出了挑战，加速了网络安全、隐私保护、信用危机等一系列互联网时代新问题的产生。Hallberg 通过研究金融科技的违约风险处理机制，指出金融科技由于仅作为信息中介而不承担任何信用违约风险，反而会提高违约风险发生的可能性，从而不利于金融稳定和经济发展。[①] Berger 和 Gleisner 以网络借贷为研究对象，认为网络借贷双方因存在信息不对称而容易产生信用风险。[②] Ramsey 在分析了金融科技几种基本模式运作模型的基础上，认为金融科技的跨行业性会带来新的风险，并且多元复杂的风险因子对平衡创新发展与金融宏观审慎监管以及行业自律间的关系提出了更高的要求。[③] 可见，对金融科技的监管与安全治理十分必要。Ksenija、Anita 和 Irena 采用欧盟国家互联网银行业务数据建立了多元回归模型，强调金融科技监管部门应对用户信息虚拟性以及互联网银行自身违规带来的风险进行重点监管。[④] Gkoutzinis 在梳理研究英国、法国和德国等欧洲国家对金融科技的法律规制的基础上，审查了单一欧洲市场网上银行服务的体制和法律框架，提出互联网创建银行市场依赖于现有的技术和适当的法律法规。[⑤] 2016 年，美国杜克大学教授 Baxter 在"金融科技"不断发展的背景下，提出了适应性监管（Adaptive Regulation）的概念，指出金融科技监管机构必须采用多元化的监管手段以应对监管资源稀缺、成本高昂等诸多问题。[⑥]

---

① Hallberg, K., "A Market-Oriented Strategy for Small and Medium-scale Enterprises," *International Finance Corporation Discussion Paper* (2), 2008, pp. 23 – 25.

② Berger, S. C., and Gleisner, F., "Emergence of Financial Intermediaries in Electronic Markets: The Case of Online P2P Lending," *Business Research* 2 (1), 2009, pp. 39 – 65.

③ Ramsey, L., "Internet Finance's Impact on Traditional Finance," *The Journal of Internet Finance* 16 (2), 2014, pp. 31 – 49.

④ Ksenija, D., Anita, C., and Irena, P., "Multivariate Analysis of Determinants of Internet Banking Use in European Union Countries," *Central European Journal of Operations Research* 14, 2014, pp. 1 – 10.

⑤ Apostolos, Gkoutzinis, *Internet Banking and the Law in Europe* (Cambridge: Cambridge UniversityPress, 2006).

⑥ Baxter, L. G. "Adaptive Financial Regulation and Regtech: A Concept Article on Realistic Protection for Victims of Bank Failures," *Duke Law Journal* 66 (3), 2016, pp. 567 – 604.

第三节　本书的逻辑结构与可能的贡献

本书在界定金融科技安全治理范畴的基础上，围绕金融科技风险与安全治理这条主线展开研究，通过借鉴域外金融科技安全治理的经验和比较中国现存金融科技安全治理机制，为助推形成具有中国特色的金融科技安全治理机制提供经验参考。

除绪论和结语外，本书根据研究重点的不同，主要分为以下六章。

第一章界定金融科技安全治理的范畴。确定这一范畴的前提是要先明确金融科技的内涵和特征。首先，通过研究金融概念的历史演进和金融科技概念的由来明确金融科技的具体内涵；其次，阐述金融科技的基本特征，根据金融科技"网络"和"金融"的双重活动特点，归纳出金融科技的六个基本特征；最后，明确金融科技安全的内涵与外延，并对金融科技安全治理的对象——金融科技风险进行分类研究。

第二章主要阐述金融科技安全治理的理论基础。金融科技市场是一个复杂多变且并不理想的市场，金融科技的安全治理需要理论来支撑。因此，本章从经济学、法学、社会学和政治学学科角度论证了金融科技安全治理的理论依据。从经济学角度，首先分析金融科技的外部性、信息不对称、垄断等与市场失灵相关的理论，同时运用行为金融学理论分析金融科技投资中出现的各种非理性行为，厘清非理性行为与认知，梳理金融科技风险的形成缘由，从而制定有效的金融科技安全治理机制。从法学角度，以公平正义、安全和效率这些法律追求的永恒价值为基础，充分阐述金融科技安全治理的法学基础。从社会学角度，以风险社会理论为核心，论证金融科技安全治理的社会学基础。最后，从政治学角度，国家治理的现代化为金融科技安全治理机制的构建提供了逻辑基础，并以现代政府理论、多中心治理理论和利益相关者理论为核心，论述了金融科技安全治理的政治学基础。

第三章是对中国现有金融科技安全治理机制的考察。首先，阐述中国金融科技监管与安全治理机制的发展情况；其次，从第三方支付、网络借贷、股权众筹、金融网销、数字货币和互联网消费金融六个维度论述了中国金融科技的发展现状、安全治理的法律框架以及行业自律现状；最后，总结归纳了中国现有金融科技安全治理机制的不足。

第四章论述域外金融科技安全治理的经验借鉴。本章分别论述了美国、英国、日本三个国家金融科技安全治理的经验，首先，美国完善的法律体系、多层次的治理体系、强大的市场化征信体系和健全的消费者权益保护体系是保障美国金融科技健康创新发展的基础；其次，"双峰治理"模式、良好的行业自律和金融服务补偿计划、"监管沙箱"制度等有效的制度设计的共同作用，保证了金融科技在英国的良性发展；最后，一体化的治理模式、有针对性的法律政策和完善的信用信息共享机制为日本金融科技的健康发展奠定了坚实的基础。

第五章是对中国金融科技安全治理机制模式选择的论述。首先，通过计量分析考察了单一中心治理模式和多中心治理模式的选择。其次，运用主成分分析法比较了金融科技安全分业治理与混业治理的效率差别，为后文金融科技安全治理机制的完善奠定了理论基础和实证基础。

第六章探讨如何完善中国金融科技安全治理的制度构建。首先，基于中国金融科技安全治理的现状，梳理和分析了中国金融科技安全治理的总体思路。其次，搭建了中国金融科技安全治理机制的基本框架，包括金融科技安全治理的组织体系、金融科技安全治理的法律体系、金融科技安全治理的治理体系以及金融科技安全治理的协调体系。最后，从事前预防、事中处理和事后救济三个方面论述了中国金融科技安全治理实践及其理性构建。

本书可能做出的贡献主要有以下几个方面。首先，本书为金融科技安全治理的研究提供了新的研究视角。现有的金融科技安全治理研究缺乏多视角的考量和均衡，大多直接从单一视角出发探究金融科技安全的治理路径。而本书试图从金融创新与金融稳定、市场治理与政府监管、信息披露和权益保护、技术与伦理道德等多个视角出发，使各关联方之间达到均衡，并在此基础上构建具有中国特色的金融科技安全治理机制。其次，本书运用跨学科理论研究金融科技安全治理问题为后续的相关研究打下了比较坚实的基础。本书运用法学、经济学、行为金融学和社会学等学科的理论，运用比较研究、实证研究和理论分析相结合的研究方法，围绕金融科技安全治理这一核心，系统论证了金融科技安全治理的基础理论、治理原则、治理模式等问题，形成了完整的金融科技安全治理机制。最后，本书补充完善了协同治理理念在金融科技领域应用的不足。党的二十大明确指出，"共建共治共享"的多元化社会治理体系是中国国家治理现代化的重要体现，尽管这一理念的提出最初适用于社会治理，但作者认为应将协同治理理念运用到社会治理的各个层面，这当然也包括对金融科技安全的治理。因此，本书将"共建共治共享"的协同治理理念纳入金融科技安全治理中，不仅有助于"共建共治共享"协同治理理念本身的发展，更有助于这一理念在金融科技领域的应用。

第一章

金融科技安全治理的相关概念阐述及范畴界定

第一节　金融科技的概念阐述

一　金融概念的历史演进

"金融"一词产生于明治维新（1868 年）之后的日本，后由日本传入中国。中国古代文字中有"金"和"融"二字，但未见"金融"连在一起的词，《康熙字典》及其以前的所有辞书中均无"金"和"融"连用的记载，但银号、钱庄等相关活动却表现出金融之实。"金融"一词在中国的正式使用可以追溯到中国近代银行业兴起之后，1912 年财政部的一道呈文中提到"自去秋以来，金融机关一切停滞"，此时的"金融"含义还不明确。"金融"作为一个词条，最早见于 1915 年初版的《辞源》（"今谓金钱之融通状态曰金融，旧称银根。各种银行、票号、钱庄，曰金融机构。"）和 1936 年初版的《辞海》（"资金融通之形态也"）。可见，自 20 世纪初以来，"金融"被定义为"资金融通"，其活动受经济发展水平的限制，只在整个社会经济中较小的范围里进行，金融活动也主要是指货币充当交换媒介和发展为一般等价物的货币发展过程。

20 世纪七八十年代，随着世界经济的迅速发展，经济金融化程度不断提高，社会对金融服务的需求也呈多样化和复杂化的特征。在此背景下，金融功能不断丰富，逐渐渗透到社会经济的各个方面，仍用"资金融通"来简单概括"金融"已不合时宜。基于此，大量权威辞典类书目均对"金融"一词做了新的修订。《中国金融百科全书》将"金融"词条注释为"货币资金和货币信用的融通"①。这一定义超出"资金融通"之说，将货币流通和信用活动联系起来。无独有偶，1999 年版《辞海》也对"金融"一词做了修订，将"金融"定义为"与货币流通和银行信用有关的一切活动"②。

经济全球化、金融全球化的加速发展，使作为"万能垄断者"的"金融"本身开始在某种程度上脱离实物经济而独立运行。金融工具的多样化和融资方式的多元化，使西方发达国家资本市场中的投资活动和融资活动呈现高度统一的趋势。基于此，*The New Palgrave Dictionary of Economics*（《新帕尔格雷夫经济学大辞典》）重新定义了"金融"，"Finance is a subfield of economics distinguished by both its focus and its methodology. The primary focus of finance is the workings of the capital markets and the supply and the pricing of capital assets"③。与上述中文辞书相关概念相比，这一诠释所涵盖的范围明显缩小，其舍弃了货币和信用，甚至金融宏观管理政策，将金融独立于货币与信用之外，以储蓄者与投资者的行为活动作为金融的覆盖面用以代替政府行为活动。这种狭义

---

① 黄达、刘鸿儒、张肖主编《中国金融百科全书》，经济管理出版社，1990，第 198 页。
② 辞海编辑委员会编《辞海》（缩印本），上海辞书出版社，1999，第 2045 页。
③ 金融以其不同的中心点和方法论成为经济学的一个分支，其基本的中心点是资本市场的运营、资本资产的供给和定价。参见 Eatwell, J., *The New Palgrave Dictionary of Economics Second Edition*, Volume 3（London：Macmillan Publishers, 2008），p. 314, 转引自〔英〕伊特韦尔、〔美〕默里·米尔盖特、〔美〕彼得·纽曼编《新帕尔格雷夫经济学大辞典》（第 2 卷），经济科学出版社，1992，第 345 页。

的解释在中国得到了一部分学者的支持，并逐渐出现从不同角度对金融概念的学术之争。一方面，从金融现象出发，随着金融业逐渐走向成熟，金融非独立产业的说法便不再合时宜，世界金融市场的形成促使金融业发展成为一种独立的产业，并逐渐超越某些物质生产部门的地位。金融成为从物质生产部门分离出来的，但仍依赖于物质生产的规模和水平而发展的独立产业。[①] 另一方面，从金融本质出发，现代金融各种不同表现形式之下呈现出的共通之处是作为资产需要用货币计量价值，用利息核算增值状况，这些活动形成了一个完整的市场，参与的市场主体既包括企业个人也包括政府，并以获取资产流动性、安全性和盈利性的平衡为目标，因此，从"产权"或"索取权"的角度可以将现代金融定义为以货币或货币索取权形式存在的资产的流通。[②]

事实上，金融的定义需要从实际出发。不同时代、不同国家甚至同一时代、同一国家的学者由于其研究视角在纵向（不同时代）和横向（不同国家）之间变化时，都有可能对金融的界定持不同的观点，这一系列的变化是一个由简单到复杂的发展过程。因此，在经济金融化、经济全球化日益加剧的时代背景下，金融的界定是一个运动发展的过程，很难给"金融"下一个一成不变的定义。

二 金融科技的由来

1969 年，加利福尼亚大学、加利福尼亚大学洛杉矶分校、斯坦福研究所和犹他州大学在美国国防部高级研究计划署制订的协议下，将四台主机连接，互联网由此诞生，成为比以往任何通信媒介都要便捷的公用信息载体。至今互联网已经历了 50 多年的发展历程，互联网技术不断渗透到社会、生活等各领域，改变着人们的生活方式和实体经济发

---

① 秦池江：《论金融产业与金融产业政策》，《财贸经济》1995 年第 9 期。
② 曾康霖、虞群娥：《论金融理论的创新》，《金融理论与实践》2001 年第 6 期。

展方向，并深刻影响着经济金融的运行轨迹。

1958 年，美国美洲银行安装了第一台电子计算机用于储蓄业务，随后用自动取款机取代了银行出纳业务，并建立了电子资金传输结算系统。1973 年，美国率先建立了用于联储银行间清算服务的电子计算机系统，即将"联储电划系统"由电报、电话形式转变成电子化模式，由此拉开了金融电子化的帷幕，这一阶段被称为金融电子化阶段。金融电子化也被称为金融网络化，是金融业务和金融信息传递的电子化，[①]其范畴包括各种电子数据处理系统、金融信息管理系统、决策支持系统、电子支付系统和支付信息管理系统等。[②] 到 20 世纪中后期，以信息技术为主的高新技术发展呈现出高性能、宽领域、多方向等特点，数字化、集成化、网络化成为其主要发展方向，同时，随着金融产品创新以及金融实务的迅猛发展，网络金融或电子金融的概念产生了。

1995 年，"安全第一网络银行"（Security First Network Bank，SFNB）在美国亚特兰大的开业迎来了网络金融时代。网络金融是从金融电子化延伸至电子金融服务产业化，利用现代电子信息技术进行金融业务处理和金融宏微观管理的总称。[③] 通常，学界将网络金融和电子金融（E-Finance）统一到同一视角下进行研究，涵盖各类在国际互联网上实现的金融活动。与传统以物理形态存在的金融活动相比，网络金融活动存在于虚拟化的、网络化的电子空间中。[④] 狭义层面的网络金融是指网上银行及其相关的金融业务；广义层面的网络金融则涵盖了包括网上银行、网上证券、网上支付和网上结算等内容的金融与网络通信技术全面结合发展的产物。[⑤] 发达国家更普遍采用的术语是 E-Finance，但也出现与 Online Finance、Virtual Finance、Cyber Finance 等词交替使用的情

---

① 陈智勇、董寿昆：《金融业的新时代：网络金融时代》，《财经理论与实践》2000 年第 4 期。
② 董昀、李鑫：《互联网金融的发展：基于文献的探究》，《金融评论》2014 年第 5 期。
③ 陈智勇、董寿昆：《金融业的新时代：网络金融时代》，《财经理论与实践》2000 年第 4 期。
④ 狄卫平、梁洪泽：《网络金融研究》，《金融研究》2000 年第 11 期。
⑤ 吴慧强：《网络金融的若干理论问题》，《江汉论坛》2005 年第 1 期。

况。Allen、Mcandrews 和 Strahan 在论文 "E-Finance：An Introduction" 中将 "电子金融" 定义为 "The Provision of financial services and markets using electronic communication and computation"[1]（利用电子通信和计算机提供金融服务创造金融市场的方式）。一种为学界普遍接受的阐述是将电子金融认定为数字金融（Digital Finance），包括货币、银行、支付、交易、经纪和保险等基于互联网或其他公共电子媒介的金融服务。[2] 事实上，在该概念兴起初期，网络金融或电子金融更多指的是传统金融服务向互联网领域的延伸，目的就是降低金融交易的成本。

进入 21 世纪后，互联网经济仍以高速发展的态势保持着新的活力，并逐渐将其 "分享、协作、平等、自由、开放、民主、创新" 的精神渗透进传统金融业，催生了互联网金融这一新理论概念。"互联网金融" 概念的首次提出是在 2012 年，谢平、邹传伟提出互联网金融是第三种金融融资模式。[3] 这与 2012 年中投顾问高级研究员薛胜文在接受《中国企业报》记者采访时所表示的观点一致，他指出，"互联网或将会形成一个独立的投融资渠道"[4]。这一概念一经提出便引发了学界的激烈讨论，关于 "互联网金融" 的概念之争便从未停歇，有以李钧[5]、吴晓求[6]为代表的 "颠覆观"、以殷剑峰[7]、陈志武[8]为代表的 "延伸观" 以及以周宇[9]为代表的 "统合观"。尽管学术界存在不同的声音，

① Allen, F., Mcandrews, J., Strahan, P., "E-Finance：An Introduction," *Journal of Financial Services Research* 22 (2), 2002, pp. 5 – 27.
② Eric Banks, *E-Finance：The Electronic Revolution in Financial Services* (New Jersey：John Wiley & Sons), 2001, pp. 1 – 8, 转引自董昀、李鑫《互联网金融的发展：基于文献的探究》,《金融评论》2014 年第 5 期。
③ 谢平、邹传伟：《互联网金融模式研究》,《金融研究》2012 年第 12 期。
④ 马宁：《互联网金融触动银行奶酪》, http://finance.jrj.com.cn/industry/2012/07/17101813820088.shtml, 2022 年 7 月 24 日最后访问。
⑤ 李钧：《互联网金融是什么?》,《第一财经日报》2013 年 3 月 15 日, 第 A13 版。
⑥ 吴晓求：《中国金融的深度变革与互联网金融》,《财贸经济》2014 年第 1 期。
⑦ 殷剑峰：《"互联网金融" 的神话与现实》,《上海证券报》2014 年 4 月 22 日, 第 A01 版。
⑧ 陈志武：《互联网金融到底有多新》,《新金融》2014 年第 4 期。
⑨ 周宇：《互联网金融：一场划时代的金融变革》,《探索与争鸣》2013 年第 9 期。

但"互联网金融"这一概念于 2013 年被中国人民银行首次使用后，又多次出现在《政府工作报告》中，可见，"互联网金融"的概念在中国已获得了官方认可。值得一提的是，国际上对互联网与相关金融业务的结合给出了在线银行（Online Bank）、电子银行服务（Electronic Banking Service）、网络银行（Direct Banking）、电子货币（Electronic Money）、电子支付（Electronic Payment）和直接销售保险商（Direct-selling Insurers）等多种不同的提法，但"互联网金融"的提法却鲜有存在，而被"金融科技（Financial Technology）"取而代之。随后在金融与科技深度融合的推动下，中国互联网金融逐渐与国际定义接轨，向更高层次迈进。2019 年，中国人民银行发布《金融科技（FinTech）发展规划（2019—2021 年）》，标志着中国金融业进入全面协同发展的"金融科技"时代。从根本上说，无论是互联网金融还是金融科技，均建立在大数据、云计算、人工智能等互联网技术的基础之上。[①] 作为互联网金融的延伸，金融科技的出现标志着中国金融业逐步走向成熟。

三 金融科技的内涵与外延

清晰的概念是科学研究问题的基础。[②] 概念作为科学的思维工具，有其内涵和外延。概念的内涵是关于事物的本质属性或区别性特征，是一种质的规定。[③] 概念的外延是指概念所反映的本质属性的全部范围。[④]

金融科技在中国并未形成一个正式的概念，关于"金融科技"概

---

① 郭田勇、田颖：《金融科技：大数据、区块链和人工智能的应用与未来》，浙江大学出版社，2018，第 45 页。

② 岳彩申、盛学军等：《互联网与民间融资法律问题研究》，法律出版社，2014，第 11 页。

③ 陈波：《逻辑学导论》，中国人民大学出版社，2003，第 274 页。

④ 南开大学哲学系逻辑学教研室编著《逻辑学基础教程》（第 2 版），南开大学出版社，2008，第 23 页。

念的学术之争一直存在，而"金融科技"的内涵外延对金融科技安全治理的研究又有着至关重要的作用。基于此，作者将采用概括和列举两种不同的方法定义金融科技，其中，概括式用于归纳金融科技的本质，着重其内涵；列举式则罗列金融科技的不同类型，着重其外延。

（一）金融科技的内涵

厘清金融科技的内涵，需要首先明确金融科技与科技金融的联系与区别。科技金融概念产生于金融科技之前，主要经历了计算机局域网在传统金融行业的大规模使用和互联网技术在传统金融行业的逐步应用两个阶段，是运用互联网技术在传统金融行业进行的业务活动的总和，其本质是信息技术充当效率工具。金融科技是在科技金融基础上产生的衍生形态，二者的明显区别有以下两点。第一，金融活动是否融入了互联网精神。与科技金融简单地运用信息技术改进效率不同的是，金融科技秉承互联网精神和理念，创新出不同于传统金融的业务模式。第二，金融活动是否运用大数据和云计算等技术在互联网平台开展业务。[①] 在科技金融中，互联网并没有发生网络平台基因式变革，其仅仅是作为提升传统金融机构在传统金融体系中竞争力的一个工具手段。[②] 而在金融科技中，用户通过互联网实现自上而下、去中心化、点对点的网格化资源共享、信息交互和协作创新。

基于此，金融科技的本质内涵基于以下两个层面展开。一是金融层面，金融科技依然是金融，其之所以被冠以"金融"一词，就是因为其依旧属于"金融"范畴。[③] 一方面，现存的金融科技机构与传统金融机构一样，都是金融组织的一种，只是金融科技机构由于其发挥作用的机制有别于传统金融机构而被称为新型金融组织。另一方面，根据现代

---

① 孙宝文：《互联网金融元年：跨界、变革与融合》，经济科学出版社，2014，第38页。
② 吴晓求等：《中国资本市场研究报告（2014）——互联网金融：理论与现实》，北京大学出版社，2014，第15页。
③ 王国刚、张扬：《互联网金融之辨析》，《财贸经济》2015年第1期。

金融功能理论,金融体系的六大主要功能包括在时间和空间上转移资源、管理风险、清算和支付结算、储备资源和分割股份、提供信息、解决激励问题。[①] 金融科技所表现出来的民主金融、普惠金融属性对金融资源的配置有正向作用,同时,在支付清算、信息提供和风险管理等方面,金融科技对传统金融形成了有益的补充和竞争,这种良性的竞争不仅提升了银行机构的效率,还对金融市场乃至整个金融体系的效率都有改善作用。因此,金融科技无论是在金融机构还是在金融功能方面均未对金融起到颠覆性改变的作用。二是科技层面,金融科技是在互联网思维和互联网技术的基础上发展起来的。所谓互联网思维,是指一套在万维网技术成为主流技术的基础上发展形成的运用互联网技术开展商业模式创新的思维模式。[②] 21 世纪初,信息技术在网络层面展现出无穷的潜力,大数据、社交网络、搜索引擎等创新给人类思维方式带来了革命性的转变。[③] 金融科技活动以互联网为载体,依托互联网信息化技术发展起来。与其他领域不同的是,在互联网科技领域,国内互联网企业能够迅速掌握最先进的信息技术,并将其成功运用到商业活动中。因此,互联网精神和互联网科技是目前互联网对金融行业影响的两个主要表现。[④]

(二)金融科技的外延

从外延上来说,金融科技的业务模式主要有第三方支付、网络借贷、股权众筹、金融网销、数字货币、互联网消费金融等,还包括法律法规上所规定的其他业务模式。

---

① 〔美〕兹维·博迪、〔美〕罗伯特·C. 莫顿:《金融学》,欧阳颖等译,中国人民大学出版社,2000,第 23~30 页。
② 袁金星:《互联网金融发展模式及其监督机制分析》,《金融理论与实践》2014 年第 12 期。
③ 李扬、张晓晶:《失衡与再平衡——塑造全球治理新框架》,中国社会科学出版社,2013,第 100~104 页。
④ 吴大维:《金融行业应发展更加开放的互联网精神》,《银行家》2016 年第 8 期。

1. 第三方支付

广义的第三方支付是指非金融机构在收付款人之间作为中介机构提供的支付服务。狭义的第三方支付是指在计算机通信安全技术的基础上，非金融机构通过与银行签约，在用户和银行间建立的一种电子支付方式。也就是说，在银行支付的模式下多了一个中介环节，具体是指客户（买方）在选购商品后将钱款支付给作为中介的非金融机构，由非金融机构通知商家（卖家）进行发货处理，待客户（买方）确认收货后，再由非金融机构将客户（买方）支付的钱款转至商家（卖方）账户。在整个交易过程中，作为中介的非金融机构起到了信用担保和技术保障的作用，第三方支付最为典型的代表就是支付宝。

2. 网络借贷

网络借贷包括 P2P 网络借贷（Peer-to-Peer Lending）和网络小贷两种形式。P2P 网络借贷基于"对等网络"的概念，利用互联网技术平台实现个人与个人之间的直接借贷，典型代表是陆金所、拍拍贷；网络小贷则是指互联网企业借助大数据、云计算等互联网信息技术挖掘分析客户数据后，匹配发放小额贷款。与 P2P 网络借贷相比，网络小贷是一种非 P2P 网络借贷的网络小额贷款，其只发放贷款而不吸收存款，分为平台型网络小贷（利用平台累积的大数据优势而为平台客户提供的无须担保、随借随还的小额贷款服务，典型代表是阿里小贷）和供应链型网络小贷（电商企业利用其自身的产业优势地位为其上下游提供小额融资服务，典型代表是京东小贷）。

3. 股权众筹

股权众筹是指初创公司通过互联网众筹平台，将所需融资项目的具体情况、资金需求及出让股份发布，由注册合格的投资者根据线上资料、线下路演等信息综合判断后认购股份、支持创业项目。股权众筹是一种发端于美国的金融资本创新模式，其运行的基础法律关系是股权投资关系，收益是股权类工具。股权众筹有别于捐赠众筹（我给你钱，你什么都不用给我）、回报众筹（我给你钱，你给我产品或服务）、债权众筹（我给你钱，你还我本金和利息，即前文所讲的 P2P 网络借贷）等类型的众筹模式，其从诞生之日起，就有涉嫌"非法集资"的风险，其典型代表有天使汇和大家投。

4. 金融网销

金融网销是指在互联网渠道的基础上，实现金融理财产品的网络销售。[1] 根据中国人民银行等十部门联合发布的《关于促进互联网金融健康发展的指导意见》，金融网销可以归纳为互联网基金销售、互联网保险和互联网信托。其中，互联网基金销售是指基金公司将其基金直销系统内嵌在第三方支付平台中，客户以第三方支付账户中的余额购买基金公司发行的货币基金，同时基金份额可被直接用于网络支付和购物。[2] 这种基于第三方支付平台的基金销售模式实现了活期存款与货币市场基金的快速转换，其典型的代表是余额宝。互联网保险是指依托互联网信息技术，保险公司、保险中介公司或网络公司对原有保险产品、营销模式以及服务方式等设计创新的一种新型金融服务模式。[3] 互联网信托是指受托人、委托人、受益人或投资人通过互联网平台开展各类信托业务的模式。

5. 数字货币

数字货币（Digital Currency）是指基于密码学原理和区块链技术，符合全球化、总量恒定、总账本数据不可篡改等本质特性，具有交换或储值功能的加密货币。这里所讲的数字货币排除了传统虚拟货币概念中由银行创造的信用资产以及由特定企业发行、用于内部网站支付使

---

[1] 何剑锋：《互联网金融监管研究》，法律出版社，2019，第 39 页。
[2] 张炳辉主编《互联网金融安全》，中国金融出版社，2018，第 13 页。
[3] 武长海、涂晟、樊富强主编《互联网保险的法律规则研究》，中国政法大学出版社，2016，第 15 页。

用的虚拟货币，如 Q 币、游戏币等。目前，数字货币主要有比特币、莱特币、瑞波币和以太坊币等多种形式，其中比特币是目前区块链技术最成功、最成熟的应用案例。[①]

6. 互联网消费金融

所谓互联网消费金融，是指资金供应方通过互联网技术，向消费者提供消费支付、消费借贷的金融服务。与传统消费信贷模式相比，互联网消费金融具有网络化、信息化特征，"线上审核、账户授信"的模式使消费者无须使用实体信用卡刷卡消费便可完成网上信用支付。按运营平台的不同，互联网消费金融可以细分为基于电子商务平台交易的模式（如"京东白条"）、基于银行的模式（如"北银消费金融公司"）、基于 P2P 网络借贷平台的模式（如"惠人贷"）和基于消费金融公司的模式（如"马上消费"）四种不同的模式。

不得不承认的是，"金融科技"作为一个历史性范畴的概念，会随着金融与互联网的不断融合发展而完善。"金融科技"概念的内涵和外延，也会随着互联网技术对传统金融行业实践的挑战、变革、创新甚至颠覆而产生不一样的界定。2016 年，金融稳定理事会（Financial Stability Board，FSB）就金融科技（FinTech）给出了一个相对标准的定义："金融科技是技术驱动的金融创新，它能够产生新的商业模式、应用、过程或产品，从而对金融市场、金融机构或金融服务的提供方式产生重大影响。"在此基础上，中国人民银行在 2019 年公布的《金融科技（FinTech）发展规划（2019—2021 年）》中进一步阐释，金融科技旨在运用现代科技成果改造或创新金融产品、经营模式、业务流程等，推动金融发展提质增效。基于此，从目前对其内涵和外延的分析来看，作者认为，可以将"金融科技"定义为：秉承"分享、协作、平等、自由、开放、民主、创新"的互联网精神，将互联网信息技术与支付清算、

[①] 长铗等：《区块链：从数字货币到信用社会》，中信出版社，2016，第 47 页。

资源配置等金融功能相融合，通过互联网创新金融业务形态而形成的一种新兴金融业态。其主要包括第三方支付、网络借贷、股权众筹、金融网销、数字货币、互联网消费金融以及法律法规上所规定的其他业务模式。

第二节　金融科技的特征分析

一　普惠金融

与传统金融体系强调等级制度的价值取向不同的是，金融科技提倡公平共享，这与普惠金融的核心价值理念不谋而合。普惠金融致力于为社会各阶层群体提供金融服务，[①] 而金融科技利用互联网技术的革新能够真正做到更好地服务于海量用户、关注用户的个性化需求。首先，"长尾效应"[②] 在金融科技领域逐渐凸显。金融科技打破传统金融行业高门槛、关注高价值客户的特点，以其灵活性、便捷性等特点将市场定位于"小微"层面，以"海量交易笔数，小微单笔金额"[③] 的运作方式大大拓展了金融服务的广度和深度。其次，"鲶鱼效应"[④] 在金融科技领域得以放大。传统金融行业在制度规则的约束下，业务模式固化、缺乏创新，而金融科技的创新发展给传统金融行业带来了巨大的挑战，同

---

① 李海峰：《网络融资：互联网经济下的新金融》，中国金融出版社，2013，第60页。

② "长尾效应"（Long Tail Effect）是指那些原来不受到重视的销售额小但种类多的产品或服务由于总量巨大，累积起来的总收益超过主流产品的现象，最初由《连线》总编辑克里斯·安德森（Chris Anderson）于2004年发表于《连线》杂志上，用来描述诸如亚马逊公司、Netflix和Real.con/Rhapsody之类的网站的商业和经济模式。具体参见倪云华《长尾效应：如何从利基市场中发现新商机，成为新赢家》，百度百家号，https://baijiahao.baidu.com/s? id = 1612012174567747592&wfr = spider&for = pc，2022年7月28日最后访问。

③ 王金龙、乔成云：《互联网金融、传统金融与普惠金融的互动发展》，《新视野》2014年第5期。

④ "鲶鱼效应"（Catfish Effect）是指采取一种手段或措施，刺激企业活跃起来投入市场中积极参与竞争，从而激活市场中的同行业企业，其实质是一种负激励。

时倒逼传统金融市场改革，促进金融产品的创新，为客户提供更多的个性化选择。最后，"马太效应"[1] 在金融科技领域被弱化。传统金融机构注重盈利收益，将更多的资源运用于高质量客户，小微型企业等低端客户无法享受同等的金融服务。金融科技的介入打破了"二八定律"，使各阶层用户均参与到金融市场中来，改变了金融客户群结构，真正实现了现代金融惠及全民。

二　信息金融

"信用、定价、风控"是金融业务的核心要素，信息的对称性、充分性和关联性决定着金融科技服务的质量。一方面，金融科技将互联网信息技术嵌入金融行业中，利用社交网络、电子商务、第三方支付和搜索引擎等方方面面结构化或非结构化的信息，形成庞大的数据仓库，运用云计算及行为分析理论进行数据挖掘处理，有针对性地满足用户在信息挖掘和信用风险管理上的需求，不断扩展金融科技平台信息的广度和深度。另一方面，金融科技通过社交网络生成和传播的信息，可以使金融活动参与各方的信息相互关联，资金供求双方直接通过互联网平台就可以完成信息甄别、匹配、定价甚至交易。[2] 金融科技去中介化的资源配置方式使金融市场的参与各方都能够较全面地了解相关方的财力和信用情况，减少交易风险，彻底改变了传统金融模式下，由信息不对称导致的收益成本不匹配等问题。

三　平台金融

以商业银行为主导的传统金融体系中，商业银行扮演平台角色，交易的实现需要依托相对固定的时间和确定的空间，表现出经济、物理时

---

① "马太效应"（Matthew Effect）是指强者愈强、弱者愈弱的现象，反映的社会现象是两极分化，富的更富，穷的更穷。
② 许传华等：《互联网金融发展与金融监管问题研究》，中国金融出版社，2015，第22页。

空的高度契合。① 金融科技在现实与虚拟的网络平台之间建立起一种开
放、共享的新型金融业务模式，金融活动的各方可以根据自身实际需求
选择不同的互联网交易平台，从而实现了平台自由化。大数据处理技术
的发展将相关金融数据纳入时间维度下的交易体系中，无限延展了金
融科技时间上的即期性，② 大大减弱了时间约束。另一方面，金融科技
平台的出现和发展造就了与物理空间相对立的虚拟空间，逐渐实现了
空间的融合性。换句话说，科技平台大幅缩短了交易各方在时间和空间
上的距离，金融活动的交易时间灵活化、交易空间虚拟化，这种突破时
间和地域限制的新金融业务模式为客户提供了获取高效便捷金融服务
的渠道。③ 平台金融是平台范式下的金融科技，其基于网络组织形成金
融商业生态圈，通过信息协同完成组织数据一体化，内部具有指定规则
标准的组织功能。④ 用户可以通过无边界的金融科技平台快速获取资金
供需信息，利用网络平台提供的最优竞价机制，做出最佳决策，实现资
金最优配置。总的来说，金融科技是交易成本低、开放程度高、规模经
济显著的平台金融。

四 民主金融

金融民主（Financial Democracy）最早由伊顿（Eaton）于 1941 年
针对美国金融市场的非民主性提出。⑤ 随后，罗伯特·希勒（Robert
J. Shiller）于 2012 年在《金融与好的社会》一书中提出了关于金融民主
理念相对成熟而严密的学术体系。他指出，金融的民主化能够避免财富
和权力在社会中随机分配的情况。而罗伯特·希勒所倡导的"民主"是
指公众自己掌控自己的活动。传统金融对普罗大众，尤其是草根阶层的

---

① 陈颖瑛、王娟：《互联网金融的时空特征与运行机制》，《南方金融》2019 年第 5 期。
② 郑联盛：《共享经济：本质、机制、模式与风险》，《国际经济评论》2017 年第 6 期。
③ 孙丽：《互联网金融论》，山东大学出版社，2015，第 7 页。
④ 夏蜀：《平台金融：自组织与治理逻辑转换》，《财政研究》2019 年第 5 期。
⑤ 陈宗义：《"民主概念坐标系"中的金融民主》，《上海金融》2014 年第 11 期。

利益保护是存在缺陷的，民主金融通过新型金融产品让所有人共同承担风险、共同获得收益，实现"金融是全社会财富的托管人"的理念。[1]

金融科技从宏观、中观和微观三个层面构建了民主金融体系，让更多的人参与到金融体系中来并从中获益。在宏观层面，金融科技为各阶层都提供了方便的融资渠道，有效提高了居民收入水平，改善了社会整体经济发展状况，有利于金融体系的深化改革。在中观层面，基础性金融设施的建立，有效降低了金融服务的交易成本，促进了信息透明化发展，扩大了金融服务的规模。另外，金融科技信用评级机构、征信机构、审计机构、结算支付系统的大量出现，从总体上提升了金融体系的效率。作为金融民主化的基础，这些中观机构在金融资源配置中的作用愈加显著。[2] 在微观层面，金融科技中的资金需求方大多是低收入客户、中小微企业等传统金融行业中的"弱势群体"，金融科技给这些草根阶层提供了低成本的融资渠道。而作为金融科技的资金供给方，也不再仅仅局限于拥有雄厚资金实力的银行、大型企业等，零散的小额资金持有者也可以通过科技平台向微型客户提供微型金融服务。

简言之，金融科技利用网络平台和新型交易结构，在实现金融权力去中心化的同时，使金融消费者拥有更大的话语权和广泛的参与权，这充分体现了金融科技的民主金融特性。

五　碎片式自金融

金融科技是碎片化、自主化的金融模式。金融科技领域，对于资金

---

[1] 罗伯特·希勒提倡的金融民主理念包含：（1）金融要为每个人而不是部分人服务，人人都能从金融活动中平等获益；（2）金融体系的目的是管理风险、降低不公平，提高所有人的福利；（3）应鼓励人们从事金融业或参与金融创新为社会谋福利；（4）法律监管应加深人们对金融运作知识的了解，为公众提供更为可靠的消息；（5）金融创新的一个重要前提是必须服务于保护整个社会资产这个最根本目标。具体参见〔美〕罗伯特·希勒《金融与好的社会》，束宇译，中信出版社，2012，第ⅩⅩⅣ–ⅩⅩⅩⅢ页。

[2] 王丹莉、王曙光：《从金融抑制到金融自由化与金融民主化》，《新视野》2015 年第 2 期。

数量、资信水平和时间成本迥异的"长尾"大众,金融科技在点对点的融资服务中,达成了信息共享与交互优势互补的新型契约,有效整合碎片资源形成聚合力,实现规模效应和利润的新增长点。金融科技的碎片式特征主要表现为对金融资源碎片的利用创造,自金融特征则表现在三个方面,其一,微观层面表现为金融交易主体的平民化、普泛化和自主化;其二,中观层面表现为行业组织的自秩序和自律性;其三,宏观层面表现为金融自由化的宏观环境。[1]

六 开放金融

金融科技是开放金融主要表现在以下两个方面。一是开放的互联网精神。2014 年,谢平在博鳌亚洲论坛上表示,与传统贵族、华尔街、制造信息不对称、赚钱式的精神相比,互联网精神开放、民主、去中间化的特征给金融带来的第一个创新就是对金融交易和组织形式的改变。[2] 金融科技秉承开放的互联网精神,真正满足了用户的需求。二是开放式发展。在大数据、云计算、人工智能和区块链等互联网技术为驱动的金融创新的推动下,金融科技不断打破原有的业务模式而衍生出新的业务模式。金融服务基础设施建设不断推进,也使以"金融科技"为代表的新金融概念深入人心,国内"互联网金融"概念与国际上倡导的"金融科技"概念一步步融合,金融科技展现出动态式、开放式发展的巨大活力。

总之,金融科技是普惠金融、平台金融、信息金融、民主金融、碎片化的自金融以及开放金融的集合体,这正体现了"开放、共享、合作、整合、信任、共同体、云、普惠、解构、创新"的金融哲学。[3]

---

[1] 崔中山、尹丽:《"自金融"背景下消费者金融教育的理论、现状及建议》,《武汉金融》2018 年第 6 期。

[2] 《谢平:传统金融与互联网普惠精神冲突》,http://business.sohu.com/20140409/n397953891.shtml,2022 年 7 月 29 日最后访问。

[3] 王曙光:《互联网金融的哲学》,《中共中央党校学报》2013 年第 6 期。

第三节　金融科技安全的概念阐述

一　金融安全的含义

金融安全是国家安全的重要组成部分。习近平总书记在中共中央政治局就维护国家金融安全进行的第四十次集体学习中强调，维护金融安全，是关系中国经济社会发展全局的一件带有战略性、根本性的大事。[①]自1997年的亚洲金融危机之后，国内学者对金融安全概念进行界定，将金融安全定义为货币资金融通的安全。[②] 这一概念与前文提到的金融本身的传统定义相对应，直观地刻画了金融安全，但不全面。从金融国际化视角看，金融安全既是一种没有危险、不受威胁的客观状态，又是一种主观感受，2008年美国次贷危机后，金融国际化使得每一个国家都面临金融安全问题。[③] 金融安全协同中心在2015年公布的《中国金融安全报告(2014)》中明确提出，金融安全是一个高度综合的概念，与金融国际化和金融危机密切相关，体现了一国金融体系的稳定运行状况。基于此，在综合考量了金融本身含义和主要内容、安全含义以及国际经济环境变化等因素后，金融安全被定义为在金融全球化背景下，通过抵御国内外各种冲击以保障金融体系正常运行的一种动态均衡状态。[④]

（一）金融安全与金融稳定

国内外学者对金融稳定的定义一般分为以下两类。一类是通过阐

---

① 《防范金融风险，服务实体经济——解读中共中央政治局集体学习维护国家金融安全》，http://www.xinhuanet.com/politics/2017-04/27/c_1120880121.htm，2022年7月30日最后访问。

② 王元龙：《我国对外开放中的金融安全问题研究》，《国际金融研究》1998年第5期。

③ 刘锡良等：《中国金融国际化中的风险防范与金融安全研究》，经济科学出版社，2012，第40~103页。

④ 王元龙：《关于金融安全的若干理论问题》，《国际金融研究》2004年第5期。

述金融稳定的特征及功能的直接描述法，以大多数国家中央银行公布的《金融稳定报告》中对金融稳定的界定为代表，包括中国、德国、瑞士等，将金融体系处于能够有效发挥关键经济职能的稳定状态定义为金融稳定，在这种状态下，当受到内外部冲击时，金融机构、金融市场和金融基础设施仍能发挥有效功能，保障金融体系的平稳运行。另一类是从金融不稳定的反面特征入手的间接描述法，以加拿大中央银行为代表，界定了金融不稳定的含义，具体指金融市场的严重破坏导致金融体系由于巨大的经济成本而难以有效应对金融压力时期，最终导致整个经济体系受到影响。在此基础上，Frederick Mishkin 将金融不稳定描述为金融体系因受到冲击而不能正常履行资金配置的能力。[1] 加拿大银行研究员 John Chant 则强调，金融不稳定是一种金融市场的负面冲击使金融体系的融资功能受到破坏而危害经济运行的状态，它可能导致家庭、企业和政府的财务状况恶化。[2] 实际上，目前就金融稳定这一概念并没有一个被一致认可的定义，各中央银行、国际金融组织和国内外学者从抵制冲击、金融稳定的要素、金融功能、系统性风险防范和金融不稳定等各个角度全面分析了金融稳定，可以说，这种"众说纷纭"的状况使对金融稳定的概念难以达成共识。[3] 这也就出现了部分学者将金融稳定与金融安全不加以区分，在宏观视角下，金融体系的正常运行就是金融稳定，这使得金融稳定在宏观层面可以被近似地等价于金融安全。[4]

金融安全作为一种动态均衡状态，其往往表现为金融的稳定发展。

---

① Frederick Mishkin, "Global Financial Instability: Framework, Events, Issues," *Journal of Economic Perspectives* 13 (4), Fall 1999, pp. 3 - 20.

② John Chant, "Financial Stability as a Policy Goal," in John Chant, etc., *Bank of Canada Technical Report*, no. 95, 2003, pp. 1 - 28.

③ 常健:《论金融稳定的含义、法律特征与法律限度》,《安徽大学学报》（哲学社会科学版）2011 年第 5 期。

④ 王刚、李赫:《金融稳定、金融效率与我国金融安全网制度建设》,《武汉金融》2007 年第5 期。

换言之，金融安全作为特定意义上的金融稳定，二者之间有相似之处，但却不能等价。金融稳定强调金融体系的平稳运行，是一种静态的概念；而金融安全强调的是一种经过宏观经济政策、经济结构不断调整后的动态均衡。[①] 一方面，金融稳定是金融安全维护的保障，当国家金融市场运行受阻、金融机构破产倒闭等金融不稳定现象出现时，一国的金融又有何安全可谈。另一方面，金融稳定不一定带来绝对的金融安全，金融结构合理状态下的金融稳定对金融安全有促进作用，但金融结构失衡状态下的金融稳定反而会对金融安全起到相反的作用，这主要是由于金融结构的失衡导致金融体系的部分功能受到损害，增加了金融脆弱性，从而增大了金融不安全的可能性。

（二）金融安全与金融风险

1901 年，美国学者威雷特将风险定义为人们不愿意看到的事情发生不确定性的客观体现，从该定义不难看出，第一，风险是客观存在的；第二，风险的本质是不确定性。[②] 威雷特关于风险的这一定义奠定了"不确定性"（Uncertainty）在风险定义中的核心地位。自此，无论是经济学、金融学、统计学、社会学还是法学关于"风险"的定义都围绕"不确定性"展开。基于此，金融风险可以被认定为在金融交易过程中，金融机构的行为结果偏离预期的可能性，即金融行为主体面临的不确定性。这里所说的不确定性既包括不利的不确定性又包括有利的不确定性，既有金融资产损失的可能性又有金融资产盈利的可能性。换言之，金融风险是客观存在的，人们可以规避、控制甚至转移金融风险，但不能从根本上消灭金融风险。

金融安全与金融风险既密切相关又相互区别。国内关于金融风险

---

① 王元龙：《关于金融安全的若干理论问题》，《国际金融研究》2004 年第 5 期。
② 王忠、黄瑞华：《国外风险管理研究的理论、方法及其进展》，《外国经济与管理》2005 年第 2 期。

的研究多侧重于金融风险造成的金融资产损失，使金融风险成为金融安全的对立面，并采用风险防范的方式来衡量金融安全的状况。金融安全与金融风险形成了一种密切的关系，金融安全程度越高，金融风险就越小；金融风险越大，金融安全程度越低。可以说，防范金融风险就是维护金融安全。但金融安全与金融风险又有一定程度的区别，这主要是因为二者的侧重点不同。金融安全主要从保障金融体系稳定运行的角度去探究威胁的来源与消除，而金融风险则基于金融行为结果的不确定性去研究风险的产生和防范。如果将金融风险细分为系统性风险和非系统性风险，[①] 那么非系统性风险作为系统性风险的微观基础，是可以被有效防控管制的，只要做到控制得当，就可以实现金融安全。而系统性风险作为非系统性风险的升级、恶化，往往意味着金融不安全。

（三）金融安全与金融危机

金融危机与金融体系的演进相伴而生，几乎所有的经济体都经历过金融危机，甚至反复出现。《中国金融百科全书》将金融危机定义为资本主义金融制度的混乱和动荡，它既可能伴随着经济危机而产生，也可能独立地发生，并触发经济危机。[②]《新帕尔格雷夫货币金融大辞典》将金融危机（Financial Crises）定义为短期利率、资产价格、商业破产数和金融机构倒闭数等全部或者大部分金融指标的急剧、短暂和超周期的恶化。[③] 按照危机发生关键因素的作用不同，可以将金融危机分为外汇危机或货币危机、资产价格危机（一般又称为资产泡沫）和金融

[①] 系统性风险主要指由金融体系内外部因素共同交织、相互影响而催生，涉及流动性、杠杆、相互关联等问题，在金融体系内相互传染并导致金融系统的崩溃或丧失功能的可能性。它可能是市场内部交易者行为缺陷导致的自我实现的危机，也可能是系统性风险积累而产生的市场结构解架的危机。具体参见李扬主编《金融学大辞典》，中国金融出版社，2014，第1220页。非系统性风险则通常表述为个体金融机构或组织所面临的风险。

[②] 黄达、刘鸿儒、张肖主编《中国金融百科全书》，经济管理出版社，1990，第524页。

[③] 〔美〕彼得·纽曼、〔美〕默里·米尔盖特、〔英〕约翰·伊特韦尔编《新帕尔格雷夫货币金融大辞典》（第2卷），经济科学出版社，2000，第46页。

体系危机（尤其是银行危机）三种不同的类别。[①] 其中，外汇危机或货币危机主要是指一国货币币值相对于世界主要货币快速下跌的危机，资产价格危机也就是资产泡沫主要是指金融或实际资产的价格大幅度且持久地偏离实际价值所造成的危机，金融体系危机主要是指银行作为金融的集中体现，其发生银行挤兑和银行系统性倒闭的危机。总体来说，金融危机体现出大幅度信用扩张、风险利率和无风险利率之间利差急剧扩大、非对称性和强传染性等特征事实。

金融危机的产生会使金融安全程度下降，但金融不安全不一定都是由金融危机爆发导致的。金融危机的产生事实上对一国银行体系、货币金融市场、对外贸易乃至整个国民经济都会造成灾难性的影响，包括国家商业信用的剧烈缩减、银行存款被大量提取导致部分金融机构连锁倒闭、证券市场低迷、证券发行锐减、货币严重短缺导致市场利率急剧提高、整个金融市场动荡不安等。这一系列的影响与金融不安全所产生的后果是不能同日而语的。因此，一般认为，金融风险的非正常管控可能导致金融安全程度下降，也就是常说的金融不安全，当这种金融不安全状况不断积累直至最后爆发时，其产生的金融风险的结果才可能是金融危机。

二 金融科技安全的内涵和外延

（一）金融科技安全的内涵

金融科技作为传统金融的有益补充，其安全性研究与整个金融安全密切相关。金融科技安全可以被定义为，将金融科技运行过程中对金融科技消费者、金融科技机构乃至整个国民经济可能产生的风险损害控制在可控范围内的一种状态，以保障金融科技的有序、健康发展。

从这一概念可以看出，第一，防范化解风险是金融科技安全的第

---

① 李扬主编《金融学大辞典》，中国金融出版社，2014，第 1228 页。

一要义。习近平总书记提出维护金融安全的六项任务，包括深化金融改革、加强金融监管、采取措施处置风险点、为实体经济发展创造良好金融环境、提高领导干部金融工作能力以及加强党对金融工作的领导等内容，此六项任务都是围绕"防范和化解金融风险"展开的。可见，防范化解风险是金融科技安全的应有之义。第二，金融科技有序、健康发展是金融科技安全的第二要义。党的二十大报告强调："加强和完善现代金融监管，强化金融稳定保障体系，依法将各类金融活动全部纳入监管，守住不发生系统性风险底线。"金融科技的蓬勃发展一方面为国民经济的快速增长提供了条件，另一方面也可能造成各类风险的产生。可见，金融科技发展的良性循环是社会经济稳健增长的基础之一。因此，金融科技的有序、可持续发展是金融科技安全的核心体现。

（二）金融科技安全的外延

按照内容的不同，可以将金融科技安全区分为信用安全、流动性安全、法律合规安全、操作安全和技术安全等不同的安全类别。

1. 信用安全

信用安全主要是防范交易对象因没有履约能力而给其他交易方带来风险的安全举措。金融科技区别于传统金融最大的特点就是交易活动基于互联网开展，交易双方突破时间和空间的约束，虚拟性较高，而大部分金融科技机构基于控制成本的考量对交易双方的资质审查并不严格。同时，中国征信机制的完善速度远远落后于金融科技的发展，信息披露制度也处于有待完善的阶段。一方面，模糊不清的金融科技信息披露制度使金融科技机构不但没有足够动力主动披露信息，而且还存在刻意隐瞒误导等现象。这种情况下，金融科技本身信息金融的特征被掩盖，反而使信息不对称问题越发严重。另一方面，为了盈利，部分金融科技机构还存在向消费者销售与其风险承受能力不匹配的金融产品的行为，甚至无抵押、无担保状态下的贷款也不在少数。而金融科技的普惠性使即使不具有专业金融知识的投资者也能够参与到金融活动中来，使非理性投融资行为增加，加剧了信用风险。

2. 流动性安全

流动性安全主要是防范因金融科技机构推出高流动性产品而发生期限错配以及其他流动性风险的安全举措。金融科技机构往往通过高收益、高流动性金融产品来吸引投资，其一般给消费者的承诺是实时到账，但金融科技机构与银行之间的资金协议又是存在一定期限的。互联网操作的便捷性使消费者同步变现的可能性增大，加之很多互联网平台市场信誉度偏低，投资者信心不足，本就缺少专业金融知识的投资者风险承受能力也较弱，"挤兑"现象更易出现。一旦出现消费者大规模赎回行为，就容易发生期限错配，从而会影响流动性安全。

3. 法律合规安全

法律合规安全主要是防范因法律不完善而无法有效规范金融行为等风险的安全举措。金融科技发展迅速，但与之相关的法律法规却未能得到及时更新，滞后现象较为严重。目前并没有法律对金融科技所有业务模式的准入及经营规则进行明确规定，滞后的法律法规既不能有效遏制风险的发生，也不能使金融科技的创新行为合法化。

4. 操作安全

操作安全主要是防范因从业人员或交易双方的误操作产生损失等风险的安全举措。操作安全与操作系统设计、工作人员操作知识等密切相关。金融科技的高速发展使得应用于金融科技领域的一些新技术、新设备并不完善，可能存在设计缺陷，容易导致从业人员和交易双方的误操作行为。如果再遇上不遵守相关操作规定、缺乏操作知识的工作人员，那么更加大了操作风险发生的可能性。当然互联网的实时性特征也是操作风险难以有效控制的原因之一，网络的互联互通、实时传输明显减少了操作失误被挽回的时间。

5. 技术安全

技术安全主要是防范技术风险的安全举措，包括终端安全、平台安全、网络安全。金融科技的不断发展产生了一些具有互联网特色的技术安全问题。例如，金融科技交易中的电脑、移动设备（如手机）等由于存在漏洞会带来终端安全问题，存在于互联网中的金融机构作为金融科技交易的平台存在平台安全问题，甚至发生交易时所依赖的数据传输网络也会存在网络安全问题。当然，技术风险带来的最大问题还是信息安全问题。不成熟的技术极易对用户的隐私和资金安全产生威胁，从而引发一系列连锁反应。

当然，除了以上五种安全以外，金融科技安全的外延还包括市场安全、利率安全、声誉安全等其他内容。总体而言，金融科技安全的外延范围是由其风险的类别决定的，尽管金融科技风险和金融科技安全之间存在一定的区别，但作者认为，对金融科技风险的研究是研究金融科技安全的基础，也是金融科技安全治理研究的关键所在。

第四节　金融科技的风险类别

在金融科技发展的初期，其具有有效降低信息不对称性、去中介化减少交易费用以及大数据、云计算等技术更新提高风险计算防控能力等优点，受到了社会各界的追捧。但随着发展速度的不断加快，其加剧了金融市场的不稳定性，导致相关风险事件频发。中国金融科技的创新主要集中在业务技术、交易渠道及方式等方面，对金融功能的创新并不突出，因此，金融科技面临与传统金融相类似的风险，甚至面临的局部风险远大于传统金融。但由于掺杂了互联网技术的一些特质，金融科技风险在诱发因素、表现形式和危害程度等方面与传统金融风险均有所不同，甚至还衍生出传统金融不会出现的一些风险类型。综合传统金融风险类型以及金融科技的特征，金融科技的风险类别主要有以下几种。

一　金融科技流动性风险

流动性风险是传统金融市场较为常见的一种风险类型。通常认为，流动性风险是指金融机构资金满足流动性供给的不确定性。[①] 而在金融科技领域，流动性风险则是指因金融科技机构金融资产变现能力的不确定性而导致的资产损失风险。[②] 金融科技的流动性风险产生的主要原因有以下四个。

（一）金融科技的资金期限错配

金融机构的功能之一就是通过跨期资金错配，将短期资金长期化，从而实现储蓄向投资的转化。因此，金融行业都会面临不同程度的资金期限错配，而其中的关键是合理控制资金期限错配的程度。在金融科技领域，部分金融科技机构在博取投资者青睐的同时为保证较高的回报率，往往将投资者的短期资金投资于期限较长的项目，并承诺投资者 T+0 的及时赎回，使金融科技成为超越银行活期存款的资金管理工具。以"理财通"为例，为实现任何时段的 T+0 赎回，腾讯和华夏基金利用其部分头寸形成一个资金池，在非交易时段先行垫付，然后再在基金交易时间内结算。一般情况下，在非交易时段，资金池的这部分资金较为稳定，一旦出现大批量资金同时兑付，而资金池也难以应付时，流动性风险便由此产生。

（二）金融科技的资金集中赎回

金融科技"分散小额"的模式理念使其投资者多以个体投资者为主，个体投资者因缺乏专业的金融知识和丰富的投资经验，常常属于风险厌恶者，本金的安全和收益的高低是个体投资者在投资过程中关注的重点。一旦出现平台资金链紧张、平台涉嫌诈骗等消息，无论真假，

---

① 武长海、涂晟：《互联网金融监管基础理论研究》，中国政法大学出版社，2016，第137~138页。
② 黄卫东：《互联网金融创新》，新华出版社，2015，第210页。

恐慌的情绪会使大部分个人投资者做出迅速撤出资金的行为。这种类似于银行挤兑的冲击是流动性风险产生的主要原因。以"日金宝"为例，2011 年成立的"日金宝"，隶属于泛亚有色金属交易所，曾宣称是"全球规模最大的稀有金属交易平台"。2014 年 7 月，A 股市场的持续上涨导致投资者集中赎回泛亚"日金宝"，资金链受到影响导致稀有金属铟价格暴跌，引发恐慌，产生"羊群效应"，使泛亚一瞬间陷入了"暴跌—恐慌—赎回—资金紧张"的恶性循环中，"挤兑事件"最终导致"日金宝"资金链彻底断裂。

（三）金融科技特殊的"刚性兑付"政策

由于中国现实国情和金融科技投资者厌恶风险的心态，金融科技模式多以保护投资者本金安全为设计基础，这使其与传统金融机构具有类似的模式。[①] 但金融科技机构较传统金融机构而言，又缺少对短期负债和未预期到的资金外流的应对措施，使"刚性兑付"政策容易导致金融科技特殊的流动性风险。以"人人贷"为例，2017 年底之前，与"人人贷"类似的 P2P 网贷平台大多设立了"风险保证金"。所谓的风险保证金，是指 P2P 网贷平台建立的一个资金账户，采用自有资金垫付的方式应对逾期或违约的发生，从而达到保护投资人本金的目的。[②]"人人贷"2012 年年度报告显示，该网贷平台的总成交额达到 3.54 亿元，而风险保证金总量仅有 309.74 万元，超担保杠杆[③] 110 倍，远远超出了相关规定的要求。[④] 尽管在 2017 年底，为迎合金融科技监管

[①] 武长海：《论互联网背景下金融风险的衍变、特征与金融危机》，《中国政法大学学报》2017 年第 6 期。

[②] 《人人贷取消风险保证金，是时候科学认识一下保证金了》，搜狐网，http://www.sohu.com/a/208678542_99950452，2022 年 8 月 3 日最后访问。

[③] 《融资性担保公司暂行管理办法》第二十八条 融资性担保公司的融资性担保责任余额不得超过其净资产的 10 倍。

[④] 《人人贷 2012 年交易额爆发式增长 803%》，东方财富网，https://finance.eastmoney.com/news/1350，20130121269420833.html，2022 年 8 月 3 日最后访问。

部门对"禁止平台设立风险保证金"的规定，陆续有不少网贷平台对风险保证金一类的"刚性兑付"政策进行调整，取消了风险保证金的规定，但另一种第三方代偿的方式又应运而生。P2P 网贷平台在杠杆率极高的情况下，若金额较大的单一项目或者多个项目出现坏账，就会使得"刚性兑付"难以实现，使平台陷入流动性紧张的局面。

（四）金融科技机构缺乏防范机制

防范机制包括内部防范机制和外部防范机制两种。从内部防范机制来看，以银行为例，传统金融机构为了防范流动性风险，内部一般会有严格的管控标准，例如，流动性比率不应低于 25%、核心负债比例不应低于 60%、流动性缺口率不应低于 −10%[①]等要求，并且设立了三级备付金准备。而金融科技机构尽管模式设计上有时会与商业银行类似，但其毕竟不是商业银行，客户在金融科技平台上购买的金融产品并不属于客户备付金的范围。因此，金融科技内部并不存在有效的内部防范机制，对流动性风险的管控基本为空白。从外部防范机制来看，传统金融机构存在多级流动性风险应对体系，例如银行间拆解、中央银行的"最后贷款人"制度以及存款保险制度等均可用于防范流动性风险的发生。而金融科技机构无法加入银行间的市场拆借，也不能得到中央银行"最后贷款人"的支持，一旦发生资金集中赎回现象，若金融科技机构自有资金无法满足赎回需求，就会造成流动性风险。

二　金融科技市场风险

市场风险也是传统金融行业固有的风险之一，金融科技独特的特

---

① 《商业银行风险监管核心指标（试行）》第八条　流动性风险指标衡量商业银行流动性状况及其波动性，包括流动性比例、核心负债比例和流动性缺口率，按照本币和外币分别计算。（一）流动性比例为流动性资产余额与流动性负债余额之比，衡量商业银行流动性的总体水平，不应低于 25%。（二）核心负债比例为核心负债与负债总额之比，不应低于 60%。（三）流动性缺口率为 90 天内表内外流动性缺口与 90 天内到期表内外流动性资产之比，不应低于 −10%。

点使金融科技的市场风险主要表现为价格风险和利率风险。利率市场化简单来讲就是金融机构在货币市场经营融资的利率水平由市场供求来决定，金融科技的出现加快了中国利率市场化进程。以金融科技理财产品为例，灵活性和高利率性是金融科技理财产品的主要特点，大量原本存放在银行的活期存款被吸引到互联网理财平台，这对市场利率水平必然会产生一定程度的影响。有些学者对此质疑，他们认为中国目前尚未完全实现利率市场化，金融科技对利率的冲击作用是否存在？答案是肯定的。2013 年 6 月，上海银行间同业拆放利率全线上涨，其中隔夜利率飙升超过 500 个基点，利率首次超过 10%，达到 13.444%，创下历史新高，"钱荒"现象持续发酵。[1] 这充分说明拆借利率高低与资金量有相当的关系。因此，金融科技理财产品所吸引的银行资金必定会对市场利率产生冲击，从而造成利率风险。

2011 年，美国政府责任署（United States Government Accountability Office）发表报告"Person-To-Person Lending: New Regulatory Challenges Could Emerge as the Industry Grows"，其在报告中指出，营利性 P2P 网贷平台的市场风险主要是由广泛的价格运动导致资产或负债价值变化所造成的。[2] 金融科技产品定价受到市场利率的制约，波动的市场利率会导致金融科技产品的价格波动，从而形成市场风险。

三　金融科技信用风险

信用风险主要是指信用等级下降给金融交易对方造成损失的不确定性。从风险来源来看，信用风险主要是由信息不对称导致的。[3] 前文在探讨金融科技特征时明确指出互联网技术对降低信息不对称有有效

---

[1]　《银行间同业拆放利率创新高》，央视网，http://news. china. com. cn/2013 - 06/24/content_29211800. htm，2022 年 8 月 3 日最后访问。

[2]　United States Government Accountability Office, *Person-To-Person Lending: New Regulatory Challenges Could Emerge as the Industry Grows*, 2011, p. 22.

[3]　武长海、涂晟：《互联网金融监管基础理论研究》，中国政法大学出版社，2016，第 144 页。

的作用。但是，在金融科技体系中，由于参与人数的急剧增加，在信用环境没有改善的情况下，信用风险依然会存在，甚至比传统金融更加严重。金融科技的信用风险主要表现为资金需求方的信用风险和资金供应方的信用识别风险两个方面。

（一）资金需求方的信用风险

与传统金融业务不同，金融科技是在资金需求方和资金供应方之间直接交易的，属于直接金融业务而非间接金融业务。以 P2P 网络借贷为例，作为第三方借贷平台的金融网络在整个金融活动中并不直接参与借贷活动，只起到信息配对和撮合交易的作用，其实质属于信用借贷。交易双方在虚拟网络中产生联系，这给交易身份的确认、交易真实性的验证都增加了难度。传统金融市场通过完整的信用风险管理体系应对信用风险的发生，但在金融科技模式下，信用评估程序被精简，加之互联网涉及面广、关联性强，一旦发生信用风险，会呈几何级数放大，造成的损失将无法挽回。

一般而言，金融科技机构基于客户在金融科技活动中的注册信息、资金流信息、历史交易记录等累积数据来审核客户的信用等级，但金融科技机构是否能够获得全面客观的借款人信用数据是一个最大的难题。这主要是因为：第一，绝大多数的金融科技机构没有权限共享银行征信系统或社会征信系统等信息，而且多由金融科技平台根据客户提供的一些基本资料进行审核，其真实性没有专业的信用评级机构高，难以形成全面的评估结果；第二，金融科技平台数据造假的情况时有发生，借贷人为了获得贷款，有时会刻意隐藏自己的违约信息，甚至通过非法手段篡改相关数据；第三，不同平台有不一样的审核标准，这一标准通常是由平台自行制定的，并且没有对外公布，也就无法评估金融科技平台信用管理水平。

（二）资金供应方的信用识别风险

金融科技信息获取的便捷性使大量信息涌向投资者，非专业性的投资者若无法正确分辨信息的真伪，不仅会造成信息分辨成本的增加，还有可能引发信用风险。资金供应方在金融科技交易中属于信息持有者，是有信息优势的一方，但目前互联网征信机制的不健全使得资金需求者的信用水平得不到保障，这种情况下，信用风险不但不会因为信息交互量的增加而降低，反而会越来越高。另外，金融科技中资金的转移通常通过网络平台实现，这也进一步加大了资金流向追踪的难度。资金供给方无法准确获知个人资金的去处，到底是由平台借款人所借用还是被 P2P 网贷平台所挪用，这就增加了资金供应方被金融欺诈的可能性。从某种程度上讲，这也加大了资金供给方的信用识别风险。

四　金融科技操作风险

操作风险是指人为操作不当、系统不完善或外部事件等因素造成损失的可能性。内部技术人员能够较为便捷地获取金融科技交易中的大量数据，使上述操作风险呈现出覆盖面广、可控性小和关联性强的特点，操作风险也逐渐成为当前金融科技面临的主要风险。

（一）客户操作风险

金融科技的客户操作风险多表现为网上银行操作风险。网上支付多以商对商（Business-to-Business，B2B）或商对客（Business-to-Consumer，B2C）的形式出现，若信息的加密技术不高，特别是在公共网络操作时，客户的私人信息面临被截获的风险，操作安全性得不到有效的保障。另外，作为创新型产品，客户常常因为对新产品不熟悉而造成操作失误，[①] 尤其是在金融科技机构没有向客户大力宣传安全防范措施时，操作风险发生的可能性更大。此外，新型的网络诈骗手段让客户在操作时也防不胜防。近几年，不法分子通过伪造的"钓鱼"网站，诱骗客户按照提示操作，造成个人信息的泄露和经济损失。因此，无论是客

[①]　黄海龙：《基于以电商平台为核心的互联网金融研究》，《上海金融》2013 年第 8 期。

户故意的还是无意的错误操作，都有带来操作风险的可能性。

（二）业务人员操作风险

业务人员不恰当的操作或者误操作会产生业务人员操作风险，出现此类风险最为典型的事件是"光大乌龙指事件"①。业务人员操作风险的产生主要有以下两种原因：第一，金融科技机构内部员工未经客户明确授权擅自使用客户账户、资料进行风险投资；第二，金融机构工作人员未能及时掌握最新信息技术，导致业务人员出现操作失误。

（三）第三方操作风险

第三方操作风险主要有服务提供商风险和金融科技机构与银行信息技术外包风险两类。② 其中，服务提供商风险主要指，作为银行与客户实时电子交易渠道的服务提供商因其自身系统保障投入不足等，使得金融科技交易中存在诸多的安全漏洞，从而导致损失发生的可能性。金融科技机构与银行信息技术外包风险则是指，银行将银行 IT 系统的全部或部分业务外包给专业的 IT 服务团队，但银行在管控 IT 外包业务时，因管理和控制不当导致 IT 外包服务商盗用银行名义开展业务、违反保密协议泄露客户信息等风险的可能性。

五　金融科技法律政策风险

金融科技的法律政策风险是指金融科技机构在相关金融活动中的行为合法与否而引起的风险。目前，与金融科技相关的法律法规仍处于初级发展阶段，许多新型的金融科技产品常常为了追求高利润而违规操作。长期的

---

① 2013 年 8 月 16 日上午 11 时 5 分，上证指数一改死寂沉沉的盘面，指数曲线直线拉起，3 分钟内上证指数暴涨超过 5%；午后开市，光大证券停牌，同时发布公告称，光大证券策略投资部门自营业务在使用其独立的套利系统时出现问题。具体参见鹿长余《光大乌龙指事件揭示的秘密》，新浪财经，https://finance.sina.com.cn/zl/fund/20130818/093716482588.shtml，2022 年 8 月 4 日最后访问。

② 孙丽：《互联网金融论》，山东大学出版社，2015，第 175 页。

"自由"使得金融科技开始出现"畸形生长",风险或将面临爆发的可能性。具体来说,金融科技的法律政策风险主要有以下三种表现方式。

（一）法律法规滞后不足导致的风险

近几年,与金融科技相关的上位法存在不足和滞后的现象,并不能满足如今金融科技的发展需求,极易引发法律政策风险。从消费者权益保护角度看,现有的对金融科技交易双方权利义务规定的法律法规多存在不具体、不全面、不清晰的现象,由此产生的不确定性极不利于金融科技的健康发展。从金融科技监管角度看,中国金融科技缺乏明确的市场准入标准、资金监管、身份认证以及个人信息保护等法律法规的规定。

（二）违反现行法律政策可能导致法律指控的风险

传统金融领域的法律法规或政策常常因为无法适应金融科技发展的内在需求而存在巨大的潜在风险。以股权众筹为例,中国目前现存的规范股权众筹的法律法规政策主要是 2014 年 12 月 18 日由中国证券业协会发布的《私募股权众筹融资管理办法（试行）（征求意见稿）》,但这只是征求意见稿,在未形成正式法律法规之前,股权众筹仍只能由《证券法》等相关法律政策来规制,稍有不慎就会触及法律底线。如《证券法》[1] 和《关于严厉打击非法发行股票和非法经营证券业务有关的通知》[2] 中关于证券发行要求的规定明确指出,证券发行必

---

[1] 《证券法》第九条　公开发行证券,必须符合法律、行政法规规定的条件,并依法报经国务院证券监督管理机构或国务院授权的部门注册。未经依法注册,任何单位和个人不得公开发行证券。有下列情形之一的,为公开发行:（一）向不特定对象发行证券;（二）向特定对象发行证券累计超过二百人的;（三）法律、行政法规规定的其他发行行为。非公开发行证券,不得采用广告、公开劝诱和变相公开方式。

[2] 《关于严厉打击非法发行股票和非法经营证券业务有关问题的通知》（国办发〔2006〕99号）:严禁变相公开发行股票。向特定对象发行股票后股东累计不超过 200 人的,为非公开发行。非公开发行股票及其股权转让,不得采用广告、公告、广播、电话、传真、信函、推介会、说明会、网络、短信、公开劝诱等公开方式或变相公开方式向社会公众发行。严禁任何公司股东自行或委托他人以公开方式向社会公众转让股票。向特定对象转让股票,未依法报经中国证监会核准的,转让后,公司股东累计不得超过 200 人。

须公开发行，并将公开发行细化为向不特定对象发行、向累计超过 200 人的特定对象发行以及法律、行政法规规定的其他发行行为。这就要求股权众筹不能向不特定对象发行股票或者人数超过 200 的特定对象发行股票，否则就会被认定为擅自发行股票、公司、企业债券罪。那么，股权众筹现行的运作模式是否违反了上述规定在法律上并没有明确的规定，这就使股权众筹的发展容易触及法律的红线而产生法律政策风险。

（三）法律法规冲突导致的风险

法律法规冲突导致的风险主要是指国内法律法规与国际法律法规的冲突。金融科技在互联网信息技术的推动下，其业务范围拓展到世界各国，金融全球化增加了金融科技的国际法律风险。金融科技作为新生事物，不同的国家地区对其发展也会持不同的态度，这就使得各国关于金融科技的法律法规、政策都各有异同，一些国家甚至根本不存在相应的法律法规及政策的规定。在金融交易往来过程中，若出现法律法规的冲突就容易导致相关责任义务的难以界定，从而产生法律政策风险。

六　金融科技信息技术风险

在互联网技术、移动通信技术的推动下，金融科技实现了支付、融资和信息中介服务等金融模式的创新。大数据、云计算、移动互联网、物联网等信息技术不断迭代更新，同时也暴露出金融科技信息技术方面的风险。金融科技作为技术型产业，其信息技术风险主要包括数据风险和平台风险。

（一）数据风险

在数据风险方面，主要包括大数据风险和云计算风险两类。大数据时代意味着包括金融科技在内的各行各业更大程度上依赖大数据分析解决信用和信息不对称问题。一方面，大数据的使用使金融科技机构能够提供更有针对性的特色服务和多样化的金融产品；另一方面，大数据技术在对海量数据进行收集、存储、处理、分析和共享的过程中也暴露出很多信息安全问题。这主要是因为大数据涵盖了大量的个人信息、行为细节数据甚至是隐私记录，这就要求对大数据的使用必须遵从相应的规定，若不加限制和约束，数据的滥用最终会导致人们生命财产安全遭受损失。然而，传统的数据安全防护工具对大数据监管的有效性并不明显。"大数据杀熟"[①] 现象从 2018 年 3 月进入公众视野，其中购物类 App、打车软件以及在线旅游的杀熟情况最严重。[②] 可见，公众的购物习惯、网页浏览习惯、社交关系网络等都处在"监控"之下，数据泄露事件的时有发生也加剧了公众对大数据安全的担忧。

云计算风险多租户、分布性、对网络和服务提供者的依赖性等特点，为安全问题带来了新的挑战，主要集中在数据安全风险、虚拟网络安全风险和安全管理风险三个方面。首先，在数据安全风险方面，云计算环境下，所有数据资源的所有权和管理权是分离的，所有权归属于各租户，而管理权归属于第三方运维服务供应商，实际上，租户对个人数据失去了物理上的控制权。在这种所有权和管理权分立的情况下，数据所有者就容易面临数据丢失、滥用甚至泄露的风险。另外，在云计算模式下，行业专网和互联网的逻辑隔离状况，也增加了云平台以外的其他恶意第三方从互联网非法窃取数据的可能性。其次，在虚拟网络安全风险方面，云计算模式打破了中国行业专网和互联网的安全隔离，虚拟网络使传统明确的网络边界变得十分模糊，基于地域分布、安全等级和业务特征在不同主机、不同安全域之间建立的交换机、防火墙等网络安全设备难以实现对虚拟机间的通信进行访问控制，物理主机内的虚拟机

---

① "大数据杀熟"是指同样的商品或服务，老客户看到的价格反而比新客户要贵出许多的现象。

② TechWeb：《北京消协杀熟榜公布飞猪旅行网被点名》，百度百家号，https://baijiahao. baidu. com/s? id = 1629212231460289812&wfr = spider&for = pc，2022 年 8 月 6 日最后访问。

可以避开所有网络防护设施从内部直接攻击其他虚拟机，从而发生虚拟网络安全风险。[①] 最后，在安全管理风险方面，云计算的安全管理风险主要是指内部管理风险。云平台一般由第三方运维服务供应商向平台租户提供统一的运维管理服务。由于租户并不享有数据资源的管理权，在其上传完相关数据后，便无法再继续感知、把控自身资源，若运维服务的提供在管理上不规范，内部人员发生违规操作行为的可能性就会增大；提供运维管理服务的第三方和租户间的权限职责不明确，也会出现无法明确责任方的风险。

（二）平台风险

平台风险主要是指网络技术平台和信息处理系统在设计和运营过程中存在问题而引发的风险。以互联网融资平台为例，金融科技采用网络技术构建互联网融资平台，通过广泛采集融资方身份信息、交易数据等敏感信息集成数据库。在设计平台的过程中，可能会因为程序缺陷或安全检验的漏洞，融资方可信度检测不准确，从而导致平台消费者的利益受损，而且，平台在运营过程中也会遇到黑客攻击等情况，若平台防控、抵御风险能力不足，一旦黑客破解了保密技术，融资方的信息安全将不复存在，从而对金融科技的稳健运行造成不可逆的伤害。

[①] 转引自孙丽《互联网金融论》，山东大学出版社，2015，第177页。

第二章

金融科技安全治理的理论分析

第一节　金融科技产生的理论解释及其对安全治理的启示

一　金融体制和金融深化理论

1973 年，罗纳德·麦金农（Ronald I. Mckinnon）和爱德华·肖（Edward S. Shaw）通过对发展中国家金融和经济之间相互关系的研究，提出了关于发展中国家或地区的金融发展理论——金融抑制（Financial Repression）和金融深化（Financial Deepening）理论。金融制度和金融变量对经济发展并不是中性的，不同的金融制度和金融变量对经济发展和经济增长既有可能是促进作用也有可能是阻碍作用，关键在于政府的政策和制度选择。如图 2-1 所示，金融抑制主要是由于政府不当或过度的金融干预，如人为压低利率或人为干涉汇率使本币升值，损害了金融体系自发高效地将储蓄转化为投资的功能，使金融体系效率低下，从而导致整个国家资源配置扭曲、经济效率低下，经济增长和经济发展受到制约。而经济发展受阻又使金融发展失去动力，从而形成金融抑制的恶性循环。

这种金融抑制的恶性循环束缚了发展中国家的内部储蓄规模，使

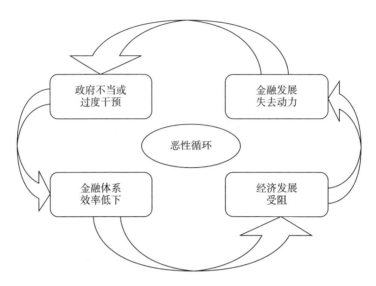

图 2 - 1　金融抑制的恶性循环

发展中国家对国外资本的依赖度提高。为改变金融抑制的状况，促进经济增长，政府一方面可选择提高实际利率、取消最高利率限制、银行向企业提供小规模贷款等一系列"金融开放"（Financial Liberalization）的措施①；另一方面可发展以金融深化为核心的金融战略。金融深化一般表现为三个层次的动态发展：金融增长、金融工具和金融机构的不断优化，金融市场机制逐步健全，金融资源得以优化配置。②金融深化意味着金融发展与经济发展的关系更为紧密。

在金融抑制背景下，资本流动性降低，整个金融体系效率低下，这给金融科技的发展创造了机会。金融科技采用创新的金融模式，使得以往被压抑的收益率和投资门槛限制被逐步打破。金融科技为中小融资者提供金融服务，打破了传统银行业的垄断地位。总之，金融科技的迅速发展倒逼传统金融行业的改革创新，众多传统金融机构逐步出台相

---

① 〔美〕罗纳德·I.麦金农：《经济发展中的货币与资本》，卢骢译，上海三联书店、上海人民出版社，1997，第83～89页。

② 〔美〕爱德华·肖：《经济发展中的金融深化》，邵伏军等译，生活·读书·新知三联书店，1988，第1～13页。

应的互联网战略布局。可以说，金融抑制为金融科技的发展带来了机遇，金融科技的出现是金融深化、自由化的一种特殊表现。但缺乏监管的金融深化会演变成金融失序甚至金融崩溃，如何预防和治理金融科技迅猛发展所带来了一系列问题，金融科技安全治理机制的构建是实现金融自由化的制度保障。

二　金融创新理论

"创新"一词的概念最早由著名经济学家约瑟夫·熊彼特于1912年提出。他认为，创新就是建立一种新的生产函数，把一种从未有过的生产组合形式，引入社会生产体系中的过程。[①] 金融创新理论就是在熊彼特创新理论基础上的一种延伸，也就是在金融领域建立一种新的生产函数，把各种金融要素新组合应用到金融活动中，以达到追求利润目的而形成的改革。金融创新是一个广泛的概念，金融产品的创新、金融工具的创新、金融市场的开拓、金融技术的创新、金融管理组织的创新、金融制度的创新以及其他金融领域各要素的创新都属于金融创新理论的范畴。同时，关于金融创新成因的理论探讨产生了许多不同的流派，形成了金融创新理论体系。

金融创新成因理论的研究主要包括供给主导型金融创新理论、需求主导型金融创新理论和规避管制型金融创新理论。供给主导型金融创新理论的典型代表是交易成本创新理论和技术推进理论。其中，交易成本创新理论于1976年，由希克斯（J. K. Hicks）和尼汉斯（J. Nie-hans）提出，"金融创新的支配因素是降低交易成本"[②]，该理论很好地解释了金融科技创新在中国的产生。技术推进理论则认为技术进步是金融创新的主要推动力，这一理论解释了技术是金融科技产生的必要

---

① 〔美〕约瑟夫·熊彼特：《经济发展理论》，何畏等译，商务印书馆，1990，第Ⅲ页。
② 卓武扬、彭景：《金融创新、道德风险与法律责任》，北京大学出版社，2017，第9页。

条件，但并不能清楚解释为何传统金融机构未能率先开展金融科技业务模式。需求主导型金融创新理论的典型代表是财富增长理论和需求推动理论。其中，财富增长理论是格林鲍姆（S. I. Greenbum）和海沃德（C. F. Haywood）于 1973 年提出的，他们强调经济高速发展所带来的财富增长是金融创新的主要原因。需求推动理论则将金融创新的原因归结为对金融产品和金融服务的新需求。规避管制型金融创新理论的典型代表是约束诱导理论和规避管制理论。其中，约束诱导理论的代表人物是美国经济学家威廉·西尔伯（William L. Silber），其主张金融创新的根本原因来自内部和外部对金融业的约束，这里所说的外部约束主要指政府等监管机构的管制，内部约束金融企业制定的各项指标等。规避管制理论由凯恩（E. J. Kane）于 1984 年提出，诱发金融创新的主要动因是回避各种规章制度的限制性措施。

金融创新与金融对监管的规避息息相关，几乎所有的金融产品都是在不断寻找新方法脱离监管束缚中成长起来的。2013 年，在中国金融行业"去监管化"形势下，互联网金融也乘势发展起来，但互联网金融创新初期的无序化发展对金融稳定产生的影响必会迎来对金融科技的监管，因此，金融科技安全治理机制的构建便在金融创新理论的发展中不断完善。

三 产业融合理论

产业融合（Industry Convergence）概念最早出现于 19 世纪中后叶至 20 世纪初，被用于机械制造业的技术融合现象中。随后，20 世纪 70 年代，随着信息技术革命的爆发，产业融合的概念从理论走向实践。1978 年，麻省理工学院媒体实验室将计算机、印刷和广播行业的技术边界用圆圈交叉的形式来界定，三个圆圈的交叉处是发展最快、创新能力最强的新领域。20 世纪 80 年代，"数字融合"概念出现，即将信息转换成数字后，再通过终端机和网络传送显示出来的现象，基于数字融合的概念，产业融合被定义为为了适应产业增长而发生的产业边界的收缩或消失。① 2001 年，日本学者植草益指出由于技术革新和放宽限制，行业间壁垒降低，原本属于同一产业的企业群产生竞争合作的关系，从而加速产业间融合。② 上述定义揭示的产业融合概念局限在信息通信行业，但实际上，产业融合的概念早已被广泛运用到金融业、农业、现代服务业等其他各领域中。总结产业融合的基本特征和规律，可以得到产业融合概念较为完整和准确的定义，技术进步和放松管制使得产业边界和边界交叉处的技术发生融合，原有产业产品的特征和市场需求以及企业间的竞争合作关系发生改变，从而导致产业界限的模糊化甚至重新划定。③ 简单来说，产业融合就是不同产业或者同一产业的不同行业相互交叉渗透，最终融为一体发展成新产业的过程。④

产业融合一般分为技术融合、业务融合和市场融合三个阶段，产业渗透、产业交叉和产业重组是产业融合的三种不同样态。科技与金融的产业融合主要包括产业渗透型融合、产业延伸与交叉型融合和产业重组与整合型融合。⑤ 如图 2－2 所示，产业渗透型融合主要表现在：第一，将科技产业纳入金融服务范围；第二，金融行业将传统业务网格化。产业延伸与交叉型融合表现在：第一，金融产业和科技产业的功能互补、产业交叉延伸；第二，交叉延伸形成新业态。产业重组与整合型融合则表现在：第一，产业融合新业态；第二，不同行业企业命运共同体；第三，新业务流程与产业模式。

金融科技既融合了科技产业和金融产业的技术特征和产业优势，

---

① Greenstein, S. and Khanna, T., "What Does Industry Mean?" in Yofee, ed., *Competing in the Age of Digital Convergence* (Cambridge: President and Fellows of Harvard Press, 1997), pp. 201－226，转引自马健《产业融合理论研究评述》，《经济学动态》2002 年第 5 期。
② 〔日〕植草益：《信息通讯业的产业融合》，《中国工业经济》2001 年第 2 期。
③ 马健：《产业融合理论研究评述》，《经济学动态》2002 年第 5 期。
④ 欧阳日辉：《互联网金融监管：自律、包容与创新》，经济科学出版社，2015，第 62 页。
⑤ 陈放、罗晓梅：《互联网＋金融：产业融合的模式、困境与政策建议》，《上海行政学院学报》2016 年第 3 期。

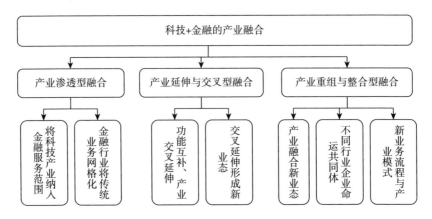

图 2 - 2　科技 + 金融的产业融合模式

也融合了科技产业和金融产业的风险，使得金融科技风险呈现双重性，既具有传统金融行业的风险特征也具有互联网行业的风险特征。因此，金融科技安全治理机制的构建就需要将金融治理和互联网治理的某些措施和特征融合起来，形成适合金融科技这一新型融合产业的安全治理方案。

四　专业化与分工演进理论

分工思想的形成是 1776 年，亚当·斯密（Adam Smith）在《国民财富的性质和原因的研究》一书中指出："劳动生产力上最大的增进，以及运用劳动时所表现的更大的熟练、技巧和判断力，似乎都是分工的结果。"[①]斯密围绕国民财富的性质和原因分析得出分工是提高生产力的主要方法，并提出著名的"斯密定理"——只有当对某一产品或服务的需求随着市场范围的扩大增长到一定程度时，专业化的生产者才能实际出现和存在。之后，马克思、马歇尔、杨格相继在斯密分工理论的基础上进行了深入的研究。2003 年，杨小凯研究了政治制度、经济制度、

---

① 〔英〕亚当·斯密：《国民财富的性质和原因的研究》（上卷），商务印书馆，1997，第 7 ~ 12 页。

法律环境、运输技术和通信条件等对交易效率的作用，而交易效率的高低会对专业化和劳动分工水平的高低产生影响。专业化和劳动分工理论的演进，会伴生出产品种类增多、专业化水平上升、技术水平上升、协调失灵风险增加等几十种不同的现象。①

金融科技的出现正是新兴古典经济学理论框架的验证。2001年，中国加入世界贸易组织（WTO），WTO协议要求中国逐渐对金融等垄断领域开放外资和民间资本。加之传统金融机构无法满足小微企业资金需求的事实，政府对民间金融的管制不可能像2001年以前那样对进入金融领域的民间资本严加限制和打击，并逐步鼓励和引导民营资本进入金融领域。政策的转变以及互联网等科技的发展进步，使民营资本从事金融科技活动的交易效率大大提高。按照专业化与分工理论，交易效率的提高引起了专业化和分工网络的发展。实际上，金融科技就是一种新的专业化分工网络。P2P网贷平台、众筹平台等相继出现，将金融科技划分成各种强专业性分工模式。同时，由这些新的专业产生出新的交易，如通过P2P平台的借贷交易，通过众筹平台的资金实物回报交易，从而形成新的市场。当然，金融科技专业化与分工网络的发展也增加了网络协调失灵的风险。这对金融科技安全的治理提出了更高的要求，需要在保证交易效率、促进专业化和分工网络发展的前提下，降低网络协调失灵的风险。

五　长尾理论

意大利博学家维弗雷多·帕累托（Vilfredo Pareto）在研究英格兰的财富和收入结构时，发现大多数财富都落到了少数人的手中，并由此得出了著名的"80/20法则"，即20%的人口掌握了80%的财富。一直到2004年，美国《连线》杂志前主编克里斯·安德森（Chris Anderson）在"The Long Tail"一文中提出"长尾理论"，彻底颠覆了传统的

---

① 杨小凯：《经济学：新兴古典与新古典框架》，社会科学文献出版社，2003，第79页。

"80/20 法则"。① 通常认为，在传统以物理为基础的"短头"经济中，20%的热门产品会给企业带来80%的销售收入，同时产生100%的利润。而长尾理论以积少成多为基本原理，当长尾上的小批量生意累积到足够庞大后，小市场也会产生与大市场同等的利润。

传统的金融市场是"80/20 法则"的典型体现，传统银行机构专注于20%高净值的优质客户，对分布在尾部的小微企业等草根阶级的资金需求不予以理睬。金融市场作为典型的长尾市场，被放弃的80%零散、小额、个性化的资金需求实际上也可以带来与那20%市场同样的利润。这种局面下，金融科技便应运而生，网络技术的运用使长尾市场的开发成本很低甚至为零，那些被传统金融机构"抛弃"的80%客户群由原来的"不值得投入"变成"值得投入"，但是，基于"长尾理论"的金融科技也会面临更大的风险，这主要是因为客户群体的转变使金融科技覆盖面更广，对社会的影响范围更大，若缺少相应的安全防范措施，则很可能会影响整个社会的稳定。因此，在面对不断扩张的金融科技市场，金融科技安全治理势在必行。

第二节　金融科技安全治理的理论基础

一　经济学基础

（一）市场失灵理论

以马歇尔为代表的传统自由市场经济理论认为各种经济活动应该以市场作为资源配置的根本工具，从而实现整个社会经济的最高效率。政府在传

---

① 大样本统计显示，在以知识为基础的"长尾"经济中，20%的热门产品将集中为10%的热门产品，其进一步分化为2%的大热门产品和8%的次热门产品。其中，2%的大热门产品带来50%的收入和33%的利润；8%的次热门产品带来25%的收入和33%的利润；剩下90%的长尾产品，将带来25%的收入和33%的利润。参见〔美〕克里斯·安德森《长尾理论：为什么商业的未来是小众市场》，乔江涛、石晓燕译，中信出版社，2015，第XIII页。

统思想市场理论中扮演着不干预的角色。而后，西斯蒙第、马尔萨斯、约翰·穆勒等在追崇市场机制的同时，分配不公、贫富不均或生产过剩等与一般伦理判断相冲突的市场运行结果也使他们质疑市场的不完美，直到边际革命和福利经济学的产生。边际主义为全面认识市场缺陷、将市场失灵理论纳入微观经济学分析框架奠定了基础，垄断成为研究市场失灵的第一个着眼点，市场失灵理论的研究逐步从现象转为内核。福利经济学则从外部性、公共品的角度深入研究，逐步建立起市场失灵的评价体系。

"市场失灵"（Market Failure）最初是在 1958 年由美国经济学家弗朗西斯·M. 巴托（Francis M. Bator）首先使用，他指出市场失灵是一种在理想价格市场机制中或多或少不能达到合意，或者不能阻止不合意的活动，也被称为"市场失效"或"市场失败"。[1] 市场经济体制中，市场对社会资源的配置有决定性的作用，但市场的完全竞争性是市场机制实现资源配置帕累托最优的前提条件。受信息不对称、外部性、市场垄断和公共产品等因素的影响，导致市场在调节经济时出现市场资源配置低效甚至无效，市场这只"看不见的手"未能实现资源的最优配置。简单来说，市场失灵就是市场不能或难以有效率地配置经济资源。[2]

按照自由放任监管理念，当市场运转正常时，"看不见的手"可以自动调节资源分配以实现最优配置，达到市场均衡，无须政府介入。只有市场出现失灵，如出现市场的负外部性、信息不对称或公共物品供给不足等问题时，才必须引入政府对金融机构和市场体系进行外部监管，以达到排除市场非有效因素、重启市场机制作用的目的。[3] 金融科技市场作为一个新兴的金融市场，并非一个理想化的市场，政治、社会、分配、伦理和生态环

---

① Francis M. Bator, "The Anatomy of Market Failure," *The Quarterly Journal of Economics* 72 （3），1958，p. 351.

② 王冰：《市场失灵理论的新发展与类型划分》，《学术研究》2000 年第 9 期。

③ Robert Baldwin, et al., *Understanding Regulation：Theory，Strategy，and Practice* （Oxford：Oxford University Press，2012），p. 22，转引自彭岳《互联网金融监管理论争议的方法论考察》，《中外法学》2016 年第 6 期。

境等因素也能局限其运行，因此，金融科技市场同样存在市场失灵的问题。所以，对金融科技进行安全治理和监管是非常有必要的，这不仅取决于其对市场的纠正，更多的是为市场提供运作程序等保护市场关系的服务。事实上，在多数情况下，监管作为一种组织社会关系的首选方法，是优于市场的，并不是次要的。金融科技安全治理主要针对金融科技市场信息不对称、外部性、垄断性和准公共产品等市场失灵问题进行。

1. 金融科技的信息不对称

信息不对称是指交易双方拥有的信息不同，在社会经济活动中，各成员对相关信息的了解掌握情况存在差异。信息经济学理论表明，信息不完备和信息不对称是市场经济活动中的突出现象，而如何解决信息不完备和信息不对称产生的逆向选择和道德风险，从而达到非对称信息下的最优交易契约是信息经济学理论的主要目的。

金融科技的信息不对称主要是指金融合约双方掌握的信息不对等的事实。与传统金融相比，金融科技通过网络信息技术在一定程度上降低了信息不对称的程度，但它依然不能完全消除信息不对称的问题。一般而言，在没有形成完备的征信管理系统之前，投资者掌握的信息是远远不及金融科技平台和融资者的。例如，在 P2P 网络借贷中，P2P 网络平台的实际控制人相较于投资人是具有信息优势的，一旦出现 P2P 网贷平台隐瞒项目相关信息、对项目的风险和资金使用安全等方面造假，投资者就很容易上当受骗，从而造成 P2P 网络借贷市场的失灵，影响借贷资源的有效配置，最终形成道德风险和逆向选择。2013 年 4 月，深圳 P2P 网贷平台网赢天下上线运营，以高额收益回报吸引了众多投资者，但在短短 4 个月后，网赢天下就宣布倒闭。截至 2013 年 8 月 8 日停止交易时，累计交易额达 7.9 亿元，实际未还款为 1.5 亿元到 2 亿元，至少涉及 1300 名投资者。[①] 该网贷平台的实

---

① 张健华：《互联网金融监管研究》，科学出版社，2016，第 87 页。

际控制人作为信息优势方，没有如实报告项目相关信息，对客户资金的使用和安全进行造假，从而导致平台的巨额投资资金被挪用于其个人创办的公司的道德风险。在股权众筹中，信息不对称现象尤为明显。项目发起人比项目投资人拥有更多的项目风险信息，发起人不称职、欺诈、隐瞒项目风险等行为若发生在股权众筹之前，可能会造成众筹市场的事前逆向选择，即优质项目无法进行融资而劣质项目反而更易得到融资。若发生在股权众筹之后，则会导致道德风险，最典型的就是欺诈。无论是事前的逆向选择还是事后的道德风险都可能导致股权众筹的市场失灵。

金融科技借助大数据技术分析挖掘和整合个人及小微企业的相关信息，从而确定其信用等级和违约概率。然而，在实际操作中，金融科技机构会面临诸如：（1）个人或小微企业由于网络活动少，其数据量不足；（2）个人或小微企业在不同网络中活动频率不一而使不同平台获得的数据存在差异；（3）未能察觉的个人或小微企业伪造信用行为而使信用评估不准确等一系列问题。借款人的真实信用难以通过网络数据被充分体现出来。信息不对称造成交易成本增加，交易量减少，同时，资产需求方也会因为获取信息的高额成本支出而减少对资产的需求，最终造成金融资源的浪费。[1] 金融科技安全治理可以对市场信息不对称进行矫正，通过监管，减少金融科技体系中的信息不对称，降低金融风险，防止因信息不对称而导致的逆向选择和道德风险，有效防控金融科技市场失灵问题。

2. 金融科技的外部性

所谓外部性，就是指一个人或一个企业的活动对其他人或其他企业的外部影响，也称为"溢出效应"，这种效应带来的价格体系影响建立在有关各方不发生交换的基础上，是一种外来的影响，也就是没有经

---

[1] 韩忠亮：《全球化背景下金融监管的博弈研究》，北京大学出版社，2013，第81页。

济报偿的"交易"①。外部性具有"非市场性"②，且有正负外部性之分。具体而言，当社会收益大于私人收益时产生正外部性；相反，当社会成本大于私人成本时会产生负外部性。

金融科技的外部性是指在金融活动中，金融科技机构给其他经济主体带来利益或者产生危害，而又没有因为这种利益或危害而得到报酬或支付赔偿。③金融科技既具有正外部性也具有负外部性。从正外部性来看，金融科技为实体经济所带来的利益远远超过金融科技企业和投资者获得的利益。就整个社会经济发展的需求而言，社会对金融科技的需求远远超过其目前提供的服务。但是，随着金融科技的快速发展，各类风险逐渐突出，在面临各类风险损失的条件下，金融科技的参与者都会按照自身利益最大化原则去决策交易量及交易规模，这就使受限于个体追求自身利益最大化逻辑的金融科技交易量远远不能满足社会对其金融服务的要求。也就是说，金融科技参与者按照自身利益最大化决策所达到的交易量并不是金融科技市场的最优配置。④

从负外部性来看，金融科技参与者为了自身利益而实施的危害金融科技安全的行为，绝不会因为考虑到其行为对金融科技造成损失，进而会对实体经济带来危害而停止。例如，中国股权众筹多采用"领投—跟投"⑤的投资模式，由投资经验丰富的专业投资人作为领投人，其他普通投资者根据领投人选中的项目跟进投资。这样一来，领投人就承担了项目管理的责任，一旦发生领投人与融资人之间恶意串通、对跟投人合同欺诈的情况，就很容易触发金融风险。若该领投人之前信誉较好，还容易发生"羊群效应"，造成投资者的盲目跟投，加大风险发生的可能性。而这一消息会引起投资者恐慌，使众筹平台的信用度下降，

① 胡代光、周安军：《当代国外学者论市场经济》，商务印书馆，1996，第17页。
② 刘辉：《市场失灵理论及其发展》，《当代经济研究》1999年第8期。
③ 何剑锋：《互联网金融监管研究》，法律出版社，2019，第73页。
④ 欧阳日辉：《互联网金融监管：自律、包容与创新》，经济科学出版社，2015，第72页。
⑤ 杨东、文诚公：《互联网金融风险与安全治理》，机械工业出版社，2016，第140页。

造成众筹行业危机。同时，资金持有者和资金需求者本来有利可图的交易未能实现，使那些想依靠金融科技获得资金的实体企业得不到发展，最终对实体经济产生不可逆的影响，甚至这些负面信息进一步蔓延，导致其他金融科技模式下的参与者的信心受挫，从而促使其提前取回资金或使潜在投资者持币观望，这将大大缩小金融科技的交易规模，使原本就不在最优资源配置策略下的金融科技市场越走越远。总之，金融科技风险导致的社会成本远远大于金融科技本身的成本，可见，金融科技存在极大的负外部性。

外部性问题不能通过市场来解决，而必须依靠政府施加影响个人决策的变量，使个人决策的均衡点向社会决策的均衡点靠近。[1] 无论是金融科技的正外部性还是负外部性都无法达到最优的资源配置，如何改变金融科技参与者的决策使金融科技的正外部性不断扩大，并有效防控各类风险使金融科技的负外部性不断缩小，需要一种市场以外的力量来限制或消除，即对金融科技的风险进行合理控制，这也是金融科技安全治理的目标之一。

3. 金融科技的垄断性

中国金融行业长期以来由国有金融机构高度垄断，价格管制明显，利率由政府实行管制，市场化程度不高，金融效率相对较低。[2] 在 2016 国是论坛上，中国人民大学副校长、金融与证券研究所所长吴晓求指出："中国的金融业，在财务管理方面是为富人服务，在融资方面为大中型企业服务。"[3] 这正是众多小微企业和消费者难以获得信贷支持的原因所在。中国金融科技的崛起，使金融打破了国有金融机构垄断的局面。金融科技满足了传统垄断金融机构不愿意满足的市场需求，实

---

[1]　刘辉：《市场失灵理论及其发展》，《当代经济研究》1999 年第 8 期。

[2]　《吴晓求：中国金融体系存在较大程度的垄断性》，中国新闻网，http://www.chinanews.com/cj/2013/12－27/5671722.shtml，2022 年 8 月 12 日最后访问。

[3]　《吴晓求：中国金融业垄断性明显，下一步金融改革要实现普惠性》，澎湃，https://www.thepaper.cn/newsDetail_forward_1567360，2022 年 8 月 12 日最后访问。

现了帕累托改进，但难以避免的是，金融科技作为一个涉及网络信息技术和金融的新型产业，在目前及今后的发展中也会存在一定的垄断性问题，这主要是由金融科技的双重属性决定的。一方面，金融科技的金融属性使隶属于金融行业的金融科技依旧存在垄断。另一方面，互联网的网络效应容易形成垄断并造成市场进入壁垒，使其他企业无法进入该领域，使金融科技具备了一定的垄断基础。不难看出，当前主导金融科技市场的企业正好是原互联网企业中的巨头，如阿里巴巴（Alibaba）和腾讯（Tencent）。在第三方支付市场中，这两家互联网企业分别推出了第三方支付工具支付宝（Alipay）和财付通（Tenpay），艾瑞咨询数据显示，2018 年，在第三方移动支付[1]市场中，支付宝和财付通占据 93.5%，几乎垄断了整个第三方移动支付市场，形成双寡头垄断格局。市场份额具体如下：支付宝占比 54.3%，财付通占比 39.2%，壹钱包占比 1.8%，联动优势占比 0.8%，京东支付和快钱各占 0.7%，易宝支付占比 0.6%，和包支付占比 0.5%，银联商务占比 0.4%，苏宁支付占比 0.2%，其他占比 0.8%。[2] 随着支付宝、财付通由 PC 端向移动端的转移，在第三方互联网支付[3]市场中，互联网支付市场中第二梯队企业所占市场份额有所提升，但仍不能打破双寡头垄断格局。

金融科技领域的高行业集中度极易造成市场失灵，进而引发系统性风险。因此，对金融科技实施有效的安全治理是极有必要的，一方面，可以在政策法律层面上明确金融科技的市场地位，提高整个金融行业的金融效率；另一方面，通过规范金融科技市场中违反公平竞争和效率的行为，促进金融科技的健康发展。

---

① 移动支付是指移动客户端利用手机等电子产品来进行电子货币支付。

② 艾瑞咨询：《第三方移动支付 2018 年交易规模达 190.5 万亿》，艾瑞网，http://report. iresearch. cn/report_ pdf. aspx？ id＝3360，2022 年 8 月 12 日最后访问。

③ 互联网支付是指客户通过桌式电脑、便携式电脑等设备，依托互联网发起支付指令，实现货币资金转移的行为。

4. 金融科技的准公共产品特性

准公共产品是介于公共产品与私人产品之间的一个概念。通常，私人产品被理解为我们日常消费的一般性商品，能够利用市场机制来提供产品或服务的总称。私人产品具有消费上的排他性——一人消费后其他人不可再消费和消费的竞争性——每增加一个单位的私人产品就需要增加相应的成本。与私人产品相对的就是公共产品，表现出非排他性和非竞争性。而准公共产品是指具有有限的非排他性或有限的非竞争性的公共产品，金融科技就是具有非排他性和不充分的非竞争性的准公共产品。从非排他性来看，包括长尾市场在内的所有消费者都可以在不受任何干预的情况下，使用金融科技提供的各种服务。但是，金融科技在非竞争性上表现并不充分。金融科技消费者通过金融科技平台获得金融服务，但对于同一个金融科技平台而言，现存的各类资源是有限的，随着需求者数量的增加，可供使用的金融科技产品数量就会减少，当需求超过某一限度，金融科技机构需要从外界获取额外的资源以满足不断增长的需求，故增加边际人数的成本并不为零。因此，金融科技是具有一定消费竞争性的准公共产品。

作为准公共产品的金融科技，其私人供给通常达不到帕累托最优数量，但其私人需求却常常大于帕累托最优数量。[1] 通常认为，在非排他性产品的生产和消费中，理性的个人为了追求效用最大化，期望别人提供金融科技服务的公共产品而自己坐享其成，从而给市场机制带来一个严重的问题——"搭便车"，这也是金融科技的私人供给达不到帕累托最优的原因所在。并且，投资者的非理性投资行为和借款人过度的借款需求都导致金融科技的需求数量远远超过了从社会来看的最优数量。金融科技准公共产品的特性使分散决策的市场机制不能有效配置资源，[2] 同

---

[1] 欧阳日辉：《互联网金融监管：自律、包容与创新》，经济科学出版社，2015，第73页。

[2] 何剑锋：《互联网金融监管研究》，法律出版社，2019，第78页。

时也决定了金融科技的运行必须基于对所有金融机构一视同仁的限制和监管之上。[①] 因此，金融科技行业的稳定运行需要一套完善的金融科技安全治理机制，政府、社会、行业以及金融科技平台本身有责任保障金融科技的有序发展。

(二) 行为金融学理论

行为金融学以期望理论 (Expectancy Theory) 为基础，研究投资者行为的非理性、认知的偏差和市场非有效性的学科。[②] 简单来说，行为金融学就是一门研究人的心理、行为、情绪等对金融产品定价、金融决策以及金融市场发展趋势影响的理论体系。行为金融学中所提到的期望理论主要是研究人们如何在不确定情况下做出决策。期望理论认为投资者在投资账面值损失时更加厌恶风险，而在投资账面值盈利时，其满足程度会随着收益的增加而逐渐减缓。也就是说，由于有限理性、有限自制力的存在，人们可能会出现背离成本收益效用最大化的倾向，其选择因受到个人偏好、社会规范、观念习俗等影响而具有不确定性。[③] 行为金融学理论主要从投资者行为、认知和市场运作等方面为金融科技安全治理机制的构建提供理论支持。

第一，行为金融学中的投资者非理性行为从投资者行为角度为金融科技安全治理机制的构建提供了理论基础。投资者非理性行为主要包括羊群行为 (Herd Behavior)，即投资者依赖舆论做出投资决策；心理账户 (Mental Accounting)，即投资者基于对资金分门别类的管理和预算而做出非综合考虑的投资决策；过度自信 (Overconfidence Theory)，即投资者对自己的预期未来的能力表现出过分的自信；反应不足 (Response Deficit)，即投资者因惰性未能根据新信息对原有信念完全修

---

① 韩忠亮：《全球化背景下金融监管的博弈研究》，北京大学出版社，2013，第80页。
② 李心丹：《行为金融学——理论及中国的证据》，上海三联书店，2004，第4页。
③ 陆剑清：《行为金融学》，清华大学出版社，2013，第26～27页。

正；损失厌恶（Loss Aversion），即投资者对损失显示出较同一数量收益更大的情绪波动；过度反应（Overreaction Theory），即投资者对信息理解的非理性偏差产生的投资行为过激现象；后悔厌恶（Regret Aversion），即投资者为了避免因错误决策导致的痛苦而做出的非理性行为；证实偏差（Confirmatory Bias），即人们因为某一信念而产生寻找支持这一假设的证据的倾向；模糊厌恶（Ambiguity Aversion），即在不确定状态下时，人们选择做熟悉事情的倾向。[①]

在金融市场中投资者是非理性的，很容易出现内部操纵、造假等破坏市场的行为，那么对金融市场的安全治理就显得尤为重要。在金融科技市场中，通过对金融科技市场投资者的行为进行分析，掌握投资者的心理，更有利于金融科技安全治理机构制定出相应的措施。综合分析投资者的各类非理性行为，能够为金融科技安全治理机制的构建提供更全面的理论分析框架，毕竟单纯依赖一种理论或过度相信一种假设所制定的法律制度、方针政策都是十分危险的。[②]

第二，行为金融学中的投资者认知偏差从投资者认知角度为金融科技安全治理机制的构建提供了理论支撑。投资者的认知偏差主要包括易获得性偏差、代表性偏差、锚定理论与调整、框架依赖。[③] 其中，易获得性偏差是指投资者决策与投资信息的充分性、可获得性有关；代表性偏差是指在不确定情况下，人们根据问题的单一特征推断结果，而放弃考虑该特征出现的概率以及与该特征有关的其他原因；锚定理论与调整是指人们在判断和评估时往往从一个最容易获得的信息（称为锚点）入手进行价值判断，并综合其他信息进行一定的调整；框架依赖是指人们会因为情景或表达的不同而对同一组选项表现出不同的偏好，从而做出不同的选择，这主要是因为人是有限理性的。投资者的认

---

① 饶育蕾、盛虎：《行为金融学》，机械工业出版社，2010，第114~117页。
② 孙天琦：《金融业行为监管与消费者保护研究》，中国金融出版社，2017，第65页。
③ 史金艳：《行为金融理论与应用》，大连理工大学出版社，2010，第19页。

知偏差实际上也是投资者某些非理性行为产生的结果，这种认知的错误容易导致激进的投资行为，致使投资者被欺诈，发生金融科技平台卷款潜逃等损害投资者自身利益的风险。金融科技安全治理机制的构建需要从投资者认知的角度去权衡相关制度的合理性、可操作性，可以说，投资者的认知偏差理论是金融科技安全治理机制构建过程中的重要理论参考。

第三，行为金融学中的非有效市场从金融市场运作角度为金融科技安全治理机制的构建提供了理论分析。非有效市场概念相对于有效市场假说提出的，套利行为保证了现代市场的有效性，当市场未达到均衡状态时，市场就会存在无风险的套利机会。但行为金融学通过实证研究，认为投资者的心理、情感等因素也会影响金融市场中资产的价格，市场并不是有效的。在非有效的金融科技市场中，市场主体的行为和交易策略会背离理性原则，金融科技产品的价格受到影响，现有的全部信息不能得到充分反映，从而导致投资风险的产生。非有效市场理论的提出为金融科技安全治理机制的构建提供了市场层面的综合分析框架。

二　法学基础

金融科技的发展和创新是互联网技术进步的结果，也是整个金融市场自身的需求。金融科技借助网络平台技术，大大降低了金融服务交易成本，突破了传统的"二八定律"，在资金需求者和供给者之间搭建起桥梁，但金融科技自身的风险也在其快速的发展中凸显出来。金融科技交易各方利用信息优势以虚拟网络为掩护欺诈金融科技消费者，侵害金融科技消费者的合法权益，背离了正义的要求。金融科技平台弄虚作假，泄露用户隐私及其他金融信息，引发了金融安全问题。金融科技行业因缺少相应的规范指引，导致市场秩序混乱。可见，针对金融科技的安全治理已迫在眉睫，否则金融科技的发展必将偏离正义、安全、效率和秩序的轨道。

金融科技安全治理机制是一种制度安排，而金融科技安全治理的法律法规体系是金融科技安全治理机制的重要组成部分，其价值追求与法律正义、安全、效率的价值追求是一致的。只有构建完善的金融科技安全治理法律法规体系，才能促进法律制度与金融科技市场的协调发展，[①]才能彰显正义、安全、效率和秩序在金融科技法治建设中的价值。

（一）正义价值的实现需要金融科技安全治理

正义是社会制度的首要价值，美国哈佛大学教授约翰·罗尔斯（John Rawls）在其《正义论》一书中指出，只要是不正义的法律或制度，即使再有效率和秩序，也应该对其进行改造甚至废除。[②]金融科技安全治理的基础就是对正义的追求和实现，现代法治化金融市场不可能也不会允许没有正义价值的金融科技市场，金融科技安全治理的制度安排与法律保障必须以正义价值的实现为基础。

第一，通过法律规定和制度安排保障金融科技资源的合理配置，实现金融科技市场的公平竞争。资源的有限性往往是利益冲突产生的主要因素，如何合理分配资源，使每个市场参与者都具有平等的权利在金融科技市场中竞争，这需要推动建设具有正义性价值的监管体系和公平的市场竞争环境。目前，中国金融体系依旧极不完善，尽管金融科技的发展在一定程度上突破了国有企业金融垄断的局面，但金融科技本身的特性使金融科技体系依旧存在金融垄断的现象，只不过从国有企业转移到了互联网领域的龙头企业。同时，打破"二八定律"的金融科技满足了长尾市场中大部分金融需求者的资金需求，但仍有相当一部分企业和个人的资金需求得不到满足。因此，通过法律法规的制定明确金融科技市场资源的分配，防止权力对资源的垄断，保障市场的公平

---

① 陈红：《开放经济条件下的金融监管与金融稳定》，中国金融出版社，2014，第 4 页。
② 〔美〕约翰·罗尔斯：《正义论》，何怀宏等译，中国社会科学出版社，1988，第 321 页，转引自刘天利等《互联网金融模式创新的法律边界与规制》，《西北大学学报》（哲学社会科学版）2017 年第 3 期。

竞争，从而真正实现金融科技的实质正义。

第二，通过法律适用和制度执行确保金融科技违法行为的合理处置，实现金融科技领域内的分配正义。分配正义（Distributive Justice）所关注的是社会成员或群体成员之间权利、权力、义务和责任配置的问题。[1] 金融科技的创新和发展满足了社会发展普惠金融和民主金融的要求，但金融科技难免存在违反合同义务和违法的情况，如果缺乏相应的法律法规作为指导，就容易偏离正义的轨道。一方面，通过法律法规明确规定金融科技各参与主体的权利和义务；另一方面，通过法律适用和制度执行保护金融科技消费者的合法权益，进而明确各方主体的责任分配。总之，只有通过法律法规设定契约自由与契约正义，才能确保金融科技分配正义的实现。

第三，通过法律监管和制度控制实现金融科技参与各方的自由与平等。自由和平等是正义观念的重要组成部分。[2] 首先，法律正义的哲学是以自由观念为核心而构建的，在金融科技领域中，自由价值的追求体现在金融科技参与者依法自由参与各项金融科技市场活动，在不妨碍他人和危及社会公共利益的前提下，享有参与金融科技资源分配的权利。例如，现存部分众筹平台通过虚假宣传的方式欺诈金融消费者选择并不合规的项目，其实质上就是剥夺了金融科技消费者自由选择的权利。其次，平等作为一个具有多种不同含义的多形概念，主要体现在两个方面：其一，私人资本与国有资本、金融科技机构与传统金融机构在金融科技领域享有公平竞争的机会；其二，金融科技领域内的地位平等，这包括因信息不对称问题带来的地位不平等问题、因身份不同而带来的特权问题，这里的身份不同主要是传统金融一直以来的国有企业

① 〔美〕E. 博登海默：《法理学：法律哲学与法律方法》，邓正来译，中国政法大学出版社，2004，第279页。
② 〔美〕E. 博登海默：《法理学：法律哲学与法律方法》，邓正来译，中国政法大学出版社，2004，第317页。

身份和金融科技的民营企业身份的差异。

(二) 安全价值的维护离不开金融科技安全治理

安全在各项法律价值中具有基础性地位。[①] 安全价值与法律法规的内容相关,小到缓解人类生活中面临的困苦、盛衰或偶然事件,大到保护人类免受侵略、掠夺等行为的损害。安全既是个体和群体存在的内蕴要求,也是公平、自由、平等等价值得以存续实现的前提,安全价值的实现对整个社会都至关重要。在金融领域,金融安全集中体现了法律安全价值,实现金融安全就是防范和控制金融风险的发生。[②] 金融科技作为金融体系的新生事物,维护其安全价值也是金融安全的应有之义。金融科技风险集中了传统金融风险的特征以及网络信息技术所带来的特殊风险的特征,相比传统金融,金融科技的风险更加隐蔽、更易突发并且具有更强的传染性。因此,金融科技安全治理机制的构建需全面考虑各方制度的制定与实施,切实起到维护金融科技安全的作用。

第一,系统性安全价值的实现。作为法的价值,安全并非零散的而是具有系统性的,法律法规的制定要兼顾个体、群体和社会等多方面的需求。金融科技安全与个体或群体权益保护的根本目标是具有内在统一性的,例如,对个体或群体知情权的保护,不仅是对其合法权益的保护措施,还能有效解决信息不对称问题,防止由信息不对称带来的逆向选择或道德风险,更有利于整个社会金融资产的优化配置。[③] 但不可否认,在某些个案中,仍会存在消费者权益保护与安全维护间的冲突,这就要求在具体的制度设计中要注意两者之间的平衡。可见,金融科技安全的目标既是统一的也是矛盾对立的。因此,安全价值的系统性规划为

---

① 盛学军:《后危机时代下对金融监管法价值的省思》,《重庆大学学报》(社会科学版) 2011年第 1 期。

② 陈红:《开放经济条件下的金融监管与金融稳定》,中国金融出版社,2014,第 73 页。

③ 张再芝、刘俊:《和而有序——论金融安全与银行服务相对人权益保护的冲突与协调》,提交"中国法学会商法学研究会 2008 年年会"的论文,江西南昌,江西财经大学法学院,2008 年 10 月 11 日,第 730 ~ 737 页。

金融科技安全治理机制的构建奠定了理论基石。

第二，历史性、发展性安全价值的实现。安全作为法的基本价值取向是具有历史性和发展性的，不同的社会个体或群体有着不同的安全需求，随着社会的变迁，法的安全价值也不断变化发展，与此相对的法律法规和政策制度也呈现出不同的历史特征。传统金融时代，金融安全价值的实现主要是为了满足大客户的需求，为了规范银行等传统金融机构对消费者利益的损害，主要包括大客户资金安全、信息安全等安全需求的实现。随着科技的创新发展，金融科技逐渐打破传统金融的垄断地位，越来越多的社会个体或群体参与到金融科技市场中来，金融体系改革不断深化的同时也使金融环境日益复杂、网络诈骗行为持续增加、信息安全问题日益严重、交易实名制迫在眉睫等一系列安全问题频发。金融科技下，从业者和使用者对金融安全的需求和意识都产生了一定的变化，这就要求与之相对应的安全治理机制也随之更新。因此，安全价值历史性、发展性的需求为金融科技安全治理机制的构建提供了借鉴和参考。

第三，动态安全价值和静态安全价值的实现。人们对安全需求的形态可分为动态层面的安全需求和静态层面的安全需求。其中，动态层面的安全需求也称为积极的安全需求，主要是指为保证财富增长所需的交易安全；静态层面的安全需求是对既得利益给予法律保护的一种需求，也可称为消极的安全需求。在金融科技领域，将资金安全、信息安全、个人隐私安全等金融科技消费者权益保护的制度设定视为静态层面的安全需求，而将保障金融科技消费者在各个互联网交易平台安全交易等法律规定视为动态层面的安全需求。因此，动态安全价值和静态安全价值两种既相互对立又相互联系的价值实现为金融科技安全治理机制的构建提出了实践性的要求。

（三）效率价值的提升少不了金融科技安全治理

20世纪70年代后期，以科斯、波斯纳为代表的芝加哥学派在实用主义思想的基础上，强调学科交叉的重要性，他们认为效率正义就是最大的正义，社会财富的最大化才是法律的最高原则。波斯纳认为，当代社会中，资源使用与配置的效益评价可以确定法律正义或公正内涵，甚至效率可以用来度量某些行为的正义或公正性。[①] 在经济学界，效率通常被理解为投入产出比、帕累托效率（资源配置效率）和社会整体效率。效率作为法的基本价值之一，对其含义的研究一般从经济分析法学的视角出发，认为所有法律制度的目的都是有效利用资源达到社会财富最大化。作为经济法的分支，与金融安全治理相关的法律制度或政策，都蕴含着有效利用资源实现社会财富最大化的目的。金融效率体现在资金融通过程中的有效性，也就是金融市场对资金价值较大化的利用。在无法律规制的情况下，金融科技市场的信息不对称、外部性、垄断性和公共产品等引起的市场失灵问题使金融系统效率低下，背离帕累托最优效率。如何避免金融科技市场的效率低下问题，可以通过金融科技安全治理机制来促进效率价值的实现。不同层次的效率价值为金融科技安全治理效率的提升提供了不同的借鉴。

第一，实体效率价值和程序效率价值均衡统一的需求。实体效率价值主要是指由于法的内容制定和实现使社会关系主体获得的利润最大化。而程序效率价值是指由于法的内容选择使司法程序中的成本支出最小化。徐国栋教授曾指出，法的基本价值之一的效率是指司法审判中时间的节约，这种时间上的节约还得益于立法者制定了舍弃同类社会关系中的个性而取其共性的一体化法律，简化的司法程序产生了程序效率。[②] 这种侧重于法的内容对司法程序效率考虑的效率含义，并不能全面揭示法的效率的价值取向，因为无论是实体法还是程序法都会影响法实施的程序成本，直接制约着法律实现的效率。金融科技领域，一

---

① 〔美〕理查德·A. 波斯纳：《法律的经济分析》，蒋兆康等译，中国大百科全书出版社，1997，第18页。

② 徐国栋：《民法基本原则解释》，中国政法大学出版社，1992，第328~329页。

方面，通过制定有效的法律制度或政策可以实现金融科技市场各参与主体的利润最大化，例如，制定金融科技行业的市场经营规范，保障市场主体公平地实现利润最大化。另一方面，在相关经营规范制定的过程中，根据不同金融科技平台的共性与个性，选择有利于具体平台的进入、经营甚至退出机制，通过成本收益的权衡比较，获得成本效益最高的制度规则。因此，金融科技安全治理机制的构建能有效促进实体效率价值和程序效率价值的实现，并使两者之间达到均衡统一。

第二，个体效率价值和社会效率价值均衡统一的需求。个体效率价值是指个体利润最大化的实现，相反，社会效率价值则是指社会整体利润最大化的实现。由于个体间存在差异，不同个体在实现利润最大化中可能存在冲突，所有个体利润最大化就难以实现。如何达到两者之间的均衡统一，是法的效率价值实现的一个目标。从金融科技市场的个体参与者角度出发，无论是投资者还是消费者都希望从金融科技的市场交易中获得最大利润，这包括高投资回报率和低融资成本的实现。而从金融科技市场整体上来看，消除市场机制不能解决的市场失灵、避免金融科技市场风险的发生是金融科技市场整体利润实现的前提。通过金融科技安全治理机制的构建，可以综合衡量个体利益和社会整体利益的均衡点，从而促进个体效率价值和社会效率价值均衡统一的实现。

第三，短期效率价值和长期效率价值均衡统一的需求。短期效率价值是指制定的法律能够使社会关系主体在短期内获得利润最大化。长期效率价值是指制定的法律可以长期使社会关系主体获得利润最大化。一般而言，资源配置在当下都是有效的，但如果涉及资源的代际配置问题，则可能对后代产生不良影响。[①] 金融科技资源的配置也是如此，目前，通过金融科技安全治理机制的构建，在整个金融科技市场中配置资源，使市场中的稀缺资源都能得到有效的优化配置，但随着金融科技的

---

① 王全兴、樊启荣：《可持续发展立法初探》，《法商研究》1998 年第 3 期。

不断创新发展，资源的配置方式会产生变化。适应金融科技发展要求的金融科技安全治理机制的构建，是实现短期效率价值和长期效率价值双赢的最佳选择。

（四）秩序价值的构建依赖于金融科技安全治理

秩序是人类一切活动的必要前提，而法律是建立和维护秩序的手段，也是秩序的标志。哈耶克认为秩序是通过对整体中的某一空间部分或某一时间部分的了解，正确预测其余部分的一种事态。[①] 秩序是与无序相对的一个概念，"无序"是一种非连续性且无规则性的现象，其意味着关系的不稳定、结构的不一致，行为的不规则和进程的不连续，不可预测的因素出现在社会生活中，使人们失去信心和安全感。

秩序和自由是社会主体最基本的、相互对立的两种需求。社会生活中，法律制度等制定的秩序总是趋向于对社会大众的自由本性进行限制，对人们在社会中的行为方式和行动范围进行规定，而人们追求自由的本性又使大众希望冲破秩序的限制和约束，这会使得秩序的稳定产生某种不确定性。秩序与自由的矛盾是现代生活中的一个基本问题，在金融科技领域，同样也存在秩序与自由相冲突的情况。金融科技消费者希望其拥有自主选择的权利，金融科技投资者希望其拥有自由进入和自由退出的权利，金融科技机构则希望其拥有自主决策的权利。金融科技各方参与者对自由的追求势必会造成金融科技市场的"无序"和风险，解决这一问题的根本思路就是加强制度的建设。因此，自由与秩序的互动共存是金融科技安全治理机制构建的根本诉求。因此，金融科技安全治理机制的构建正是为了寻求秩序与自由的均衡，追求以正义为核心、包含平等自由效率等价值的社会秩序，消除金融科技市场的乱象，规范金融科

---

① 〔英〕德里希·奥古斯特·冯·哈耶克：《法律、立法与自由》（第一卷），邓正来等译，中国大百科全书出版社，2000，第54页，转引自张文显《二十世纪西方法哲学思潮研究》，法律出版社，1996，第255页。

技市场的发展，最终实现美好金融社会。

三　社会学基础

早在古典社会学时期，社会学就被用来研究经济和金融领域。美国的新经济社会学以"嵌入性"为理论起点，分别从社会结构和社会建构两个维度研究金融现象。随着新技术和全球化的发展，越来越多的研究范式被用于研究金融现象，社会学也从更多角度对金融领域展开深入研究。金融作为一种社会现象，从社会学关注制度、文化、意义和社会结构等因素的角度出发，金融市场、金融组织、金融制度和金融行为都可以用金融社会学来加以研究。

与传统金融相比，金融科技具有互联网特性，其影响面涉及社会各个层次的人群和组织，金融科技在发展过程中遇到的诸多问题都与社会有着千丝万缕的关系，可以说金融科技天生就具备社会性的特征。因此，社会学对制度、文化、意义和社会结构的研究都为金融科技安全治理机制的构建奠定了社会学基础。

（一）金融科技的社会责任

企业社会责任作为经济全球化时代被国际认可的商业规则，其体现了现代企业核心价值观和竞争力。通常将企业社会责任界定为企业对现存的政治、经济、文化等社会环境应当承担的义务。[1] 企业社会责任决定了企业在整个经济社会中，如何设定有利于社会发展的企业规章制度，如何通过自律约束降低社会整体风险。因此，2014 年，《中共中央关于全面推进依法治国若干重大问题的决定》中明确指出"加强企业社会责任立法"，将企业履行社会责任从自动、自发行为上升为国家强制要求。

随着大数据、云计算、社交网络等网络技术的发展，中国金融科技

---

① 秦颖、高厚礼：《西方企业社会责任理论的产生与发展》，《江汉论坛》2001 年第 7 期。

创新呈现出多元化发展的趋势，不同模式之间的融合使金融科技企业面临更大的风险挑战。金融科技的健康发展不能只关注政府的管控，还应该重视金融科技的社会责任以及基于社会责任的金融科技企业的自我约束和自律问题。金融科技的社会责任是金融科技安全治理机制构建的主要框架，法治和自治的有机结合为金融科技安全治理机制的构建提供了可行的方案。根据金融科技的特征，金融科技企业的社会责任主要包括两个方面——基于普惠制的社会责任和基于信用的社会责任。

1. 基于"普惠制"的社会责任为金融科技安全治理机制的构建奠定了实践基础

普惠金融的服务理念拉近了大众与金融的距离，使更多经济不发达地区的民众能够享受到金融服务。发展普惠金融已成为国际实践中的共识，其发展大致经历了公益性尝试、商业化快速发展等几个阶段。然而，过度商业化运作使普惠金融的发展出现了波折也导致国际社会开始寻求普惠金融在社会性和商业化之间的再平衡。金融科技通过降低金融实体网点的建设成本满足了中国金融普惠性发展的需求，并在提高金融服务效率、降低金融交易成本、满足多元化金融服务需求等方面发挥了积极的作用。

中国历来重视金融的普惠性发展。2015 年，习近平总书记在中央全面深化改革委员会第十八次会议上强调了发展普惠金融的措施，[①] 整个金融体系积极落实，取得了显著成效。从中国实践看，普惠金融也是社会性和商业化的有机结合。将金融服务以可负担的成本去惠及所有

---

① 中央全面深化改革领导小组第十八次会议强调，要坚持借鉴国际经验和体现中国特色相结合、政府引导和市场化主导相结合、完善基础金融服务和改进重点领域金融服务相结合，健全多元化广覆盖的机构体系，创新金融产品和服务手段，加快推进金融基础设施建设，完善相关法律法规体系，发挥政策引导激励作用，加强普惠金融教育和金融消费者权益保护。要坚持监管和创新并行，加快建立适应普惠金融发展的法制规范和监管体系，提高金融监管的有效性。主要参见《习近平主持召开中央全面深化改革领导小组第十八次会议》，人民网，http://xz.people.com.cn/n/2015/1110/c138901-27064007.html，2022 年 8 月 17 日最后访问。

人群和地区，是所有金融科技企业的社会责任。金融普惠性发展要求将金融服务发展到欠发达地区和社会低收入群体，与传统金融服务的20% 部分的优质客户相比，这些群体具有更高的违约风险。这就要求金融科技的安全治理机制比传统金融的安全治理机制更加严谨有效，能够对这类风险的发生起到更好的防控作用。如何实现这种基于"普惠制"的社会责任，需要从实际出发，制定有效的规章制度和扶持政策，由内而外地实现真正的金融科技的普惠性发展，这也为金融科技安全治理机制的构建奠定了实践基础。

2. 基于"信用"的社会责任为金融科技安全治理机制的构建提供了理论支撑

中国金融科技行业经过近十年的发展，对中国金融体系的深化改革产生了重要影响，但金融科技企业仍存在虚假宣传、欺诈金融消费者、非法集资、卷款潜逃等一系列不诚信行为，冲击着金融科技企业最基本的"诚信"责任。如何按照诚信原则筛选出诚信的金融科技企业，建立起金融科技的行业自律，实现对金融科技行业中不诚信问题的整治，是目前金融科技行业发展的当务之急。

作为金融科技企业，为消费者提供安全可控的交易平台是企业义不容辞的社会责任和道德底线。传统金融行业通过建立公开透明的标准化体系为金融消费者筛选出合格的金融企业。同样地，金融科技行业也可以通过类似的方法为投资者和消费者提供有效背书，对用户安全负责，对行业发展负责。2014 年，国务院发布的《社会信用体系建设规划纲要（2014—2020 年）》指出，"守信激励和失信惩戒机制"是实现企业诚信的有效方法。可见，金融科技企业基于"信用"的社会责任的实现，为金融科技安全治理机制的构建提供了理论支撑。

（二）风险社会理论

从字面上理解，风险是具有危险的可能性。1986 年，德国著名社会学家乌尔里希·贝克（Ulrich Beck）首次提出"风险社会"的概念，他给"风险"一词赋予了新的含义。他认为，风险可以被界定为系统地处理现代化引致的危险和不安全感的方式。[1] 在工业社会追求现代化的过程中，同时也面临自我混乱的常态混乱状态，[2] 即所谓的风险社会。风险的制度化和制度化的风险是现代风险社会风险的两个主要特征，前者主要是指为了化解人为不确定风险而建立的一系列制度、形成的规范性框架；后者则是指由上述制度运作失灵导致的风险。贝克的风险社会理论旨在解决风险社会的制度失范问题，如何避免、减弱、改造和疏导在现代化系统中产生的风险与威胁是风险社会的主要目标。[3]

在以互联网技术为核心的金融科技时代，金融科技这一创新产物，具有更强的风险性。金融科技的风险一部分来自金融本身，表现为传统金融风险的放大，还有一部分则来自网络技术，当潜在的风险被释放则容易形成金融危机。在风险社会理论下，金融科技市场能否实现资源的最优化配置在很大程度上取决于金融科技制度的风险管理能力。而法律是金融科技市场风险管理能力的重要体现：一方面，通过规范、管理风险的法律制度选择和安排，可以弥补金融科技企业、平台等个体自律管理风险的不足，这体现了风险的制度化；另一方面，金融科技的法律制度随着金融科技的不断发展创新也可能会衍生出制度化的风险，也就是所谓的制度化风险。可见，风险社会理论为金融科技安全治理机制中制度的制定与变迁提供了参考。总之，风险社会理论为包括金融科技安全治理在内的所有机制的构建提供了独特的参考价值，为建立符合风险社会需要的新型风险管理体制提供了理论支撑。

1. 互联网技术构成的网络风险社会风险

随着云计算、大数据、区块链等新科技的发展和推进，人类社会进

---

① 〔德〕乌尔里希·贝克：《风险社会》，何博闻译，译林出版社，2004，第19页。

② 薛晓源、刘国良：《法治时代的危险、风险与和谐——德国著名法学家、波恩大学法学院院长乌·金德霍伊泽尔教授访谈录》，《马克思主义与现实》2005年第3期。

③ 刘少杰：《当代国外社会学理论》，中国人民大学出版社，2009，第264页。

入信息时代。现代信息技术的变化发展在改变社会结构和人们行为方式的同时，也导致了各种社会问题不断涌现。金融科技就是一个典型，金融科技的出现打破了传统金融的垄断和抑制，使长尾市场群体能够享受便捷、民主的金融服务，金融消费行为方式呈现虚拟化发展趋势，但同时也出现了很多风险问题。在这样一个网络化、信息化、全球化的时代，金融科技安全治理机制的构建须从网络风险社会理论的视角出发。所谓网络社会结构，是指社会组织、社会变化以及数字信息和通信技术构成的技术模式之间的相互作用。① 根据贝克的风险社会理论，网络社会其实质也是一种特殊的风险社会。

金融科技立身于网络风险社会中，其具有互联网技术构成的网络风险社会风险。互联网信息技术不断更新发展，网络技术的流动空间不仅使社会结构处于不断流动变化中，还会导致网络社会发展中本身就蕴含着巨大不确定性和可能性的知识、信息更容易爆发出新的风险，甚至是导致自我混乱的常态混乱状态。正如一家 P2P 网络借贷平台的倒闭通过互联网的扩散放大效应，就容易产生挤兑风险，风险传递的速度和范围又会造成金融系统的脆弱性，从而造成严重的影响。总之，互联网的特性使处于网络风险社会中的金融科技极易产生诸多的不确定性风险，金融科技安全治理机制的构建必须以风险社会理论为基础。

2. 金融科技风险的制度化和制度化的风险

在风险社会中，金融科技的创新发展会产生与传统金融截然不同的金融运作模式，这些新型的模式通常都有其固有的风险存在。例如，当众筹这一新型融资模式出现时，世界各国纷纷通过法律法规等制度化的安排来规制风险，有效地预警和控制风险的发生，这一系列的做法都是金融科技风险的制度化。但是，新制度的制定实施又可能会产生新的风险，即金融科技安全治理制度化的风险。众所周知，法律政策都是

---

① 〔美〕曼纽儿·卡斯特：《网络社会：跨文化的视角》，社会科学文献出版社，2009，第 1 页。

根据一国国情等实际情况制定的，不同的国情有不同的治理模式与制度，金融科技的安全治理亦是如此。这就使得在金融科技安全治理过程中，会存在治理运转失灵的不确定性，即治理不到位易滋生风险，治理过度会影响效率。按照贝克的风险社会理论，在构建金融科技安全治理机制时，应考量金融科技风险的制度化和制度化的风险及其二者之间的互动因素，在风险社会中建立一套有序的制度并不断进行反思，以防范金融科技在风险社会发展中的各种风险变化。

四　政治学基础

政治学是一门研究包括政治行为、政治体制等与政治活动相关内容的社会科学，其中，治理理论是政治学中的重要理论之一。治理理论以社会中心论为核心，认为国家和政府的职责应当以社会的诉求为指导。[1] 治理理论最早由美国学者 James N. Rosenau（詹姆斯·N. 罗西瑙）提出，其认为"治理"（Governance）不同于政府统治，对社会活动的一系列管理机制既包含政府机制，也包括非正式的非政府授权的机制。[2] 在治理理论的基础上，2013 年 11 月，党的十八届三中全会将"推进国家治理体系和治理能力现代化"明确为中国"全面深化改革"的总目标之一，[3] 由此正式提出了"国家治理"的概念。"国家治理"这一概念是在"国家统治"和"国家管理"两个概念的基础上被提出的，[4] 对正处于社会转型重要时期的中国有重要的现实意义。一直以来，学术界围绕国家治理理论展开了多层次、多角度的研究，并在传统国家向现代国家的转变过程中形成了"国家治理现代化理论"。所谓"国家治理现代化"，是指为维护社会公共秩序，多主体共同运行过程

---

[1]　徐湘林：《"国家治理"的理论内涵》，《人民论坛》2014 年第 10 期。
[2]　〔美〕詹姆斯·N. 罗西瑙主编《没有政府的治理 世界政治中的秩序与变革》，张胜军、刘小林等译，江西人民出版社，2001，第 10 页。
[3]　《中共中央关于全面深化改革若干重大问题的决定》，人民出版社，2013，第 3 页。
[4]　何增科：《理解国家治理及其现代化》，《马克思主义与现实》2014 年第 1 期。

中形成的一套制度规则和治理能力。[①] 可见，规范权力运行和维护公共秩序是国家治理现代化的本质内容，对行政行为、市场行为和社会行为的规范是国家治理现代化的主要内容。作为新时代国家部署实施的"第五个现代化"，国家治理现代化理论为国家各个领域的发展和改革明确了方向。在金融体制深化改革的背景下，如何规范和协同各金融科技安全治理主体间权力的运行以实现金融科技的有序、可持续发展，国家治理现代化理论为中国金融科技安全治理机制的构建和完善提供了必要的理论支撑。

（一）现代政府理论

当前，中国金融改革深入推进，金融科技的快速增长在给中国金融市场带来机遇的同时也带来了前所未有的挑战，其中最为突出的就是对政府在金融科技市场中的作用的质疑。传统金融市场中，政府通过制定政策法规等相关条例规范金融市场的运行，实现对金融市场风险的防范。随着金融科技的蓬勃发展，政府对相关金融风险的防控开始出现漏洞，其在金融科技安全治理中的主导作用受到质疑。在风险频发的金融科技时代，如何构建一个"好政府"以实现对金融科技的安全治理已迫在眉睫。

早在17世纪，英国学者John Locke（约翰·洛克）在其《政府论》中就提出，政府权力的最大范围应该被限定在社会公众福利的实现之内。[②] 换句话说，政府的权力并不是无限的，除了实现其保障社会公众权益的根本宗旨以外，并无其他额外的权力。之后，在洛克《政府论》的基础上，发展出现代政府理论，并在国家治理理论中形成了政府治理现代化理论。现代政府理论为国家治理体系与治理能力现代化的实现

---

① 薛澜、李宇环：《走向国家治理现代化的政府职能转变：系统思维与改革取向》，《政治学研究》2014年第5期。
② 〔英〕约翰·洛克：《政府论》（下篇），叶启芳、瞿菊农译，商务印书馆，1964，第84页。

奠定了理论基础，同时，政府治理现代化理论要求在国家治理现代化的进程中，应切实做到政府职能的转变、行政体制的改革，并通过不断创新行政管理的方式增强政府的执行力和公信力，将政府建设成法治政府和服务型政府。[①] 作为国家治理现代化的核心和关键，政府扮演直接行使者的角色，对市场和社会等履行管理义务和职责。[②] 因此，在金融科技市场中，政府治理水平的高低对其他治理主体乃至整个国家的治理水平都起着决定性的作用，表现为政府治理水平的提高将会推动其他治理主体治理水平的提升。总之，现代政府理论要求政府应在安全治理过程中，及时调整职能，优化行政体制，并在金融科技安全治理机制的构建中应充分实现政府的主导作用，切实保障金融科技市场中各参与主体的权益。

（二）多中心治理理论

作为西方学术界的热门理论之一，"多中心"一词最早出现在英国学者 Michael Polanyi（迈克尔·博兰尼）《自由的逻辑》一书中，其指出，"社会中的自发秩序体系通常是由体系内多中心性要素相互协调实现的"[③]。随后，美国学者 Elinor Ostrom（埃莉诺·奥斯特罗姆）和 Vincent Ostrom（文森特·奥斯特罗姆）夫妇在理论分析和实证分析的基础上创建了"多中心治理理论"，并将该理论引入公共治理领域。[④] 多中心治理理论打破了以往学者关于政府治理或市场治理的单中心治理模式，在政府和市场两个中心之外引入了作为"第三个中心"的社会，明确了政府、市场和社会的分权治理对"囚徒困境""公地悲剧"等问

---

① 《中共中央关于全面深化改革若干重大问题的决定》，人民出版社，2013，第16页。
② 胡永保、杨弘：《国家治理现代化进程中的政府治理转型析论》，《理论月刊》2015年第12期。
③ 〔英〕迈克尔·博兰尼：《自由的逻辑》，冯银江、李雪茹译，吉林人民出版社，2011，第160~171页。
④ 〔美〕埃莉诺·奥斯特罗姆：《公共事物的治理之道：集体行动制度的演进》，余逊达、陈旭东译，上海译文出版社，2012，第216~248页。

题的治理效用。① 多中心治理理论要求对社会公共事务的治理不能仅仅依赖单一的治理主体，而应该由多个社会治理主体共同参与使公共事务得到合理有效的解决，使各方利益均得到保障。②

在金融科技市场中，随着中国金融科技市场规模的扩大和金融科技消费者数量的增长，以政府为中心的单中心治理模式已不再适合行业及社会的发展需求，取而代之的是由政府、市场和社会分层治理的"多方共治"金融规制理念。因此，金融科技安全治理机制的构建应该以多中心治理理论为指导，从政府、社会、行业和平台四个不同的中心维度为金融科技的安全治理保驾护航。

（三）利益相关者理论

利益相关者理论最早兴起于 20 世纪 60 年代，斯坦福大学研究所将"利益相关者"定义为"没有其支持，组织就不可能生存的一些团体"。发展之初，该理论多被运用于商业领域，表现为对实行外部管控型公司治理模式的反思。1984 年，"利益相关者"一词出现在美国学者 R. 爱德华·弗里曼的《战略管理：利益相关者方法》一书中，他指出，"利益相关者是能够影响一个组织目标的实现，或者受到一个组织实现其目标过程影响的所有个体和群体"③。弗里曼在前人研究的基础上对"利益相关者"的定义进行了完善，由此该理论被广泛应用于管理学和经济学等领域。在国家治理现代化进程中，利益相关者理论与"共建共治共享"的社会治理也具有高度的耦合性，主要表现在治理目标、治理结构和治理动力间的耦合。④

---

① 李平原：《浅析奥斯特罗姆多中心治理理论的适用性及其局限性——基于政府、市场与社会多元共治的视角》，《学习论坛》2014 年第 5 期。
② 熊光清、熊健坤：《多中心协同治理模式：一种具备操作性的治理方案》，《中国人民大学学报》2018 年第 3 期。
③ 〔美〕R. 爱德华·弗里曼：《战略管理：利益相关者方法》，王彦华、梁豪译，上海译文出版社，2006，第 30~65 页。
④ 周进萍：《利益相关者理论视域下"共建共治共享"的实践路径》，《领导科学》2018 年第 8 期。

　　"共建共治共享"的社会治理理论是党的十九大提出的重大理论成果之一，习近平总书记在党的十九大报告中指出，"打造共建共治共享的社会治理格局，完善党委领导、政府负责、社会协同、公众参与、法治保障的社会治理体系"①。主体协同，目标一致，行动共同，资源共享是"共建共治共享"协同治理理论的特征，也是金融科技安全治理机制构建的理论基础。在金融科技安全治理机制的构建中，应充分考虑政府、行业协会、社会组织和金融科技消费者等各方面的利益诉求，依据其各方职能发挥作用，承担相应的责任和义务，使金融科技安全的治理更加包容开放、协调互动，真正做到利益相关者之间人人尽责，最终形成政府保障、社会协同和公众参与的"共建共治共享"的金融科技安全治理体制。

　　综上所述，现代国家治理属于多元治理。② 国家治理现代化理论要求多元协作的治理主体在法治规范的作用下各司其职、有序运行，③ 同时实现政府治理、市场治理和社会治理三重体系的有机结合。因此，在金融科技安全治理机制的构建过程中，必须以国家治理现代化理论为基础，充分考虑政府、市场和社会的自身特点和优势，构建一套协同治理机制，使政府、市场和社会各自承担起相应的治理职能，有效防范金融科技运行过程中的各类风险，保障金融科技的健康发展。

---

① 习近平：《决胜全面建成小康社会，夺取新时代中国特色社会主义伟大胜利》，《人民日报》2017 年 10 月 28 日，第 1 版。
② 郑吉峰：《国家治理体系的基本结构与层次》，《重庆社会科学》2014 年第 4 期。
③ 唐兴军、齐卫平：《国家治理现代化视阈下的政府职能转变》，《晋阳学刊》2015 年第 2 期。

第三章

中国金融科技监管与安全治理现状考察

　　中国金融科技的产生和发展具有历史和现实背景，它基于传统金融发展又突破了传统金融的诸多限制。本章在前文对金融科技相关概念界定和理论分析的基础上，通过对金融科技发展过程中监管和安全治理现状及问题的梳理和分析，为中国金融科技安全治理机制的构建提供现实依据。

第一节　中国金融科技监管与安全治理机制的发展概述

　　金融科技与传统金融的最大区别在于交易行为的网络化、金融中介的虚拟化，金融科技的出现催生了相应的监管和安全治理问题。尽管前面章节已经论述了金融科技与科技金融之间的区别，但是基于历史延续性的考量，对中国金融科技监管与安全治理发展历程的考察，还是要追溯到传统金融的网络化阶段。随着金融科技的发展和创新，金融科技对金融体系的深化改革发挥了极其重要的作用，社会各界都高度重视金融科技的健康安全发展，总的来说，金融科技的监管和安全治理经历了从旧到新、从无到有、从粗到细的历程，大致可以分为传统网络金融监管的空白阶段、传统网络金融监管的成熟阶段、互联网金融监管的萌芽阶段、互联网金融监管的强化阶段、互联网金融监管的成熟阶段和金融科技监管的持续发展阶段六个阶段。

一 传统网络金融监管的空白阶段（2001年前）

在借助互联网技术之前，中国金融机构主要依赖人工记账和人工办理业务的运作方式。1994 年，互联网传入中国，并迅速渗透到社会经济生活的方方面面。随着互联网技术的应用与推广，金融机构开始进入信息化阶段，各项金融业务在计算机技术的帮助下大大提高了服务效率。但在这一时期，金融机构开展业务的模式还停留在"鼠标 + 水泥"模式①，即一种传统金融行业触网求发展的状态。直到 1996 年，招商银行等国内 20 多家商业银行先后建立网站，并陆续开通网上银行、网上支付等网络金融业务，真正拉开了网上银行发展的序幕。但在这一时期，并没有出台相应的监管和安全治理制度，银行在开展网上银行业务时，主要依靠自我管制来规范金融市场行为。

1998 年，中国金融认证中心（China Financial Certification，CFCA）在中国人民银行牵头下，经国家信息安全管理机构批准成立。作为安全认证机构，CFCA 主要负责金融系统中网上银行认证证书的签发，但其法律地位并未被明确，其权威性受到质疑，导致其对各家商业银行的约束力也不足。经济体制的改革和对外开放政策的实施，使得中国人民银行中央银行的角色地位被确立，并在之后的金融发展过程中履行着对金融行业的监管职责，值得一提的是，中国人民银行的金融监管地位更多地体现为一种行政行为。这一时期，《中华人民共和国合同法》《中华人民共和国票据法》《中华人民共和国担保法》《中华人民共和国信托法》等一系列既有法律是约束传统网络金融行为的主要依据，但这些法律均无法细节化规范传统网络金融，而更具针对性的法律法规及规章政策还没有出台，传统网络金融的监管与安全治理处于相对空白期。

———————————

① "鼠标 + 水泥"（Clicks and Mortar）是指传统商业模式和互联网商业模式的联姻，其中鼠标代表以互联网为平台的新经济，水泥代表传统经济。

二 传统网络金融监管的成熟阶段（2001～2009年）

2001年，中国人民银行出台《网上银行业务管理暂行办法》，这是关于传统金融监管的第一部规章，也标志着传统网络金融监管逐步迈入成熟阶段。此办法对网上银行业务的市场准入、风险管理和法律责任进行了规范性要求，将网上银行业务正式纳入传统网络金融监管的范畴。2005年，中国人民银行又颁布实施了《电子支付指引（第一号）》，该指引对电子支付风险的防范、资金安全的保障以及银行与客户权益的维护都做了相应的规定。但上述部门规章都倾向于注重管理层面的规定而对操作层面的内容规定较少。

2003年，中国银行业监督管理委员会（以下简称"中国银监会"）成立，形成了对银行业、金融资产管理公司等存款类金融机构的统一监督管理，正式将银行业的监督职能从中国人民银行中分离出来，结束了中国近50年宏观调控和银行监管合一的监管模式。2006年，中国银监会出台《电子银行业务管理办法》，并在此基础上制定了《电子银行安全评估指引》。上述办法和指引明确了电子银行业务的申请受理、业务变更和风险管理等方面的细则，进一步加强了电子银行的日常监管和安全评估。次年，由中国人民银行颁布的《网上银行业务管理暂行办法》由于中国银监会上述两规章的颁布而被废止。

在法律层面，2004年颁布的《中华人民共和国电子签名法》是当时电子银行业务规制中最高的法律准则，随后又修订了《中华人民共和国银行业监督管理法》（2003年12月27日通过，2006年10月31日修订，2007年1月1日施行）。上述两部法律与《中华人民共和国商业银行法》一起构成了传统网络金融的上位法，并在《中华人民共和国刑法》《中华人民共和国票据法》《中华人民共和国合同法》《中华人民共和国信托法》等法律条文中与传统网络金融有关的条款的辅助下，共同构成了传统网络金融监管的法律体系，而中国银监会等相关部门出台的一系列部门规章构成了传统网络金融监管的规范性文件体系。可见，传统网络金融的监管正在逐步走向成熟。

同一时期，随着 2003 年淘宝支付宝业务部的成立、2004 年支付宝的独立上线运营、2007 年"拍拍贷"网站的建成，互联网金融已悄然诞生。随着 P2P 网络平台的上线和支付宝第三方支付的发展，互联网与金融的结合已深入金融行业的相关业务领域。但互联网金融作为一个新兴事物，其监管在这一时期并未受到全面的重视和有针对性的关注，对互联网金融的监管和安全治理尚未明确，仅仅依靠上述传统网络金融监管的法律法规对其进行制约。

三　互联网金融监管的萌芽阶段（2010～2014年）

互联网金融在经历了野蛮生长后，开始被纳入中国金融行业的监管框架。2010 年，《非金融机构支付服务管理办法》颁布并实施，首次对金融机构以外的非金融机构的金融行为制定了管理规范，规定非金融机构只有取得《支付业务许可证》，才能成为合法的支付机构。① 2011 年，中国保监会和中国银监会分别针对互联网保险业务和网络借贷业务先后出台了《互联网保险业务监管规定（征求意见稿）》、《中国银监会办公厅关于人人贷有关风险提示的通知》和《保险代理、经纪公司互联网保险业务监管办法（试行）》，分别对互联网保险业务的具体营运规则、P2P 网络借贷平台的风险预警、互联网保险的中介准入资格以及经营规则和信息披露等做了相关规定。

随后，2013 年 3 月，中国证监会颁布部门规范性文件《证券投资基金销售机构通过第三方电子商务平台开展业务管理暂行规定》，规范了基金销售机构的电子商务技术。同年 8 月，中国人民银行、中国银监

---

① 《非金融机构支付服务管理办法》第三条第一款：非金融机构提供支付服务，应当依据本办法规定取得《支付业务许可证》，成为支付机构。

会、中国证监会、中国保监会、公安部、工业和信息化部及国务院法制办七部门联合成立了"互联网金融发展与监管研究小组"，专程到上海、杭州两地实地考察了陆金所和阿里巴巴两家国内互联网金融龙头企业。"互联网金融发展与监管研究小组"的成立标志着互联网金融监管之行业自律监管模式的开启。2013年11月，《中共中央关于全面深化改革若干重大问题的决定》颁布，进一步明确了互联网金融的监管协调机制，标志着互联网金融首次被纳入决策范畴。

2014年1月，国务院办公厅印发《关于加强影子银行监管有关问题的通知》，将影子银行范畴扩张至互联网金融，并对其监管工作提出"分业经营、分业监管"的明确要求。同年4月，《关于规范人身保险公司经营互联网保险有关问题的通知（征求意见稿）》和《中国银监会关于加强商业银行与第三方支付机构合作业务管理的通知》对保险公司和商业银行等传统金融机构开展互联网金融业务进行了规范性要求。2014年12月，中国保监会和中国证券业协会又分别颁布了《互联网保险业务监管暂行办法（征求意见稿）》和《私募股权众筹融资管理办法（试行）（征求意见稿）》，分别对互联网保险和股权众筹两个互联网金融业务的健康发展制定了相关规则，但需要注意的是，以上两个办法仅仅是征求意见稿，并没有形成有效的部门规章。这一时期，关于互联网金融监管和安全治理的规定多以公文、暂行规定或征求意见稿的形式出现，并没有形成完善的法律法规体系，互联网金融的监管和安全治理还处于萌芽阶段。

四 互联网金融监管的强化阶段（2015～2016年）

进入2015年，互联网金融的监管和安全治理逐步进入轨道，呈现出监管强化的趋势。中国人民银行于2015年1月印发《关于做好个人征信业务准备工作的通知》，要求芝麻信用管理有限公司等八家民营征信机构做好个人征信业务与中央征信服务的准备和对接工作，由此开启了个人征信市场的民营化进程，有利于互联网金融活动中征信数据的采集。7月，在《国务院关于积极推进"互联网＋"行动的指导意见》的基础上，中国人民银行等十部门出台了《关于促进互联网金融健康发展的指导意见》作为落实措施，为互联网金融不同领域的业务明确了牵头监管部门，并按照"谁审批谁监管，谁主管谁监管"的原则实行"穿透式监管"。同月，《互联网保险业务监管暂行办法》在2014年征求意见稿的基础上，根据各方反馈的意见进行修改后正式发布，成为首个关于互联网金融的分类监管细则。10月，2011年印发的《保险代理、经纪公司互联网保险业务监管办法（试行）》被废止。

2016年，《互联网金融信息披露规范（初稿）》在中国人民银行条法司和科技司的组织下制定。2016年4月，随着《国务院办公厅关于印发互联网金融风险专项整治工作实施方案的通知》的发布，中国人民银行、工商总局、中国保监会、中国证监会、中国银监会等十几个部门陆续发布了涉及互联网金融广告、互联网保险、股权众筹、P2P网络借贷、非银行支付等互联网金融各细分领域业务的风险专项整治文件。

在行业自律方面，2015年12月31日，首个国家级别的金融行业协会——中国互联网金融协会的准予成立是互联网金融行业自律监管的新起点。2016年7月，《中国互联网金融协会会员自律公约》发布并施行；同月，《中国互联网金融协会自律惩戒管理办法》印发，成为互联网金融行业的首部惩戒办法。2016年10月，中国互联网金融协会又发布了标准《互联网金融信息披露　个体网络借贷》（T/NIFA1—2016）和《中国互联网金融协会信息披露自律管理规范》，定义并规范了96项披露指标，成为史上最严的信息披露准则。① 互联网金融监管文件的频繁出台以及行业自律准则规范的建立预示着互联网金融的监管和安全治理进入强化阶段。

---

① 《中国互金协会正式发布网贷信披标准：65项指标将强制披露》，搜狐网，https：//www.sohu.com/a/118223839_481893，2022年8月23日最后访问。

五 互联网金融监管的成熟阶段（2017～2018年）

自2017年以来，互联网金融各细分领域频繁出台规范政策，预示着互联网金融的监管和安全治理正在走向成熟。2017年2月，中国银监会发布《网络借贷资金存管业务指引》，将"中国互联网金融协会"确定为互联网金融行业官方自律管理机构，从而促进了管理规则和行业标准的落地实施。2017年5月，中国人民银行成立金融科技（FinTech）委员会，该委员会致力于金融科技工作的研究规划和统筹协调。2018年3月，中国银监会与中国保监会合并成立中国银保监会，标志着"混业监管"模式的萌芽产生。同年，在《关于第十三届全国人民代表大会第一次会议代表提出议案处理意见的报告》的附件《交有关专门委员会审议的议案》中，有30名代表提出制定互联网金融法，37名代表提出出台互联网金融监管法的议案。随后在《关于第十三届全国人民代表大会第二次会议代表提出议案处理意见的报告》中，明确了金融风险防控处置和互联网金融等方面的立法要求。

目前，这一阶段的互联网金融监管和安全治理仍然属于部委协调监管，即对互联网金融各业务领域实施分类监管。具体而言，中央网信办、中国人民银行、中国银保监会、中国证监会、工业和信息化部、公安部、财政部和国务院法制办等部门对征信完善、法律法规制定等负责；中国人民银行、中国银保监会、中国证监会、地方金融工作办公室及地方金融监督管理局等对互联网金融消费者权益保护以及各领域业务监管负责；中央网信办与工业和信息化部对互联网金融信息安全负责；公安部对互联网金融犯罪的惩治负责。各部委根据职责分工出台相关指引、通知、办法等规范性文件，大体形成了互联网金融的监管政策体系。同时，多次统一风险整治工作的开展也预示着互联网金融监管和安全治理的规范强度。例如，2017年6月，互联网金融风险专项整治办下发《关于对互联网平台与各类交易场所合作从事违法违规业务开展清理整顿的通知》，给监管部门整改互联网平台与各类交易场所合作开展违法违规业务提出了针对性意见；2018 年 3 月，再次颁布了《关于加大通过互联网开展资产管理业务整治力度及开展验收工作的通知》，明确了通过互联网开展的资产管理业务属于特许经营业务，须纳入金融监管；未经许可，不得依托互联网公开发行、销售资产管理产品。2018 年 12 月，《市场准入负面清单（2018 年版）》正式发布，标志着中国全面建立了金融行业的负面清单制度。

六　金融科技监管的持续发展阶段（2019年至今）

2019 年 8 月，中国人民银行正式颁布《金融科技（FinTech）发展规划（2019—2021 年）》，标志着中国金融业进入全面协同发展的金融科技时代，同时明确了中国金融科技发展的指导思想、基本原则、发展目标、重点任务和保障措施，肯定了科技在金融领域的驱动作用，为金融机构科技转型指明了方向。至此，金融科技监管持续发力，中央和地方陆续发布金融科技发展规划、监管指引等政策文件，对金融科技的数据治理和合规发展提出了更高的要求。

《金融科技发展规划（2022—2025 年）》是继《金融科技（Fin-Tech）发展规划（2019—2021 年）》之后中国人民银行出台的第二轮金融科技发展规划。从金融科技监管方面来看，从第一轮的"强化金融科技监管"升级到"加快监管科技全方位应用，加强数字化监管能力建设，对金融科技创新实施穿透式监管"，未来金融科技监管将更加精准全面。此外，用科技手段穿透式监管金融科技将使金融科技监管更加有章可循，防范以"科技创新"之名过度包装产品从而模糊业务边界的风险。

2022 年 1 月 23 日，中国人民银行、市场监管总局、银保监会、证监会联合印发了《金融标准化"十四五"发展规划》（以下简称"《规划》"），在标准化辅助现代金融管理、标准化助力健全金融市场体系、标准化支撑金融产品和服务创新、标准化引领金融业数字生态建设、深化金融标准化高水平开放、推动金融标准化改革创新以及夯实金融标准化发展基础等方面进行了部署。其中，在标准化引领金融业数字生态建设方面，《规划》明确提出：坚持金融业务与非金融业务严格隔离，厘清科技服务与金融业务边界，防范借科技名义违法违规从事金融业务。

第二节　中国金融科技安全治理现状

一　第三方支付安全治理现状

（一）第三方支付的发展现状

中国第一家第三方支付机构是 1999 年 3 月由北京首信易股份有限公司创建的"首信易支付"，它首次实现了中国跨银行跨地域的银行卡在线交易网络支付。随后，第三方网络支付、第三方手机支付、第三方短信支付也都出现了。2011 年 5 月，中国人民银行发放第一批非金融支付业务许可证，金融牌照政策的推行在一定程度上限制了第三方支付业务的发展速度和发展规模，但也对第三方支付行业的规范性发展起到了很大的作用。这使越来越多的服务领域加入第三方支付的行列中，开启了第三方支付行业发展的新纪元。

1. 市场交易规模：用户数量不断增多，交易规模不断扩大，市场普及率越来越高

截至 2023 年 6 月，中国互联网普及率达 76.4%，较 2022 年底提升了 0.8 个百分点；网民规模达 10.79 亿人，较 2022 年底增长 1109 万人。在网络支付领域，网络支付用户规模达 9.43 亿人，较 2022 年底增长 3176 万人。[1] 从图 3 - 1 可见，随着网民规模的不断扩大，中国网络支

---

① 《第 52 次中国互联网络发展状况统计报告》，中国互联网络信息中心官网，https://www.cnnic.net.cn/NMediaFile/2023/0908/MAIN1694151810549M3LV0UWOAV.pdf，2023 年 9 月 6 日最后访问。

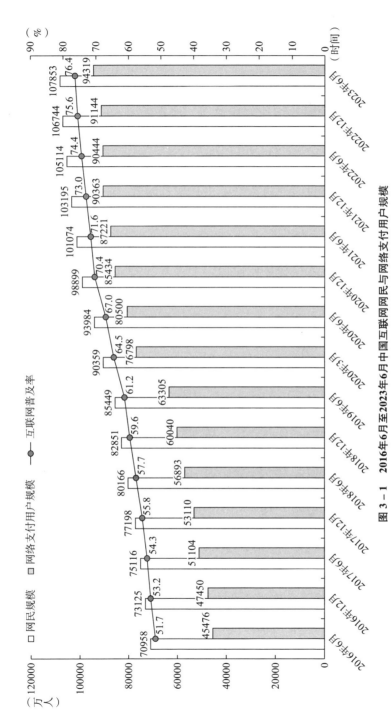

图 3 - 1　2016年6月至2023年6月中国互联网网民与网络支付用户规模

资料来源：《第52次中国互联网络发展状况统计报告》，中国互联网络信息中心官网，https://www. cnmic.net. cn/NMediaFile/2023/0908/MAIN16941518105491M3LV0UWOAV. pdf，2023年9月6日最后访问。

付的用户数量也呈现逐年上升趋势。

根据艾瑞咨询的统计数据，2013～2016 年第三方支付综合支付交易规模的复合增长率达到 110.9%。^① 从 2017 年开始，尽管第三方支付综合支付交易规模的同比增速有所放缓，但是从图 3－2 的数据可以看出，自 2013 年以来，第三方支付的交易规模不断上升，从 2013 年的 13.9 万亿元上升到 2022 年的 490.7 万亿元，增长了 34 倍。2019 年，中国第三方支付市场从个人支付时代进入产业支付驱动时代，不同支付机构的布局和优势明晰，支付助力产业数字化逐步成为共识。按照艾瑞咨询对中国第三方支付综合支付交易规模的预测，从 2023 年起，第三方支付综合支付交易规模逐步进入平稳扩张阶段，个人支付交易规模的增速回升将带动企业支付交易规模的共同增长，第三方支付将呈现规范化发展趋势。

图 3－2　2013～2027 年中国第三方支付综合支付交易规模与增长率
资料来源：艾瑞咨询统计模型。

2. 区域结构：第三方支付企业主要集中在中国经济发达地区

中国人民银行作为第三方支付牌照的发放机构，自 2011 年到 2015 年分 10 批共发放第三方支付牌照 271 张，其中，2011 年发放三批 101

---

① 《中国第三方支付行业研究报告（2018 年）》，艾瑞网，http://report.iresearch.cn/report_pdf.aspx? id＝3337，2022 年 8 月 16 日最后访问。

张；2012 年发放两批 96 张；2013 年发放两批 53 张；2014 年发放一批 19 张；2015 年发放两批 2 张，后续便没有再发放新的牌照。按照支付牌照"有效期五年，到期续展"的规定，第一批续展工作结束后有 27 家支付机构均续展通过且有 5 家被合并，第二批有 12 家续展通过且有 2 家被合并，第三批有 53 家续展通过且有 2 家被合并，第四批有 93 家续展通过，第五批有 21 家续展通过，第六批有 21 家续展通过，第七批有 17 家续展通过。截至 2019 年 7 月底，已有 35 家支付企业的支付牌照被注销，剩余 236 家支付企业获得中国人民银行颁发的《支付业务许可证》。从地区分布来看，236 张第三方支付牌照主要分布在华东地区和华北地区，占比分别是 43.22% 和 25.85%；其次是华南地区，占比 14.41%；位于东北、西部和中部地区的支付机构明显较少（见图 3-3）。从省际分布来看，北京获得第三方支付牌照的企业数量最多，共有 49 家企业获得《支付业务许可证》；其次是上海和广东，分别有 46 家和 30 家企业获得《支付业务许可证》；所有省份中获得第三方支付牌照的企业数量超过 10 家的还包括江苏、浙江和山东，分别是 16 家、13 家和 11 家

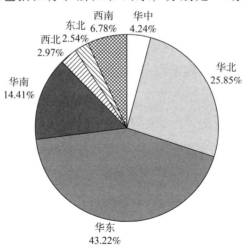

图 3-3 第三方支付牌照地区分布

资料来源：中国人民银行官网。

（见图 3 – 4）。综合来看，第三方支付企业主要集中在中国经济发达的东部沿海地区，这些地区的电子商务发展快、在线支付活动也更为活跃。

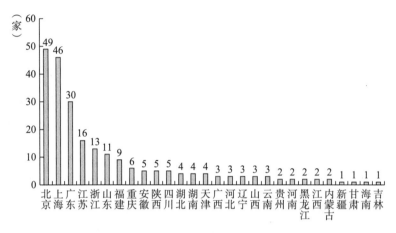

图 3 – 4　第三方支付牌照数量省际分布

资料来源：中国人民银行官网。

3. 多元化跨境发展趋势

近年来，第三方支付呈现多元化发展和跨境发展的趋势。一方面，第三方支付企业从最初的基础支付功能逐渐向外延伸拓展网络购物、航空旅行、电信缴费服务类型，成为连接用户生活服务的综合性平台。① 同时，第三方支付机构也大力拓展线上线下合作渠道，不断丰富支付场景。另一方面，随着海外消费、跨境支付等金融服务的需求增长，腾讯、百度和阿里巴巴等第三方支付巨头纷纷进军海外市场。2015年前，由于中国跨境支付行业存在回款速度慢、费率高、跨境运营障碍重重等问题，外资跨境支付服务公司成为中国外贸企业支付服务的主要提供者。随后，随着内资跨境支付服务企业对自身金融基础设施的完善，2015 年 12 月，微信支付将南非作为拓展海外市场的突破口，逐渐覆盖了 20 多个国家和地区，并开通了近 9 种货币支付功能。2016 年 3 月，百度钱包推出"Monica Pay"，进一步完善了跨境支付和海外信用

---

① 李向红：《互联网支付的现状与风险问题》，《对外经贸实务》2016 年第 11 期。

卡功能，4 月，支付宝也宣布走出亚洲，进军欧洲市场，中国跨境支付逐渐呈现阳光化、普惠化与数字化的发展态势，跨境支付成为第三方支付机构的新增长点。而后自 2017 年起，以 XTransfer、义支付等为代表的跨境支付机构开始探索跨境 B2B 贸易市场，以建立完整的支付服务体系和强大的风控能力为核心，促进传统外贸业态数字化升级。2019 年至今，原本依托跨境贸易市场发展的跨境支付服务公司开始反向赋能，不断创新产品，衍生出了丰富的"支付 +"服务。[①]

（二）第三方支付安全治理的法律框架

中国第三方支付的法律治理发展有明显的阶段性特征：在 2010 年以前，随着电子商务的盛行，第三方支付发展迅速，但在此期间对第三方支付的监管和安全治理较为宽松，并没有专门的法律来规范第三方支付的发展，此时的第三方支付呈现出"野蛮生长"的态势。2010 年，《非金融机构支付服务管理办法》的出台标志着对第三方支付的监管和安全治理逐步进入监管层视野，随后一系列法律政策频出，第三方支付安全治理的法律框架逐渐成形（见表 3 – 1）。

表 3 – 1　第三方支付相关法律政策

发布日期	实施日期	发布机构	文件名称	主要内容
2004.08.28	2005.04.01	全国人民代表大会常务委员会	《中华人民共和国电子签名法》	规范了电子签名相关行为
2005.01.08	2005.01.08	国务院办公厅	《国务院办公厅关于加快电子商务发展的若干意见》	提出政府推动与企业主导相结合、营造环境与推广应用相结合、网络经济与实体经济相结合、重点推进与协调发展相结合、加快发展与加强管理相结合五条基本原则

---

① 《中国第三方支付行业研究报告 再探企业支付——笃行不息，知新致远》，艾瑞网，https://report. iresearch. cn/report_ pdf. aspx? id = 4240，2023 年 5 月 21 日最后访问。

发布日期	实施日期	发布机构	文件名称	主要内容
2005.06.10	—	中国人民银行	《支付清算组织管理办法（征求意见稿）》	首次将非金融服务组织的网上支付平台纳入支付清算体系，制定了第三方支付的全局制度和风险管理制度
2005.10.26	2005.10.26	中国人民银行	《电子支付指引（第一号）》	针对银行从事电子支付活动和各交易环节提出了指导性要求和规定
2005.11.10	2006.03.01	中国银监会	《电子银行业务管理办法》	金融机构可以为电子商务经营者提供网上支付平台，但需建立有效的监督机制
2010.06.14	2010.09.01	中国人民银行	《非金融机构支付服务管理办法》	对提供支付服务的非金融机构实行许可准入制，并明确了支付业务许可证的申请程序
2010.12.01	2010.12.01	中国人民银行	《非金融机构支付服务管理办法实施细则》	配合《非金融机构支付服务管理办法》的实施
2011.02.12	2011.02.12	中国人民银行办公厅	《关于非金融机构支付业务监督管理工作的指导意见》	通过落实监管责任制、分工协作、加强日常监督检查和舆情监测等方式促进支付服务市场的健康发展
2011.05.23	2011.05.23	国务院办公厅	《关于规范商业预付卡管理意见的通知》	对商业预付卡业务的规范做出部署，明确部门职责，落实分类监管
2011.06.16	2011.06.16	中国人民银行	《非金融机构支付服务业务系统检测认证管理规定》	加强非金融机构支付服务业务的信息安全管理与技术风险防范
2012.01.05	—	中国人民银行	《支付机构互联网支付业务管理办法（征求意见稿）》	规范和促进互联网支付业务发展，防范支付风险，保护当事人的合法权益
2012.03.05	2012.03.05	中国人民银行	《支付机构反洗钱和反恐怖融资管理办法》	规范了支付机构反洗钱和反恐怖融资工作
2012.07.13	2012.07.13	中国人民银行	《关于建立支付机构监管报告制度的通知》	明确规定了支付机构年度报告的种类、主要内容及编报要求
2012.09.26	2012.09.26	中国人民银行	《关于进一步加强预付卡业务管理的通知》	加强监督管理和行业自律，规范预付卡业务的发展

续表

发布日期	实施日期	发布机构	文件名称	主要内容
2012.09.27	2012.09.27	中国人民银行	《支付机构预付卡业务管理办法》	按照审慎监管原则,从严规范和管理预付卡业务
2012.09.21	2012.11.01	商务部	《单用途商业预付卡管理办法（试行）》	加强单用途商业预付卡管理,防范资金风险,维护当事人合法权益
2013.06.07	2013.06.07	中国人民银行	《支付机构客户备付金存管办法》	规范了支付机构客户备付金管理,防范支付风险
2013.07.05	2013.07.05	中国人民银行	《银行卡收单业务管理办法》	从特约商户管理、业务和风险管理、监督管理等方面规范了银行卡收单业务
2013.09.04	2013.09.04	中国人民银行	《支付结算执法检查规定》	规范了支付结算执法检查行为
2014.04.03	2014.04.03	中国银监会、中国人民银行	《关于加强商业银行与第三方支付机构合作业务管理的通知》	加强商业银行与第三方支付机构的业务合作管理,以保障商业银行客户的信息安全、资金安全等合法权益
2015.12.28	2016.07.01	中国人民银行	《非银行支付机构网络支付业务管理办法》	从客户实名制、支付账户分类等方面入手,兼顾支付效率与安全等规范非银行支付机构网络支付业务
2016.04.12	2016.04.12	国务院办公厅	《互联网金融风险专项整治工作实施方案》	明确了第三方支付业务的重点整治问题和工作要求
2016.04.13	2016.04.13	中国人民银行	《非银行支付机构风险专项整治工作实施方案》	就第三方支付中的备付金风险、跨机构清算、无证经营支付业务等工作进行分工整治
2016.04.20	2016.04.20	中国人民银行	《非银行支付机构分类评级管理办法》	根据客户备付金管理、合规与风险防控、客户权益保护、系统安全性、持续发展能力等监管指标对第三方支付机构实行差异化监管
2016.09.30	2016.09.30	中国人民银行	《关于加强支付结算管理防范电信网络新型违法犯罪有关事项的通知》	从加强账户实名制管理、加强银行卡业务管理、强化可疑交易监测等方面入手防范利用第三方支付开展的新型违法犯罪活动

续表

发布日期	实施日期	发布机构	文件名称	主要内容
2017.01.13	2017.01.13	中国人民银行办公厅	《关于实施支付机构客户备付金集中存管有关事项的通知》	支付机构应将客户备付金按照一定比例交存至指定机构专用存款账户，该账户资金暂不计付利息
2017.12.25	2018.04.01	中国人民银行	《条码支付业务规范（试行）》	划定业务范围和技术标准，对条码支付领域存在的乱象进行整肃
2018.05.10	2018.05.10	中国人民银行支付结算司	《关于通过支付机构客户备付金集中存管账户试点开办资金结算业务的通知》	明确规定了开立备付金集中存管账户应委托存管银行将交存专户内的资金全额转入新开立的备付金集中存管账户
2018.06.29	2018.06.29	中国人民银行办公厅	《关于支付机构客户备付金全部集中交存有关事宜的通知》	确定了逐步提高并实现100%支付机构客户备付金集中交存比例的时间轴
2018.11.29	2018.11.29	中国人民银行支付结算司	《关于支付机构撤销人民币客户备付金账户有关工作的通知》	规定了撤销人民币客户备付金账户的期限，并要求支付机构制订可行的销户计划，与备付金银行做好沟通，明确销户时间
2019.03.22	2019.03.22	中国人民银行	《关于进一步加强支付结算管理防范电信网络新型违法犯罪有关事项的通知》	健全了紧急止付和快速冻结机制
2020.04.29	2020.04.29	中国人民银行	《非金融机构支付服务管理办法（2020修正）》	明确非金融机构提供支付服务，应当依法办理《支付业务许可证》，以及办理条件及监督管理
2021.01.19	2021.03.01	中国人民银行	《非银行支付机构客户备付金存管办法》	明确了非银行支付机构客户备付金的存放、归集、使用、划转等存管活动

资料来源：作者整理。

从表3-1可见，中国对第三方支付的监管和安全治理工作越来越重视，从市场准入、业务规范、账户分级、反洗钱、客户备付金管理等方面入手，对发生在第三方支付领域的洗钱风险、资金账户安全风险等风险进行防范，有效规范第三方支付市场的有序发展。但不可否认的是，以上相关文件的制定还不完善，多着重于行业规范和整个金融系统的稳定，还没有更为细化的操作层面的规范。

（三）第三方支付的行业自律

2011 年 5 月，中国支付清算协会在中国人民银行的推动下成立。作为非营利性社会团体法人，中国支付清算协会的宗旨是促进相关支付机构实现共同利益的同时，对支付清算服务行业进行自律监管，维护市场竞争秩序，防范行业风险。同年 12 月 28 日，中国支付清算协会网络支付应用工作委员会成立，旨在完善网络支付服务的自律管理体系，规范网络支付业务经营行为。次年 11 月 21 日，中国支付清算协会移动支付工作委员会成立，主要负责完善移动支付业务的自律管理体系，规范移动支付服务行为。相关委员会成立以后，纷纷出台了自律性公约，这些行业自律公约的出台对第三方支付行业的自律建设起到了积极的作用。

1.《网络支付行业自律公约》

《网络支付行业自律公约》的颁布是为促进中国网络支付行业的健康发展，整个公约共 4 章 28 条，主要涉及业务规范、消费者权益保护和监管协调三个方面。

在业务规范方面，倡导平等自愿、公平竞争原则，避免恶性竞争。在开展业务的过程中，坚决贯彻客户身份识别制度，建立对特约商户的监督机制，严格执行客户备付金的管理规定，通过规范备付金的存放、使用和划转，切实保障资金安全。同时，积极完善交易监控体系，及时发现风险，构建全面风险管理体系。

在消费者权益保护方面，建立完善的客户信息系统和档案管理制度，通过长期、稳定、有效的客户服务体系及时解决客户咨询、申告和投诉等方面的问题。同时，通过公布支付服务操作规程、风险提示等保障消费者的知情权、选择权等合法权益。

在监管协调方面，根据互谅互让原则，当发生争议时，应优先采用自主协商方式，自愿接受协会的调解，并定期实施自查，对发现的风险问题及时整改。

2.《支付机构互联网支付业务风险防范指引》

《支付机构互联网支付业务风险防范指引》是第一部针对互联网支付业务风险防范操作的具体规范性文件。该指引共有 10 个部分，包括支付机构互联网支付业务风险管理体系、用户风险及防范、商户风险及防范、资金安全管理、系统信息安全管理、支付机构反洗钱和反恐怖融资管理要求、风险信息共享和风险事件处理等方面的内容。大体可以从风险管理防范、安全管理和风险抵御三个方面概括。

在风险管理防范方面，通过关键风险指标监测、内部控制有效性审查、风险评估开展等方式进行风险管理，并建立完善的风险管理系统，以有效识别、评估、监测、控制和报告风险。该指引中所指的风险防范还细分为用户风险防范和商户风险防范。其中：用户风险防范通过用户注册审查、用户交易身份认证、用户账户与交易监控等方式防范管理风险；商户风险防范通过商户资质审核、商户日常管理与监控等方式防范管理风险。

在安全管理方面，针对客户资金安全，采用严格的备付金账户管理制度，通过规范资金管理与差错处理，保障客户合法权益，并建立账户与交易监管系统，对支付交易实施全天候监控。针对系统信息安全，明确了网络结构安全、访问控制、安全审计等方面的要求，并部署了入侵检测系统、网络设备防护、身份鉴别等一系列流程和环节。

在风险抵御方面，将协同调查、联合防范作为风险信息共享的首要目标，建立了行业风险信息共享机制。针对风险事件的处理，提出了重点风险事件的划分标准，通过风险联系人机制协助调查有关风险事件。

3.《移动支付行业自律公约》

《移动支付行业自律公约》的颁布为移动支付行业的健康发展提供

了保障，有效维护了移动支付的市场公平、保证了移动支付市场的有序竞争，保护了消费者的合法权益。公约共 5 章 32 条，涵盖了移动支付行业的业务管理、用户权益保护和监督协调管理三个方面的内容。

在业务管理方面，提倡平等自愿、公平竞争的业务拓展方式，在业务开展过程中，通过制度和技术等手段控制风险，全面贯彻实名开户的制度要求，并通过建立全面的风险管理体系和有效的公司内部控制机制，规范移动支付业务的运营，提升风险识别能力。

在用户权益保护方面，以消费者合法权益的保护为前提，制定合理的产品服务定价标准，并在业务开展的过程中，严格实行备付金管理制度，切实保护消费者的资金安全。同时，通过建立完善的信息管理系统保护消费者的个人信息和交易记录。

在监督协调管理方面，遵循互谅互让原则，将自主协商作为纠纷解决的前置程序，并自愿接受移动支付行业协会的调解。公约还要求移动支付各成员单位应根据公约的规定开展自查工作，积极配合相关部门、协会的监督检查，以及司法机关等部门的协查工作。

二 网络借贷安全治理现状

(一) 网络借贷的发展现状

2007 年，网络借贷模式被引入中国，国内第一家 P2P 网贷公司拍拍贷成立。随后，P2P 网络借贷公司的发展以非标金融产品为主，没有牌照要求，准入门槛低。在很长一段时间里，由于处于无具体监管规则约束的状态下，P2P 网络借贷呈"野蛮生长"态势。2013 年，在大量 P2P 网贷平台喷涌而出之际，网贷行业风险累积，各类恶性事件频发。之后，随着中国个人及中小企业征信系统的完善和专项整治措施的落实，大部分资历较深的正规 P2P 网贷公司在经过行业的淘汰期后，其实力进一步加强，展现出强大的生命力，在 P2P 市场整体萎缩的情况下，开始争夺余下的市场。2018 年，中国整个网络借贷行业处于萎缩整合期，没有雄厚背景的平台难以通过大而全的模式在竞争中脱颖而出，而截至 2023 年底，中国正常运营的 P2P 网络平台仅剩 3 家，在以"退"为主的政策导向下，网络借贷行业已是明日黄花。

1. 市场规模：网贷借款人、网贷投资人规模和网贷成交金额在实现暴增后呈下降趋势

根据网贷之家的统计数据，2013 年，中国 P2P 网贷借款人规模 14.93 万人，网贷投资人规模 25.05 万人，网贷成交总额 1058 亿元。随后，P2P 网贷行业迎来爆发式增长，截至 2017 年 12 月底，网贷借款人规模达到 2243 万人，网贷投资人规模达到 1713 万人，网贷成交总额达到 28048.49 亿元（见图 3-5）。相比 2013 年，三者均实现了暴增。从 2018 年起，随着行业合规进程的推进，无论是网贷借款人规模、网贷投资人规模还是网贷成交金额都呈下降趋势。

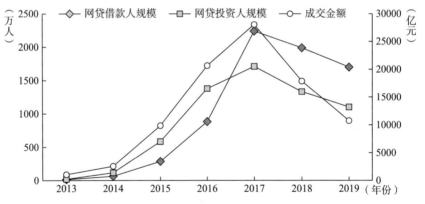

图 3-5 2013~2019 年中国网贷借款人、网贷投资人规模和网贷成交金额走势
注：基于数据的可得性，仅选取 2013~2019 年相关数据。
资料来源：网贷之家。

2. 平台分布：主要分布在沿海发达地区

中国 P2P 网络借贷平台的分布集中在经济发达的省份，以沿海发达地区为主。从网贷运营平台数量来看，以 2018 年数据为例，广东以拥有 236 家平台居首位，其后依次是北京、上海、浙江、山东，其运营平台数量分别是 211 家、114 家、79 家、42 家，排名前五的省份总计拥有 682 家

P2P 网贷运营平台（见图 3-6），占全国总平台数量的 66.8%。①

图 3-6　2018 年部分省份 P2P 网络借贷运营平台数量
资料来源：网贷之家。

从网络借贷成交量来看，P2P 网贷运营平台数量排名前五的省份，其网络借贷成交量也居前五位（见图 3-7），而且这五省份网络借贷成交总额占全行业的 90.8%。②

3. 网贷大平台显现出寡头地位，行业马太效应明显

2019 年 9 月，P2P 网络借贷平台中成交量超过 10 亿元的平台有 10 家，分别是爱钱进、微贷网、麻袋财富、小赢网金、有利网、轻易贷、洋钱罐、翼龙贷、91 旺财和玛瑙湾，其总成交量超过 260 亿元，占当月网贷行业总成交额的 37.35%，其中，排名前三的网贷平台的月成交额更是超过了 30 亿元（见表 3-2）。③ 以上数据表明，P2P 网贷行业中大平台显现出寡头地位，网贷行业的马太效应呈明显趋势。

---

① 《2018 年全国各地 P2P 发展报告：该地收益率最高》，百度百家号，https://baijiahao.baidu. com/s？ id＝1622546662841156470&wfr＝spider&for＝pc，2022 年 10 月 26 日最后访问。
② 《2018 年全国各地 P2P 发展报告：该地收益率最高》，百度百家号，https://baijiahao.baidu. com/s？ id＝1622546662841156470&wfr＝spider&for＝pc，2022 年 10 月 26 日最后访问。
③ 《2018 年全国各地 P2P 发展报告：该地收益率最高》，百度百家号，https://baijiahao. baidu. com/s？ id＝1622546662841156470&wfr＝spider&for＝pc，2022 年 10 月 26 日最后访问。

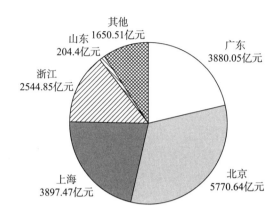

图 3 – 7 2018 年部分省份 P2P 网络借贷成交量

资料来源：网贷之家。

表 3 – 2 2019 年 9 月成交额超过 10 亿元的 10 家 P2P 网络借贷平台

排名	平台名称	成交量（万元）	借款人数（人）	投资人数（人）	平均预期收益率（%）	平均借款期限（月）
1	爱钱进	565445.56	504795	1516027	12.01	12.86
2	微贷网	425858	128157	92987	8.93	4.73
3	麻袋财富	348364.05	64546	520762	11.33	13.84
4	小赢网金	281718.89	82804	273330	7.03	9.55
5	有利网	222686.29	125146	174499	11.25	27.97
6	轻易贷	209365.09	34215	14682	8.49	4.66
7	洋钱罐	170895	24811	468492	9.37	8.01
8	翼龙贷	158858.64	28924	24451	8.7	6.3
9	91旺财	116781.86	10021	5936	8.93	2.26
10	玛瑙湾	104676.46	23091	271877	6.75	4.21

资料来源：网贷之家。

（二）网络借贷安全治理的法律框架

中国网络借贷的法律治理以 2015 年为分界点。2015 年以前，中国网络借贷的法律治理主要依靠监管红线、民间借贷的民事规定以及非

法集资的刑事规定。① 2016 年，互联网金融进入"监管元年"，《网络
借贷信息中介机构业务活动管理暂行办法》和《网络借贷信息中介机
构备案管理登记指引》发布。2017 年，《网络借贷资金存管业务指引》
和《网络借贷信息中介机构业务活动信息披露指引》相继发布，至此，
网络借贷行业"一个办法三个指引"的"1 + 3"制度框架基本搭建完
成。② 网络借贷行业的三大主要合规政策——银行存管、备案和信息披
露制度全部落地，对明确网贷行业规则、防范网贷行业风险、保护消费
者合法权益起到了至关重要的作用。该制度框架的形成也进一步推进
了网贷行业的合规化进程，逐步形成了中国网络借贷安全治理的法律
框架。中国网络借贷相关法律政策如表 3 - 3 所示。

表 3 - 3　网络借贷相关法律政策

发布日期	实施日期	发布机构	文件名称	主要内容
2008.05.04	2008.05.04	中国银监会	《关于小额贷款公司试点的指导意见》	对小额贷款公司的性质、设立、资金来源、资金运用和监督管理、终止等做了具体规定
2009.08.13	2009.08.13	中国银监会办公厅	《关于做好小额贷款公司试点工作有关事项的通知》	明确了建立健全小额贷款公司的非审慎监管体系和监管制度的要求
2011.08.23	2011.08.23	中国银监会办公厅	《关于人人贷有关风险提示的通知》	第一个关于 P2P 网络借贷行业的官方文件，揭示了 P2P 网络借贷的七个风险及银行业对 P2P 网络借贷的风险警惕
2011.12.02	2011.12.02	最高人民法院	《关于依法妥善审理民间借贷纠纷案件促进经济发展维护社会稳定的通知》	对民间借贷纠纷深入贯彻"调解优先、调判结合"的工作原则，对虚假诉讼依法追究刑事责任

① 汪政主编《互联网金融合规指南与法律政策指引》，中国法制出版社，2018，第36页。
② 和讯名家：《2017 年互联网金融监管政策大盘点》，http://iof.hexun.com/2017 - 12 - 29/192125078.html，2022 年 8 月 24 日最后访问。

发布日期	实施日期	发布机构	文件名称	主要内容
2016.04.12	2016.04.12	国务院办公厅	《互联网金融风险专项整治工作实施方案》	明确了 P2P 网络借贷业务的重点整治问题和工作要求
2016.04.13	2016.04.13	中国银监会	《P2P 网络借贷风险专项整治工作实施方案》	从专项整治工作目标、原则入手，明确了排查对象、方式以及内容，并确定了 P2P 网络借贷风险专项整治工作开展的中央和各级政府的职责分工
2016.08.24	2016.08.24	中国银监会、工业和信息化部、公安部	《网络借贷信息中介机构业务活动管理暂行办法》	确立了网贷行业监管体制及业务规则，明确了网贷行业的审慎监管制度
2016.11.28	2016.11.28	中国银监会办公厅、工业和信息化部办公厅、工商总局办公厅	《网络借贷信息中介机构备案管理登记指引》	完善了网络借贷信息中介机构备案登记管理制度、事中事后监管制度、基本信息统计制度
2017.02.22	2017.02.22	中国银监会	《网络借贷资金存管业务指引》	通过资金存管机制加强网络借贷资金交易流转环节的监督管理；资金存管业务遵循分账管理、依令行事、账务核对的原则
2017.04.07	2017.04.07	中国银监会	《关于银行业风险防控工作的指导意见》	明确了持续推进网络借贷平台风险专项整治的要求
2017.04.18	2017.04.18	P2P 网络借贷风险专项整治办	《关于开展"现金贷"业务活动清理整顿工作的通知》	根据风险排查的实际情况。按照情节轻重对"现金贷"P2P 网贷平台进行分类处置，引导"现金贷"业务健康发展
2017.04.18	2017.04.18	P2P 网络借贷风险专项整治办	《关于开展"现金贷"业务活动清理整顿工作的补充说明》	补充说明了"现金贷"业务活动的主要业务特征、核查处置依据，并公布了部分"现金贷"平台名单
2017.05.27	2017.05.27	中国银监会、教育部、人力资源和社会保障部	《关于进一步加强校园贷规范管理工作的通知》	明确了"疏堵结合、打开正门、扎紧围栏、加强治理"的总体治理思路，分工负责形成监管合力，促进校园贷健康发展

续表

发布日期	实施日期	发布机构	文件名称	主要内容
2017.06.01	2017.06.01	最高人民检察院	《关于办理涉互联网金融犯罪案件有关问题座谈会纪要》	明确规定了网络借贷领域非法吸收公众资金的行为应当以非法吸收公众存款罪追究刑事责任
2017.08.24	2017.08.24	中国银监会办公厅	《网络借贷信息中介机构业务活动信息披露指引》	明确规定了网络借贷信息中介机构的信息披露内容、信息披露制度等
2017.12.01	2017.12.01	互联网金融风险专项整治办、P2P网络借贷风险专项整治办	《关于规范整顿"现金贷"业务的通知》	明确了"现金贷"业务开展的六大原则
2017.12.08	2017.12.08	P2P网络借贷风险专项整治办	《关于做好P2P网络借贷风险专项整治整改验收工作的通知》	对于各类P2P平台,提出五项验收原则,并规定了整改验收过程中的部分具体问题
2018.04.16	2018.04.16	中国银保监会、公安部、市场监管总局、中国人民银行	《关于规范民间借贷行为 维护经济金融秩序有关事项的通知》	规定了各市场监管主体对规范民间借贷行为的具体要求
2018.08.13	2018.08.13	P2P网络借贷风险专项整治办	《关于开展P2P网络借贷机构合规检查工作的通知》	明确了合规检查的要求、内容,包括自查和行政检查的内容
2018.09.01	2018.09.01	互联网金融风险专项整治办	《关于进一步做好网贷行业失信惩戒有关工作的通知》	明确通过收集、公告、报送恶意逃废债重点借款人信息打击网贷行业恶意失信行为,逐步建立、完善网贷领域失信惩戒机制
2020.12.29	2021.01.01	最高人民法院	《最高人民法院关于审理民间借贷案件适用法律若干问题的规定(2020年第二次修正)》	界定了互联网借贷平台的责任,对P2P涉及居间和担保法律关系时,是否应当以及如何承担民事责任分别做出了规定

资料来源:作者整理。

(三) 网络借贷的行业自律

1. 中国小额信贷联盟和P2P行业委员会

早在2003年,为适应小额信贷发展的需要,以中国人民银行政策研究报告为参考，中国社会科学院农村发展研究所作为国内最早开展小额信贷实验示范及研究的单位，联合商务部中国国际经济技术交流中心发起成立了中国小额信贷行业协会（或网络），并得到了全国妇联发展部的大力支持。最终，2005 年 11 月，在花旗基金会的资金支持下，"中国小额信贷发展促进网络"正式成立，后于 2010 年 9 月 17 日更名为"中国小额信贷联盟"。2012 年，在中国小额信贷联盟中 P2P 服务机构的倡议下，经中国小额信贷联盟理事会同意，在中国小额信贷联盟下设立"中国个人对个人（P2P）小额信贷信息咨询服务机构行业委员会"（以下简称"P2P 行业委员会"），负责对 P2P 会员机构的自律情况进行监督，并定时汇报整理各 P2P 机构的业务数据。

2013 年 8 月 27 日，P2P 行业委员会 55 家成员单位签署了《个人对个人（P2P）小额信贷信息咨询服务机构行业自律公约》，该公约共 4 章 23 条，主要从行业及行业从业人员的自律与管理两个方面制定了具体的细则。其中，对行业的自律与监管分合法经营、合规经营、行业自律对于服务出资人的要求、行业自律对于服务借款人的要求、行业管理要求和从业企业退出执行机制六部分。同时发布的还有《个人对个人（P2P）小额信贷信息咨询服务机构行业自律公约实施细则》，该实施细则在上述公约的基础上制定，共 20 条，针对公约中的相关规定做了补充说明和细化要求，例如实施细则第七条，细化了公约第 7 条提到的"准确风险指标"，包括总体违约率、当前违约率、同期总体违约率、同期当前违约率、应收违约率。

2014 年 11 月 5 日，中国小额信贷联盟发布了《小额信贷信息中介机构（P2P）行业自律公约（修订版）》，该修订版在 2013 年《个人对个人（P2P）小额信贷信息咨询服务机构行业自律公约》的基础上完成，整体框架上并没有太大的变化，但将 P2P 的定义从"个人对个人小额信贷信息咨询服务机构"变更为"小额信贷信息中介机构"，修订版的公约在细节上更契合中国银监会确定的 P2P 行业监管的十条原则。

2. 中国小额信贷机构联席会

2011 年 1 月 6 日，中国小额信贷机构联席会（CMIA）在北京成立，作为中国最具影响力的普惠金融组织之一，被誉为"中国普惠金融之家"，联席会以加强行业自律、制定严格的行业自律公约、建立P2P 网贷数据共享机制以及提升行业透明度为宗旨。[1] 2011 年 10 月 19 日，中国小额信贷服务中介机构联席会发布了《中国小额信贷服务中介机构行业自律公约》，该公约共四章 32 条，核心内容第一章、第二章是关于行业及行业从业人员的自律与管理，共 24 条，要求联席会的会员单位从遵守法规政策、合法合规经营、客户资金管理、企业内部控制、客户利益保护、客户咨询及投诉处理、业务公开透明、信息披露、安全可靠的 IT 系统支撑、风险控制、市场宣传、反不正当竞争、从业企业退出执行机制等方面开展行业自律与管理；要求网贷行业从业人员自觉履行行业的自律义务。

3. 全国 P2P 工作委员会

全国 P2P 工作委员会作为中国担保协会的内设部门，为搭建行业自律、合作交流的自发性平台提供了支持。2013 年 1 月，全国 P2P 工作委员会发布《中国 P2P 行业自律公约》，并于 2014 年 11 月对其进行了修订。该公约共三章 30 条，从自律、维权、文明服务三个方面为P2P 网络借贷平台运营中涉及的诸多问题提供了自律依据。例如该公约第二十条明确了网络借贷行业的联合维权措施包括内部通报、警示通知、实行同业制裁、实施公开曝光或投诉等方式。

此外，2017 年 3 月，在《关于促进互联网金融健康发展的指导意见》和《网络借贷信息中介机构业务活动管理暂行办法》相关精神的指导推动下，中国互联网金融协会按照规范发展网络借贷的要求建立

---

[1] 《全国首个小额信贷服务中介机构联席会成立》，建行手机网，http://m.ccb.com/jsp/ccb-com/mobile/mobile_financeproduct_ggInfo.jsp? infoID = 50837981，2022 年 10 月 26 日最后访问。

的网络借贷专业委员会，也为中国网络借贷行业自律准则的制定提供了指导性意见。当然，各地一些专业的网络借贷协会，如北京市网络借贷行业协会①和上海网贷联盟②，以及涵盖网络借贷行业的一些互联网金融协会，包括广东互联网金融协会、江苏省互联网金融协会、广州互联网金融协会、深圳互联网金融协会、上海市互联网金融协会，也承担了一部分网贷行业的自律管理职能。例如，上海网贷联盟于 2013 年 12 月 18 日发布了《网络借贷行业准入标准》，该标准共十章，分别从运营持续性要求、高层人员任职资格条件、经营条件、经营规范、风险防范、信息披露、出借人权益保护、征信报告、行业监督和使用范围十个方面确立了网络借贷行业的经营红线，为 P2P 网络借贷行业明确了准入标准和经营规范。

三 股权众筹安全治理现状

（一）股权众筹的发展现状

1. 行业规模：行业经历寒冬期后，平台数量、成功融资额均呈上升趋势

2016 年，股权众筹行业延续 2015 年高峰期巨头涌入的态势，其平台数量和融资总额均达到高峰。但随着行业的洗牌和互联网金融监管的趋严，股权众筹行业进入规范发展期，平台数量和融资总额逐渐回落，从 2017 年起呈持续下降趋势，相较于 2016 年股权众筹势如破竹的发展势头，股权众筹行业可谓进入寒冬期。持续到 2021 年，"股权众筹融资试点"被提出，股权众筹在沉寂了多年之后，再次迎来了行业发展的拐点（见图 3 - 8）。

---

① 2017 年 9 月，北京市网络借贷行业协会更名为北京市互联网金融协会。
② 上海网贷联盟全称为上海市网络信贷服务业企业联盟，成立于 2012 年 12 月，是国内首家网络信贷服务企业联盟。

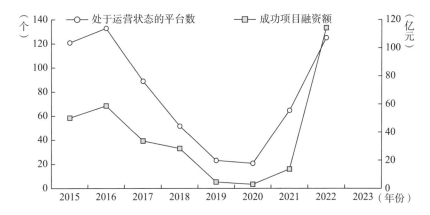

图 3 - 8 2015～2023 年中国股权众筹平台数量、成功项目融资额走势
资料来源：人创咨询、作者根据公开信息整理。

2. 地域分布：集中分布在北京、广东两地，以北京最为突出

从股权众筹平台数量角度出发，截至 2022 年 12 月，125 家正常运营的股权众筹平台，分布于全国 17 个省市，北京以 41 家高居榜首，其次是广东、上海、浙江，四个地区的股权众筹平台数量合计共占全国股权众筹平台总数的 77.6%。其余 28 家分布在四川、河北、江苏、山东、安徽、河南、陕西、江西、天津、重庆、福建、湖南、贵州 13 个省市（见图 3 -9）。[①]

从股权众筹成功项目实际总融资额角度出发，如图 3 -10 所示，北京独占鳌头的地位并没有被打破，遥遥领先于其他地区，总融资额达 39.17 亿元，占比 34.29%；其后是广东、浙江、上海和江苏，成功筹资金额分别达到 21.16 亿元、16.10 亿元、14.54 亿元和 9.96 亿元，这五个省市的成功项目实际总融资额的占比高达 88.35%，而其余有股权众筹平台的省市仅成功筹资 13.31 亿元，地区差异十分明显。[②]

---

① 《2023 年股权众筹行业分析报告》，https://www.renrendoc.com/paper/275493478. html，2023 年 8 月 28 日最后访问。
② 《2023 年股权众筹行业分析报告》，https://www.renrendoc.com/paper/275493478. html，2023 年 8 月 28 日最后访问。

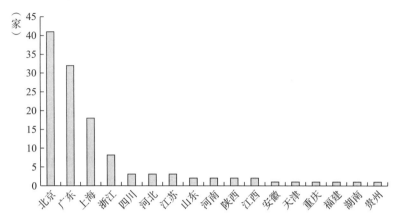

图 3 - 9 部分地区股权众筹平台数量分布

资料来源：《2023 年股权众筹行业分析报告》，https://www.renrendoc.com/paper/27549 3478.html，2023 年 8 月 28 日最后访问。

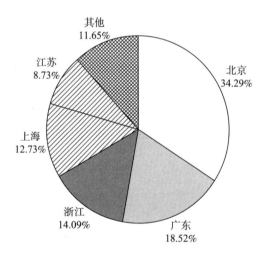

图 3 - 10 部分股权众筹项目总融资额分布

资料来源：《2023 年股权众筹行业分析报告》，https://www.renrendoc.com/paper/27549 3478.html，2023 年 8 月 28 日最后访问。

3. 运营模式："领投 + 跟投"和"线上融资 + 线下运营"

通过对现有股权众筹平台公开资料的考察，目前，股权众筹平台的运营模式多为"领投 + 跟投"和"线上融资 + 线下运营"两种模式。其中，"领投 + 跟投"模式主要是由领投人通过率先对项目的了解，向平台和融资方提出推荐项目，有时领投人也会担任辅导项目运营的工作。当然，在这一过程中，基于领投人在股权众筹中的重要作用，平台会对领投人的资质、投资经验等提出相应的要求。"线上融资＋线下运营"模式主要是指融资项目在线上发布但在线下进行投资行为的一种模式。上述两种模式构成了当前股权众筹的主要运营模式，为股权众筹的有效运行提供了支撑。

（二）股权众筹安全治理的法律框架

2014 年 12 月，中国证券业协会起草颁布了《私募股权众筹融资管理办法（试行）（征求意见稿）》，从股权众筹平台准入与职责、融资者与投资者的范围与职责、备案登记管理、信息报送、自律管理五大方面对股权众筹融资业务的规范运作提出了基本要求。[①] 至今，关于私募股权众筹融资管理办法的正式文件仍未出台。此后，国务院多次在不同的政策文件中鼓励支持非公开股权众筹融资的创新发展，但是 2016 年 4 月却迎来了《股权众筹风险专项整治工作实施方案》的颁布，明确提出了包括违规募集私募股权投资基金、未经批准擅自公开或变相公开发行股票、虚假宣传等在内的 8 项股权众筹重点整治内容。2018 年，中国证监会准备先行开展股权众筹的试点，试图制定完善《股权众筹试点管理办法》，并将其列入 2019 年度立法工作计划。

可见，由于目前对股权众筹融资仍没有可完全依照的法律法规，我们只能从现有的《私募股权众筹融资管理办法（试行）（征求意见稿)》和《股权众筹风险专项整治工作实施方案》中寻求可供参考的监管思路。中国现有与股权众筹相关的法律政策如表 3－4 所示。

---

① 封北麟：《中国互联网金融：发展、风险与监管》，中国财政经济出版社，2017，第 252～253 页。

表 3-4 股权众筹相关法律政策

发布日期	实施日期	发布机构	文件名称	主要内容
2006.12.12	2006.12.12	国务院办公厅	《关于严厉打击非法发行股票和非法经营证券业务有关问题的通知》	明确界定了公开发行股票、变相公开发行股票、非法经营证券业务的界限
2008.01.02	2008.01.02	最高人民法院、最高人民检察院、公安部、中国证监会	《关于整治非法证券活动有关问题的通知》	对公司及其股东向社会公众擅自转让股票行为的性质、非法证券活动的性质做出认定；明确了对擅自发行证券、非法经营证券业务的责任追究以及非法证券活动受害人的救济途径
2014.08.21	2014.08.21	中国证监会	《私募投资基金监督管理暂行办法》	对私募基金的界定、登记备案、合格投资者、资金募集、投资运作、行业自律以及违法的法律后果等做了完整规定
2014.09.12	2014.09.12	中国证监会	《关于〈私募投资基金监督管理暂行办法〉相关规定的解释》	详细说明关于私募基金宣传推介方式、风险评级的规定等方面内容
2015.08.03	2015.08.03	中国证监会办公厅	《关于对通过互联网开展股权融资活动的机构进行专项检查的通知》	明确规定了未经国务院证券监督管理机构批准，任何单位和个人不得开展股权众筹融资活动
2016.04.12	2016.04.12	国务院办公厅	《互联网金融风险专项整治工作实施方案》	明确了股权众筹业务的重点整治问题和工作要求
2016.04.14	2016.04.14	中国证监会等十五部门	《股权众筹风险专项整治工作实施方案》	明确规定了股权众筹风险专项整治的整治重点、工作要求、职责分工和时间进度等
2017.01.24	2017.01.24	工业和信息化部	《关于进一步推进中小企业信息化的指导意见》	明确发挥网络借贷和股权众筹高效便捷、对象广泛的优势，满足小微企业小额、快速融资的需求
2017.12.08	2017.12.08	国务院	《强化实施创新驱动发展战略进一步推进大众创业万众创新深入发展的意见》	明确通过引导和鼓励众筹融资平台规范发展，开展公开、小额股权众筹融资，并加强风险控制和规范管理

资料来源：作者整理。

（三）股权众筹的行业自律

早在股权众筹的相关监管办法出台之前，股权众筹行业的"自管自律"已经走在了监管的前面。但整个股权众筹行业的自律监管呈现分散化、区域性的特点，并没有形成全国统一的自律公约。

2014年4月，高鹏会所创办人、高鹏资本创始人张何联合高鹏会所法律顾问、北京尚公律师事务所李伯诚在北京发起成立了一个名为"中国股权众筹联盟"的民间组织。[①] 同时发布的还有《中国股权众筹联盟自律公约》，该公约共5章27条，从保护投资人权益、目标公司发起人和第三方服务平台三个方面规定了股权众筹投资人准入门槛、限制投资规模、信息披露等细则，完善了联盟组织规范。同年10月，中国（深圳）第一届股权众筹大会在深圳召开，深圳互联网众筹行业的爱合投、大家投、贷帮、云筹和众投邦五家股权众筹平台联合爱创业、人人投、天使街、银杏果四家外地的股权众筹平台在深圳共同成立了中国股权众筹行业联盟，并制定了《联盟章程》。[②] 中国股权众筹行业联盟被定为官方监督机构和各个平台之间的桥梁，其致力于行业的自律规范，促进行业的创新，不断推进中国股权众筹事业的发展。

2015年7月，首个由政府指导、企业自发形成的股权众筹联盟"中关村股权众筹联盟"在"中国硅谷"北京中关村成立。作为行业自律社团组织，中关村股权众筹联盟由天使汇、京东众筹、牛投众筹、众筹网、中关村股权交易服务集团、大河创投等80家权威股权众筹及相关机构组成。[③] 其主旨是推动合格投资人、信息公开、操作

---

① 《股权众筹亟待规范 民间成立自律组织》，第一财经网，https://www.yicai.com/news/3682120.html，2022年10月30日最后访问。

② 《国内首个股权众筹联盟在深圳成立》，中国新闻网，https://www.chinanews.com.cn/fortune/2014/11-06/6756779.shtml，2024年1月23日最后访问。

③ 李峥巍：《中国首个股权众筹联盟在北京中关村成立》，中证网，http://www.cs.com.cn/xwzx/hg/201507/t20150710_4753535.html，2022年10月30日最后访问。

流程、标准法律文件等制度和规范的建立，通过建立行业自律的技术标准规范行业发展、规避行业系统性风险。同年 8 月 6 日，上海现代服务业联合会三届三次理事会审议通过了成立上海现代服务业联合会众筹服务专业委员会的决议。[①] 8 月 11 日，全国股权众筹联盟在其启动会议上宣布成立了合肥众筹联盟。可见，股权众筹的自律联盟遍地开花，不同的股权众筹平台在不同地区联合成立各自的股权众筹联盟。

直到 2017 年 10 月，为了贯彻落实第五次全国金融工作会议的要求，中国互联网金融协会成立了具有全国属性的互联网股权融资专委会，主要负责制定互联网股权融资自律管理规则、经营细则和行业标准以维护互联网股权融资市场的秩序，但至今仍未出台相应的自律公约。同年 11 月，权威股权众筹第三方平台众筹家主办的"新实体金融服务联盟"筹备会在杭州召开第二次会议，正式签署通过了《新实体金融服务联盟章程（草案）》，确立了联盟的定位、工作内容、运作机制、会员单位的权利义务，但该联盟及其章程均针对包括股权众筹在内的所有类型众筹平台，并不单一地针对股权众筹进行自律监管，存在一定的局限性。

当然，在股权众筹的发展过程中，中国证券业协会也相应地出台了一系列自律管理规范，包括《私募股权众筹融资管理办法（试行）（征求意见稿)》和《场外证券业务备案管理办法》等，其中，《私募股权众筹融资管理办法（试行）（征求意见稿)》从平台准入条件、投融资双方信息的真实性和合法性审核、投资限额、合格投资者、投资人数的具体标准和信息披露等方面做了具体的规定，但这仅是征求意见稿，至今仍未出台有效的私募股权众筹融资管理办法。

---

① 《上海现代服务业联合会三届三次理事会圆满举行》，陆家嘴金融网，http://www.ljz-fin.com/news/info/28745.html，2022 年 10 月 30 日最后访问。

四 金融网销安全治理现状

(一) 金融网销的发展现状

1. 互联网基金销售

2013 年 6 月前,互联网基金销售处于萌芽后的温和发展期,其销售渠道主要是基金公司自建的网站或合作的互联网平台。之后,余额宝的诞生开创了互联网基金的直销模式,并在短时间内迅速发展。2014 年 1 月,余额宝收益率达到 6.763%,远远超过同期银行活期存款利率 0.35% 的水平;2014 年 6 月,余额宝推出一年之际,其交易规模已经达到 5741.6 亿元,用户数量超过 1 亿人,成为国内货币基金行业的龙头。[①] 高收益、高流动性、低门槛的特性使其他互联网企业和金融机构纷纷开发了一大批"宝"类产品,互联网基金销售进入"疯狂"增长阶段。

2014 年下半年开始,随着互联网基金销售安全治理法律体系的逐步建立与完善,加之市场竞争的加剧,市场逐渐趋于理性。图 3 – 11 表明,截至 2023 年 6 月,余额宝背后的天弘基金资产规模降至 1.07 万亿元,从 2018 年起,天弘基金就出现了"拐点式"下滑。但综观整个货币基金市场,整体呈上升趋势,其受欢迎程度并没有降低,这与天弘基金"拐点式"下滑的走势恰好相反。这主要是因为:其一,为控制高速增长带来的流动性风险,余额宝受到多轮限购;其二,监管趋严,2018 年发布的《关于进一步规范货币市场基金互联网销售、赎回相关服务的指导意见》对 T + 0 赎回货币基金提供垫资的机构做了严格的限制。[②] 至今,互联网基金销售在法律监管体制下,基本保持理性稳步发展的状态。

---

① 《余额宝 1 周年传奇:推出正值钱荒时 用户超 1 亿》,新浪财经网,https://finance. sina. cn/ fund/yhyj/2014 – 07 – 29/detail – iavxeafr5415413. d. html? from = wap,2022 年 10 月 28 日最后访问。

② 《去年货币基金规模大增! 可为何余额宝的规模却减少了 4500 亿?》,网易网,https:// www. 163. com/dy/article/E4OJQ00G05452OOQ. html,2022 年 10 月 29 日最后访问。

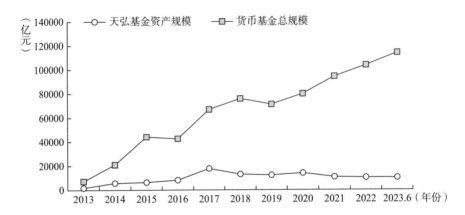

图 3 - 11   2013 年至 2023 年 6 月货币基金（天弘基金）规模走势

资料来源：天弘基金季报、中国证券投资基金业协会发布的"公募基金行业数据"。

2. 互联网保险

互联网经济的发展，为保险行业带来了增量市场。同时，随着网民规模的扩大，用户行为习惯发生转变，使互联网保险展现出与传统保险发展截然不同的趋势。从发展情况来看，互联网保险行业主要表现出以下三个特点。

第一，行业发展经历瓶颈期后逐渐回暖。中国保险行业协会和艾瑞咨询公司的公开数据显示（见图 3 - 12），互联网保险从 2013 年开始爆发式增长，到 2015 年，保费规模均以成倍速度增长，同时，互联网保险渗透率[①]也于 2015 年达到最高值 9.20%。[②] 然而，从 2016 年开始，互联网保费规模增长陷入停滞并开始减少，互联网保险渗透率也呈下降趋势，到 2018 年，互联网保险渗透率仅有 4.97%，行业发展陷入瓶颈。随后，中国银保监会出台《互联网保险业务监管办法（草稿）》，系统梳理了互联网保险行业信息披露和监督管理等不利于行业发展的因素，有效解决了行业发展痛点，互联网保险行业迎来新拐点。中国保

---

① 互联网保险渗透率 = 互联网保险保费收入/保险行业保费收入 ×100%。

② 艾瑞咨询：《2019 年中国互联网保险行业研究报告》，https://max.book118.com/html/2019/0626/8122042026002032.shtm，2022 年 10 月 29 日最后访问。

险行业协会发布数据显示，2019 年起互联网保险渗透率逐年提升，2022 年创近十年新高。

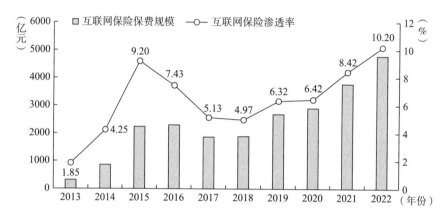

图 3 - 12　2013 ~ 2022 年中国互联网保险保费规模及渗透率走势
资料来源：中国保险行业协会、艾瑞咨询。

从不同险种分类来看，2013 ~ 2022 年，互联网人身保险市场实现大发展，保费规模从 2013 年的 54. 4 亿元上升到2016 年的 1796. 7 亿元，增速显著（见图 3 - 13）。然而，在监管转向的 2017 年，互联网人身保险市场规模保费出现负增长，连续两年持续下降，互联网人身保险市场进入低迷期。2019 年，互联网保险行业回暖。与互联网人身保险形成鲜明对比的是，2018 年互联网财产保险市场终于结束了持续两年的负增长状态，较同期发展回暖，并保持平稳增长。中国保险行业协会和前瞻产业研究院公开统计数据显示（见图 3 - 14），2018 年，互联网财产保险业务实现市场规模保费 695. 4 亿元，同比增长 40. 84% 。[①]

第二，产品差异化、创新活跃。基于互联网平台设计和销售的保险产品，大多具有场景化、碎片化和高频化的创新特色。[②] 2018 年全国保

[①]　陈后润：《2018 年互联网保险行业细分市场现状与发展趋势分析互联网人身保险负增长》，前瞻网，https://www. qianzhan. com/analyst/detail/220/190422 - c322529e. html，2022 年 10 月 29 日最后访问。

[②]　汪政主编《互联网金融合规指南与法律政策指引》，中国法制出版社，2018，第 88 页。

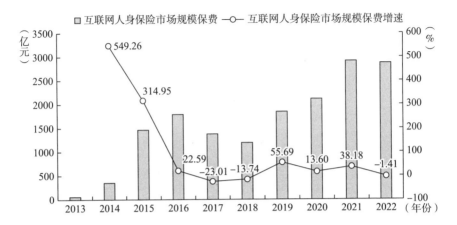

图 3 – 13　2013～2022 年中国互联网人身保险市场规模保费及其增速
资料来源：中国保险行业协会、前瞻产业研究院。

图 3 – 14　2013～2022 年中国互联网财产保险市场规模保费及其增速
资料来源：中国保险行业协会、前瞻产业研究院。

险监管工作会议上公布的数据显示，2017 年互联网保险签单件数 124.91
亿件，同比增长 102.60%，其中退货运费险 68.19 亿件，同比增长
51.91%；保证保险 16.61 亿件，同比增长 107.45%；意外险 15.92 亿件，
同比增长 539.26%；责任保险 10.32 亿件，同比增长 438.25%。① 可见，

① 《2017 年互联网保险业绩出炉，科技成"保险创新"基石》，搜狐网，http://www.sohu.com/
a/218702507_100031230，2022 年 10 月 28 日最后访问。

各类新险种如雨后春笋般涌现，这些产品大多从用户个性化的需求入手，通过大数据的分析及配对，针对不同的需求制定不同的产品，为消费者打造差异化、个性化的保险服务，使保险产品在保证保障的基础上更能满足社会发展多样化的需求。此外，信用系统的透明化使得信息不对称性降低，每个保险机构能够更加清晰地了解竞争者信息，更好地做出决策，促进互联网保险产品的创新，提供更多差异化的创新产品，不断丰富互联网保险市场。

第三，销售渠道不断拓宽，平台呈多元化发展态势。互联网保险打破传统保险行业公司直销、代理人、代理公司、经纪公司以及兼业代理等销售渠道，通过互联网渠道拓展了营销宽度，搭建了多元化的互联网保险销售平台。目前，互联网保险的营销渠道和平台主要包括自建平台、电商平台、第三方平台和移动互联网平台。

在信息技术的发展推动下，保险公司为了更好地展示产品，以平安保险、太平洋保险为代表的大中型保险公司纷纷建立起自主经营网站，但这种平台销售方式往往还需要线下门店及人员的支持。电商平台是在电子商务的迅速发展下产生的，其独立于商品或服务交易双方，依照一定的规范专门为交易双方提供服务，类似金融超市提供包括保险在内的多种金融产品或服务供用户选择，其典型代表有淘宝保险频道。第三方平台则是指利用第三方平台的流量获得保险业务的营销模式，典型代表是各保险公司的微信、微博等。随着中国移动互联网技术的日益成熟，互联网保险的销售已经渗透到移动互联网平台，手机等移动设备方便快捷、操作简单的优势使得互联网保险更触手可及。综上所述，互联网保险销售渠道的不断拓宽、平台的多元化发展使得互联网保险销售突破了地域限制，实现了代理人、经纪人等传统保险销售渠道的去中心化，使保险公司的组织机构更加扁平化，具有更明显的成本优势。

3. 互联网信托

与传统信托相比，互联网信托主要是投资人基于对互联网金融平台线下征信服务的信任，对平台审核通过的项目进行出资，以达到在一定期限内获得收益的目的。简言之，互联网信托就是将信托活动互联网化，是一种通过互联网平台进行的信用委托活动。近几年，互联网信托行业在产品和服务等方面都呈现出欣欣向荣之势。首先，互联网信托产品不断创新。以互联网消费信托为例，信托公司通过研究消费者不断变化的需求，推出了涵盖旅游、珠宝、家电、白酒、养生补品、教育等诸多领域的互联网消费信托创新产品。其次，服务模式多样化，与客户互动性提高。同样以互联网消费信托为例，互联网消费信托的创新发展主要集中在 2014 年至 2015 年两年间，当时的主要表现形式为信托公司与互联网平台合作推出互联网消费信托产品，如 2014 年 9 月，中信信托和百度金融、中影股份联合推出的"百发有戏"。之后，互联网消费信托又以信托公司自行打造消费信托产品、借助互联网手段发售的形式出现，其典型代表是 2017 年 3 月，华融国际信托通过其微信公众号发售"融华精选"。上述运用微博、微信等平台发布理财信息、行业动态和市场走势的方式，在服务模式多样化发展的基础上还实现了增强客户黏性的目的。

（二）金融网销安全治理的法律框架

1. 互联网基金销售的法律治理现状

中国互联网基金销售的法律治理是以传统基金销售业务的法律法规为基础构建起来的。2003 年 10 月 28 日，《中华人民共和国证券投资基金法》由十届全国人大常委会第五次会议通过，此后经过两次修订形成了现行有效的规范证券投资基金活动的法律，也是随后颁布的《证券投资基金销售管理办法》《证券投资基金管理公司管理办法》《证券投资基金销售结算资金管理暂行规定》《证券投资基金托管业务管理办法》《货币市场基金监督管理办法》等一系列法律法规的主要参考和依据。其中，《证券投资基金销售管理办法》是在《中华人民共和国证券投资基金法》颁布后不到一年的时间内由中国证监会发布的，其目的是进一步规范基金销售活动和市场，该管理办法也经过了 2011 年和

2013 年两次修订，通过明确互联网平台的法律地位、加大信息披露的范围、拓宽非金融机构的准入资格、完善基金宣传推介等方式对基金销售活动进行了系统全面的规定，也为互联网基金销售的法律治理奠定了一定的基础。2013 年，中国证监会又制定发布了《证券投资基金销售机构通过第三方电子商务平台开展业务管理暂行规定》，进一步完善了第三方电子商务平台的资质条件。此外，2019 年 7 月，中国证监会颁布《公开募集证券投资基金信息披露管理办法》，按照降低投资者投资成本、时间成本的方向做了正向调整和变动。从整体上看，中国互联网基金销售业务治理的相关法律法规和治理机制已基本建立（见表 3 - 5）。

表 3 - 5　互联网基金销售相关法律政策

发布日期	实施日期	发布机构	文件名称	主要内容
2007. 03. 15	2007. 03. 15	中国证监会	《证券投资基金销售业务信息管理平台管理规定》	分别对前台业务系统、自助式前台系统、后台管理系统的建设提出要求，并明确了监管系统的信息报送和信息管理平台的管理规定
2007. 10. 12	2007. 10. 12	中国证监会	《证券投资基金销售适用性指导意见》	基金销售适用性管理制度应健全包括审慎调查、产品和基金投资人风险评估等内容
2011. 09. 23	2011. 10. 01	中国证监会	《证券投资基金销售结算资金管理暂行规定》	明确了证券投资基金销售结算资金的监督机构和监督协议以及销售账户的运作规范
2012. 09. 20	2012. 11. 01	中国证监会	《证券投资基金管理公司管理办法》	明确了基金管理公司及其子公司、分支机构的设立，基金管理公司的变更、解散（撤销）等的具体细则
2013. 03. 15	2013. 03. 15	中国证监会	《证券投资基金销售机构通过第三方电子商务平台开展业务管理暂行规定》	对基金销售机构通过第三方电子商务平台开展基金销售业务的相关规范进行了明确，并对从事该类业务的第三方电子商务平台资质条件和业务边界等做了相应规定

续表

发布日期	实施日期	发布机构	文件名称	主要内容
2013.03.15	2013.06.01	中国证监会	《证券投资基金销售管理办法》（2013 修订）	对基金销售机构的市场准入条件、宣传推介、业务规范、监管责任等方面进行了系统全面的规定
2013.04.02	2013.04.02	中国证监会、中国银监会	《证券投资基金托管业务管理办法》	从基金托管机构、托管职责、托管业务内部控制及监督管理等方面规定了证券投资基金托管业务的管理
2013.06.06	2013.08.01	中国证监会	《开放式证券投资基金销售费用管理规定》	明确了基金销售费用规范
2013.09.24	2014.01.01	中国证监会	《公开募集证券投资基金风险准备金监督管理暂行办法》	明确了对风险准备金的提取、管理与使用、投资运作等活动的监管细则
2014.07.07	2014.08.08	中国证监会	《公开募集证券投资基金运作管理办法》	明确了基金的募集，基金份额的申购、赎回和交易，基金的投资和收益分配等基金运作活动的监管细则
2015.04.24	2015.04.24	全国人大常委会	《中华人民共和国证券投资基金法》（2015 修正）	对基金托管人、基金管理人、基金运作、公开募集和监管等进行了相对系统详尽的规范
2015.12.17	2016.02.01	中国证监会、中国人民银行	《货币市场基金监督管理办法》	规定了货币市场基金的投资范围和投资限制以及防范流动性风险的监管要求
2016.04.12	2016.04.12	国务院办公厅	《互联网金融风险专项整治工作实施方案》	明确了互联网基金销售业务的重点整治问题和工作要求
2016.12.12	2017.07.01	中国证监会	《证券期货投资者适当性管理办法》	首部专门规范证券期货市场适当性管理的部门规章
2018.05.30	2018.06.01	中国证监会、中国人民银行	《关于进一步规范货币市场基金互联网销售、赎回相关服务的指导意见》	明令禁止基金销售结算资金用于"T＋0 赎回提现"业务
2019.07.26	2019.09.01	中国证监会	《公开募集证券投资基金信息披露管理办法》	从降低投资者投资成本、时间成本的方向正面变动了基金募集、运作、临时信息披露规则、信息披露事务管理等方面的规定

发布日期	实施日期	发布机构	文件名称	主要内容
2020.03.20	2020.03.20	中国证监会	《公开募集证券投资基金信息披露管理办法（2020 修正）》	本次修订主要集中在用词用语方面，实际操作层面的修订并未涉及
2020.08.28	2020.10.01	中国证监会	《公开募集证券投资基金销售机构监督管理办法》	规范基金销售机构的销售活动
2022.05.20	2022.06.20	中国证监会	《公开募集证券投资基金管理人监督管理办法》	细化规定了公募基金管理人的准入、内部控制和退出机制，以及对基金管理公司的治理经营和监督

资料来源：作者整理。

2. 互联网保险的法律治理现状

最早涉及互联网保险业务安全治理的是 2012 年由中国保监会出台的《关于提示互联网保险业务风险的公告》，该公告明确了开展互联网保险业务的主体资格。2014 年，中国保监会又发布了《关于加强网络保险监管工作方案》，对网络保险的监督工作进行了总体布局。但中国互联网保险业务监督制度的正式形成是 2015 年 7 月 22 日《互联网保险业务监管暂行办法》的颁布。[①] 在此基础上，2016 年 4 月，中国保监会联合 14 个部门依据《关于促进互联网金融健康发展的指导意见》和《互联网金融风险专项整治工作实施方案》的相关指导性要求印发了《互联网保险风险专项整治工作实施方案》，逐步形成了中国互联网保险安全治理的法律框架。然而，2015 年版的《互联网保险业务监管暂行办法》按规定应于 2018 年 9 月 30 日到期，但由于没有出台新规，中国银保监会一方面宣布在新规出台前，该暂行办法继续有效，另一方面也于 2018 年 10 月向当时的中国保监会相关部门和各保监局发文征求关于《互联网保险业务监管办法（草稿）》的意见。直

---

① 武长海、涂晟、樊富强主编《互联网保险的法律规制研究》，中国政法大学出版社，2016，第 19 页。

至 2021 年 2 月 1 日，《互联网保险业务监管办法》正式实施，2015 年版的《互联网保险业务监管暂行办法》予以废止，至此，中国互联网保险业务安全治理的法律法规体系基本建立。中国互联网保险相关法律政策如表 3 - 6 所示。

表 3 - 6　互联网保险相关法律政策

发布日期	实施日期	发布机构	文件名称	主要内容
2011.03.30	2011.07.01	中国保监会	《保险公司开业验收指引》	规定了保险公司的开业申请材料、验收标准和验收流程
2012.05.01	2012.05.01	中国保监会	《关于提示互联网保险业务风险的公告》	规定除保险公司、保险代理公司和保险经纪公司外，其他单位和个人不得擅自开展互联网保险业务
2013.08.13	2013.08.13	中国保监会	《关于专业网络保险公司开业验收有关问题的通知》	补充说明了专业网络保险公司的开业验收条件
2014.01.06	2014.01.06	中国保监会	《关于加强网络保险监管工作方案》	通过加强网络保险行业的研究、完善相关监管制度、组织网络保险消费者教育工作等方式对网络保险的监管工作做出了总体布局
2014.04.15	—	中国保监会	《关于规范人身保险公司经营互联网保险有关问题的通知（征求意见稿）》	对互联网保险行业的人身保险公司设置了偿付能力、运营功能、管理制度、业务人员等方面的要求门槛
2015.07.22	2015.10.01	中国保监会	《互联网保险业务监管暂行办法》	对与保险公司合作的第三方网络平台的资质做出了明确规定
2015.09.10	2015.09.10	中国保监会	《关于设立保险私募基金有关事项的通知》	明确了保险资金可以设立私募基金，并对保险私募基金的发起人、基金管理人、设立条件做了细化规定
2016.04.12	2016.04.12	国务院办公厅	《互联网金融风险专项整治工作实施方案》	明确了互联网保险业务的重点整治问题和工作要求

发布日期	实施日期	发布机构	文件名称	主要内容
2016.04.14	2016.04.14	中国保监会等十四部门	《互联网保险风险专项整治工作实施方案》	强调第三方网络平台和保险机构必须具备相关资质,并提出要加大对万能型人身保险产品及互联网高现金价值业务的监管力度
2020.12.07	2021.02.01	中国银保监会	《互联网保险业务监管办法》	细化规定了开展互联网保险业务的条件、销售管理、服务管理、运营管理的细则以及特别业务规则等内容

资料来源:作者整理。

3. 互联网信托的法律治理现状

2015年,随着《关于积极推进"互联网+"行动的指导意见》和《关于促进互联网金融健康发展的指导意见》等国家层面规范、纲领性文件的发布,互联网信托被有机地纳入了互联网金融业态范畴。但从表3-7可以看出,在顶层设计层面上,中国银监会并没有出台类似"互联网信托业务监管暂行办法"的规范性文件作为互联网信托行业的总体指引,而更多的是《信托投资公司信息披露管理暂行办法》《信托公司治理指引》《信托公司管理办法》《信托公司私人股权投资信托业务操作指引》《信托公司净资本管理办法》等涉及互联网信托业务某单一方面的规定,这些规定并不能系统全面地为互联网信托业务的开展提供法律依据。2018年4月,《关于规范金融机构资产管理业务的指导意见》及一系列配套政策的出台,标志着新的监管框架逐步形成。目前,《信托公司资金信托管理办法》等制度规则正在起草,试图构建以监管部门为主体,以行业自律、市场约束、信托业保障基金保障机制为补充的信托业风险防控体系。[①] 可见,中国互联网信托业务的安全治理法律体系亟须完善,上位法的出台迫在眉睫。

---

① 《银保监会副主席曹宇:正在起草资金信托管理暂行办法等规则》,百度百家号,https://baijiahao.baidu.com/s? id = 1678864102272928512&wfr = spider&for = pc,2022 年 11 月 5 日最后访问。

表 3 - 7　互联网信托相关法律政策

发布日期	实施日期	发布机构	文件名称	主要内容
2005.01.18	2005.01.01	中国银监会	《信托投资公司信息披露管理暂行办法》	对信托投资公司信息披露的内容、信息披露的管理做出了细化规定
2007.01.22	2007.03.01	中国银监会	《信托公司治理指引》	明确了信托公司的组织构架、议事制度、决策程序以及风险管理和信息披露体系
2007.01.23	2007.03.01	中国银监会	《信托公司管理办法》	细化了信托公司的设立、变更与终止的条件，明确了信托公司的经营范围和经营规则以及对信托公司的监督管理
2008.06.25	2008.06.25	中国银监会	《信托公司私人股权投资信托业务操作指引》	规范了信托公司私人股权投资业务的经营行为
2008.12.04	2008.12.04	中国银监会	《银行与信托公司业务合作指引》	对银行理财合作及其他合作做了明确规定
2009.01.23	2009.01.23	中国银监会	《信托公司证券投资信托业务操作指引》	规范了信托公司证券投资信托业务的经营行为
2009.02.04	2007.03.01	中国银监会	《信托公司集合资金信托计划管理办法（2009修订）》	对信托计划的设立、财产的保管、运营与风险管理、变更、终止和清算、信息披露与监督管理等方面进行了规定
2009.12.14	2009.12.14	中国银监会	《关于进一步规范银信合作有关事项的通知》	进一步规范了商业银行与信托公司业务合作行为
2010.08.24	2010.08.24	中国银监会	《信托公司净资本管理办法》	要求信托公司计算净资本和风险资本，建立了风险资本与净资本的对应关系
2013.03.25	2013.03.25	中国银监会	《关于规范商业银行理财业务投资运作有关问题的通知》	对商业银行理财资金通过非银行金融机构、资产交易平台等间接投资业务的风险防范问题进行了规定
2013.04.09	2013.04.09	中国银监会	《关于加强2013年地方政府融资平台贷款风险监管的指导意见》	明确了地方政府融资平台贷款风险管控的要求，包括完善"名单制"管理、动态调整风险定性、坚持退出分类制度等

续表

发布日期	实施日期	发布机构	文件名称	主要内容
2014.04.08	2014.04.08	中国银监会办公厅	《关于信托公司风险监管的指导意见》	明确了信托公司的功能定位,并对信托公司的风险监管与防范做出了细化规定
2016.04.12	2016.04.12	国务院办公厅	《互联网金融风险专项整治工作实施方案》	明确了互联网信托业务的重点整治问题和工作要求
2018.04.27	2018.04.27	中国人民银行、中国银保监会、中国证监会、国家外汇管理局	《关于规范金融机构资产管理业务的指导意见》	根据产品类型统一监管标准,从募集方式和投资性质两个维度对资产管理产品进行分类和要求
2018.08.17	2018.08.17	中国银保监会信托监管部	《关于加强规范资产管理业务过渡期内信托监管工作的通知》	明确了过渡期内信托业务监管工作的基本原则和主要内容

资料来源:作者整理。

(三) 金融网销的行业自律

早在 1991 年,中国证券业协会就在《中华人民共和国证券法》和《社会团体登记管理条例》的相关规定下设立。作为证券业的自律性组织,主要负责制定证券行业的自律规则、执业标准和业务规范,并且对会员及其从业人员进行自律管理等。2009 年,在互联网金融发展的萌芽阶段,中国证券业协会率先发布了《网上基金销售信息系统技术指引》,该指引共 7 章 71 条,其中第 6 章是针对网上销售基金产品的安全管理,对网上基金销售信息系统及其开发运营人员进行了具体的安全规范。该指引对基金公司、证券公司、基金代销机构的网上基金系统建设和运行管理制定了行业规范。2013 年进入互联网金融元年,为了更好地防范互联网金融安全风险的发生,1 月,中证资本市场发展监测中心有限责任公司(以下简称"中证监测")① 经中国证券会批准于北京筹备设立,中国证券业协会负责对其进行管理。次年 10 月,中证监测出台了《私募投资基金

---

① 2015 年 2 月 16 日,中证资本市场发展监测中心有限责任公司完成工商变更登记工作,公司名称变更为中证机构间报价系统股份有限公司(简称报价系统)。

募集与转让业务指引（试行）》和《私募股权投资基金项目股权转让业务指引（试行）》两个指引，对私募投资基金在机构间私募产品报价与服务系统的募集转让和股权投资基金在机构间私募产品报价与服务系统开展项目股权转让相关业务等明确了管理细则。2017 年，中国证券业协会又发布了《证券经营机构投资者适当性管理实施指引（试行）》，就投资者风险承受能力评估和产品风险等级划分，向行业给出了"五类五级"的参考性框架。

此外，中国证券投资基金业协会于 2012 年 6 月在北京成立，成为基金行业全国性的非营利性社会组织，在基金行业和政府之间建立起了纽带。表 3 - 8 统计了中国证券投资基金业协会颁布的与互联网基金销售有关的文件。

表 3 - 8　中国证券投资基金业协会颁布的互联网基金销售相关文件汇总

发布日期	实施日期	文件名称	主要内容
2014.07.07	2014.07.07	《基金管理公司及其子公司特定客户资产管理业务电子签名合同操作指引》	对电子签名合同基本要求、签署等内容进行了规定
2015.06.25	2015.06.25	《资产管理行业"互联网＋"行动计划》	明确规定了"互联网＋资产管理"的具体工作措施以及相关制度的构建方案
2016.04.15	2016.07.15	《私募投资基金募集行为管理办法》	从募集办法的适用范围、私募基金募集的一般性规定、特定对象确定、推介行为、合格投资者确认及基金合同签署等方面对私募基金募集活动做出了严格、细致的监管规定
2017.06.28	2017.07.01	《基金募集机构投资者适当性管理实施指引（试行）》	对《证券期货投资者适当性管理办法》在基金产品或者相关服务领域适用进行细化

资料来源：作者整理。

在互联网保险方面，2001 年 2 月 23 日，中国保险行业协会（The Insurance Association of China，IAC）经中国保险监督管理委员会审查同意并在民政部登记注册成立。作为全国性的自律组织，中国保险行业协会配合中国保险监督管理委员会督促会员自律，促进行业的发展。进入互联网时代，保险行业的发展也呈现出"互联网＋"的趋势，在这一背景下，中国保险行业协会也承担起互联网保险行业监管自律准则、标准制定的责任。2015 年 9 月，中国保险行业协会颁布了《中国保险行业协会互联网保险业务信息披露管理细则》，该细则共 6 章 23 条，对互联网保险的信息披露主体、内容、工作流程、管理与责任进行了详细阐述。2017 年 12 月，为进一步贯彻落实 2015 年中国人民银行等十部门发布的《关于促进互联网金融健康发展的指导意见》有关精神，中国互联网金融协会互联网保险专业委员会在北京成立，其委员包括传统保险机构、互联网保险网络平台、金融科技公司和学术研究机构等，主要负责制定互联网保险自律管理规则、经营细则和行业标准。

对于互联网信托，现有的自律组织是中国信托业协会（China Trustee Association，CTA），于 2005 年 5 月经中国银监会和民政部批准成立。尽管中国信托业协会不是专门的互联网信托自律组织，但其对互联网信托仍具有制定自律准则的职责。

五　数字货币安全治理现状

（一）数字货币的发展现状

2014 年，法定数字货币研究小组在中国人民银行的推动下成立，其主要负责数字货币监管框架的构建和国家数字货币的研究；2016 年，数字货币研究所成立，并完成了法定数字货币第一代原型系统搭建；2017 年末，经国务院批准，中国人民银行组织商业机构共同开展法定数字货币研发试验；2018 年，中国人民银行在全国货币金银工作电视电话会议上明确指出要"稳步推进央行数字货币研发"；2019 年 10 月，中国人民银行打造的数字货币 DCEP（Digital Currency Electronic Payment）正式从幕后走到台前。DCEP 是基于区块链技术的加密电子货币，其采用双层运营体系，即 DCEP 通过中国人民银行兑换给银行或其他金融机构后再兑换给公众。DCEP 的设计开始于 2014 年，远远早于 Facebook 加密货币 Libra 币提出的 2019 年，并且 DCEP 比 Libra 币上线运营条件更具备、技术也更成熟。

（二）数字货币安全治理的法律框架

2009 年以来，围绕比特币形成了一个以区块链技术为主的生态圈，受到了市场和政府的重点关注。2013 年 12 月，中国人民银行等五部门就备受关注的比特币问题发布了《关于防范比特币风险的通知》，确定了比特币的属性及其投资风险。2017 年 9 月，中国人民银行等七部门发布了《关于防范代币发行融资风险的公告》，明确禁止各类代币发行融资活动。2019 年 1 月，国家互联网信息办公室正式颁布《区块链信息服务管理规定》，明确了区块链的主管部门，以及监管的属地、对象、内容、流程和处罚办法等规定。总的来说，现有对数字货币的安全治理仅仅依靠《关于防范比特币风险的通知》《关于防范代币发行融资风险的公告》《区块链信息服务管理规定》三部文件，整个治理体系的法律政策存在较大漏洞。中国数字货币相关法律政策如表 3-9 所示。

表 3-9 数字货币相关法律政策

发布日期	实施日期	发布机构	文件名称	主要内容
2006.10.31	2007.01.01	全国人大常委会	《中华人民共和国反洗钱法》	明确了金融机构的反洗钱义务
2009.04.16	2009.04.16	中国人民银行	《中国人民银行公告〔2009〕第 7 号》	将电子货币定义为存储在客户拥有的电子介质上作为支付手段使用的预付价值
2013.12.03	2013.12.03	中国人民银行等五部门	《关于防范比特币风险的通知》	确定了比特币的虚拟商品属性，明确指出其投资风险
2016.04.12	2016.04.12	国务院办公厅	《互联网金融风险专项整治工作实施方案》	明确了数字货币业务的重点整治问题和工作要求
2017.09.04	2017.09.04	中国人民银行等七部门	《关于防范代币发行融资风险的公告》	对代币发行融资中的代币及"虚拟货币"给出了明确禁止性规定

发布日期	实施日期	发布机构	文件名称	主要内容
2018.08.24	2018.08.24	中国银保监会等五部门	《关于防范以"虚拟货币""区块链"名义进行非法集资的风险提示》	对通过炒作区块链概念进行非法集资、传销、诈骗等行为的特征进行归纳总结并明确给出风险提示
2019.01.10	2019.02.15	国家互联网信息办公室	《区块链信息服务管理规定》	明确了区块链的主管部门,对监管的属地、监管对象、监管内容、监管流程、违规处罚办法等做了明确规定
2021.09.15	2021.09.15	中国人民银行等十部门	《关于进一步防范和处置虚拟货币交易炒作风险的通知》	明确虚拟货币相关业务活动属于非法金融活动,并提出建立健全应对虚拟货币交易炒作风险的工作机制

资料来源:作者整理。

(三)数字货币的行业自律

目前,中国还没有针对数字货币行业的专业自律组织,中国互联网金融协会下设的四个专业委员会也没有涉及数字货币行业。对于数字货币的行业自律我们只能从零星的政策规定中寻找端倪。

2017 年,在江苏省互联网金融协会制定出台的《互联网传销识别指南(2017 版)》中,对数字货币传销的新骗局给出了识别方法,并提示珍宝币等 26 种数字货币可能存在"非法传销"的风险。2018 年,根据《关于防范代币发行融资风险的公告》,中国互联网金融协会公开发布了关于防范变相 ICO 活动的风险提示,再次强调了协会成员应加强自律,不参与任何涉及 ICO 或炒作"虚拟货币"的行为。此外,区块链作为数字货币最底层、最重要的技术手段,对区块链的合规性规定也是中国数字货币行业自律的重要方面。2016 年 8 月 26 日,在工业和信息化部的指导下,国家互联网金融安全技术专家委员会在北京成立,其主要通过研究互联网金融安全技术来维护互联网金融行业的安全。2017年 8 月,国家互联网金融安全技术专家委员会发布了《合规区块链指引》,该指引从技术层面、业务应用层面和监管层面给出了区块链的合规指引。

六 互联网消费金融安全治理现状

（一）互联网消费金融的发展现状

随着消费观念的升级和消费习惯的改变，消费者对消费信贷的需求不断升级。尤其是在网络消费异常普及的当下，互联网技术的发展可以随时随地对消费者的需求做出反应，在这一时代背景下，以服务在线便捷交易为突破口的互联网消费金融应运而生。2019 年，国家金融与发展实验室发布的《2019 年中国消费金融发展报告》显示，中国消费金融获得率偏低，仍有近 40% 成年人从未获得过消费金融服务，消费金融能够扩大内需带动消费，未来五年还有较大的发展空间。[1] 综观近几年互联网消费金融发展的状况，主要呈现出以下几个特点。

1. 市场交易规模爆发式增长后趋于稳定

2014 年中国国债到期收益率的持续走低、2015 年的多次降息降准和 2016～2017 年银行房贷的收紧，为中国互联网消费金融创造了较低的资金成本和较宽松的资金环境。在这种情况下，中国互联网消费金融放贷规模出现了爆发式增长。从图 3 - 15 可以看出，从 2013 年开始，中国互联网消费金融放贷规模持续走高，到 2017 年，中国互联网消费金融放贷规模达到 43847.3 亿元，同比增长 904.0%，达到 2013～2022 年的最高增速。[2] 2018 年后，中国互联网消费金融增速有所放缓，但总体放贷规模仍处于上升期。

2. 业务模式逐渐多样化，电商平台放贷规模居首位

随着互联网消费金融的不断发展，中国互联网消费金融的模式主

---

[1] 《消费金融至少还有五年高速发展期》，中国银行保险报网，http://xw. cbimc. cn/2019 - 09/25/content_305941. htm，2023 年 11 月 10 日最后访问。

[2] 艾瑞咨询：《2018 年中国互联网消费金融行业报告》，https://www. askci. com/news/chanye/20180112/085406115867. shtml，2022 年 10 月 29 日最后访问。

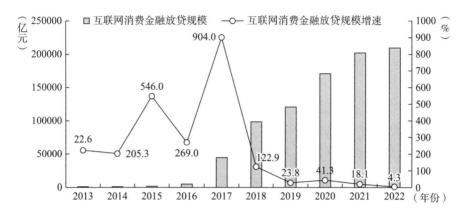

图 3 – 15　2013～2022 年中国互联网消费金融放贷规模及其增速
资料来源：艾瑞咨询。

要有传统商业银行的消费金融互联网化、消费金融公司的消费金融互
联网化、电商平台提供的消费金融、分期购物平台提供的消费金融、
P2P 平台提供的消费金融和垂直细分平台提供的消费金融六种模式，互
联网消费金融的业务模式日益多样化。根据前瞻产业研究院整理的数
据，2017 年电商平台凭借其高流量和电商场景获得了最高放贷规模，
占中国互联网消费金融总放贷规模的 35.18%，紧随其后的是银行和
P2P 平台，分别达到了 12.56% 和 10.05%。[①]

3. 互联网消费金融表现出线下场景覆盖、垂直化、金融科技化等特点

目前，中国互联网消费金融业务通过与支付业务结合，借助移动支付
拓展线下市场，使互联网消费金融更加简易、便捷。同时，中国互联网消费
金融从行业和用户层级两方面垂直化发展互联网消费金融，在交易风险最低
的前提下，使授信额度能够切实满足互联网金融消费者的实际需求。在未来
互联网消费金融市场的竞争中，金融科技将成为企业的核心竞争力，消费金

---

① 《2018 年中国互联网消费金融发展现状与市场趋势分析放贷规模爆发式增长》，前瞻网，ht-
tps：//www. qianzhan. com/analyst/detail/220/190201－20f83e47. html，2022 年 10 月 29 日最后
访问。

融"科技驱动"的特征将会越来越明显，人工智能、云计算等新技术也将成为互联网消费金融领域的常用技术。总的来讲，中国互联网消费金融的发展正朝着垂直化、金融科技化的方向蓬勃发展。

（二）互联网消费金融安全治理的法律框架

互联网消费金融作为金融科技的一个分支业态，其发展滞后于其他业态模式，并且有关互联网消费金融方面的法律框架也不够完善。2009 年，《消费金融公司试点管理办法》首次发布，当时对互联网消费金融的监管多以政策性指引为主。该办法出台五年后，对其的修改和补充稿才得以实施，而在这五年间，并没有其他关于互联网消费金融的法律政策出台。在《关于促进互联网金融健康发展的指导意见》的基础上，2016 年 3 月，中国人民银行和中国银监会联合印发了《关于加大对新消费领域金融支持的指导意见》，在宏观层面上明确了消费金融的发展方向，但并未对《消费金融公司试点管理办法》中的相关内容进行细化，实践操作意义并不大。进入 2017 年，互联网消费金融的法律政策主要针对不同的市场参与主体进行规制，例如《关于进一步加强校园贷规范管理工作的通知》和《关于整顿规范"现金贷"业务的通知》是对互联网消费金融市场不同参与主体 P2P 的规定。同时，政府对互联网消费金融的支持多集中在政策层面，并未能及时转化成立法。中国互联网消费金融相关法律政策如表 3 - 10 所示。

表 3 - 10　互联网消费金融相关法律政策

发布日期	实施日期	发布机构	文件名称	主要内容
2013. 11. 14	2014. 01. 01	中国银监会	《消费金融公司试点管理办法》	对消费金融公司的概念进行了界定，并规定了其设立变更终止、业务范围及经营规则、监督管理等方面的内容
2015. 07. 18	2015. 07. 18	中国人民银行等十部门	《关于促进互联网金融健康发展的指导意见》	首次将"互联网消费金融"写入官方文件，明确了互联网消费金融产品文件签署制度

发布日期	实施日期	发布机构	文件名称	主要内容
2016.03.24	2016.03.24	中国人民银行、中国银监会	《关于加大对新消费领域金融支持的指导意见》	宏观规划了消费金融的发展方向，推动专业化消费金融组织发展
2016.04.12	2016.04.12	国务院办公厅	《互联网金融风险专项整治工作实施方案》	明确了互联网消费金融业务的重点整治问题和工作要求
2018.09.20	2018.09.20	国务院办公厅	《关于完善促进消费机制体制，进一步激发居民消费潜力的若干意见》	明确了构建更加成熟的消费细分市场、壮大消费新增长点的目标
2018.09.24	2018.09.24	国务院办公厅	《完善促进消费体制机制实施方案（2018—2020年）》	对建立健全消费领域信用体系提出了指导性意见和实施方案
2020.12.30	2020.12.30	中国银保监会办公厅	《关于印发消费金融公司监管评级办法（试行）的通知》	规定了消费金融公司评级要素、评级方法和评级程序

资料来源：作者整理。

（三）互联网消费金融的行业自律

同数字货币行业一样，互联网消费金融行业没有专门的全国性的自律组织，目前与互联网消费金融有关的全国性的自律准则是2017年10月由中国互联网金融协会发布的标准《互联网金融 信息披露 互联网消费金融》（T/NIFA 2—2017），在这一标准中，明确阐明了团体标准定义并规范了27项披露指标以提高互联网消费金融从业机构的信息透明度。但在互联网消费金融单独的领域也存在一些自律组织，例如2016年4月，分期乐、爱学贷、优分期等互联网消费金融服务供应商宣布将发起成立校园信用联盟，并针对校园分期行业发出自律公约倡议书。但校园信用联盟只针对互联网消费金融中校园贷这一单独业务，并且该联盟的会员单位也仅仅包含少数互联网消费金融机构。

第三节　中国现有金融科技安全治理机制的不足

通过上述对中国现存的金融科技安全治理相关法律及行业自律公

约等的简单总结陈述，不难看出，中国就金融科技的发展在法律法规层面、政府层面和行业自律层面都做出了努力。但互联网技术的飞速发展给金融科技领域带来了层出不穷的问题，中国在金融科技安全治理方面的规制管理仍面临很多难题，整个金融科技安全治理工作在法律体系、自律体系方面均存在诸多不足。

一　相关法律法规及政策存在的问题

法律的产生主要是为了解决社会实际问题，是根据社会的需要来订立法律，"为了立法而立法"的立法模式忽略了社会的实际需求，会使立法呈现难以执行的现象，而适当地立法并有力地执行，才能达到有效规制的效果。

（一）数量大但效果欠佳

就目前现有的关于金融科技安全治理的法律法规而言，全国人大常委会审议通过的法律文件大都涉及传统金融行业的相关规定，例如《中华人民共和国证券投资基金法》，而专门针对金融科技行业的法律至今未出台。另外，在关于金融科技安全治理的法律政策体系中，政策性文件多于行政法规和部门规章等规范性文件。

一方面，法律位阶不高导致法律约束力不强，法治效果难以实现；另一方面，各类规章规范的制定主体众多，意味着不同位阶或相同位阶的法律法规相互冲突、混乱，各部门实施不同的管理标准和做法，最终导致执法困难等问题。

（二）条款空洞缺乏可操作性

综观上文所述的法律法规及政策，各项条款的基本规定大多着眼于宏观角度，对微观的实际操作涉及甚少，并且大多条款只是罗列应为和不为行为，形成了"有立法、难司法"的局面，最终导致整套法律体系空乏模糊、缺乏可操作性。

（三） 欠缺时效性和科学性

中国金融科技安全治理相关法律政策的出台欠缺时效性，难以适应金融科技发展的快速性特点。个别法规政策的制定缺乏科学论证，会造成社会资源浪费、成本增加、效率低下等不良后果。

（四） 法规政策难兼容且易滞后

当前，中国金融科技安全治理相关法治建设还处于初级阶段，尚未形成完整的法律体系，最显著的特点是法规政策的"禁止性规定"多，强调义务，而忽略权利，导致权利与义务的失衡。另外，条文重复性高、冲突性条款多，整个法律体系兼容性差。

立法和制定法规政策缺乏整体和长远规划，本应该体现在法律法规条文中的内容并没有体现。金融科技发展过程中引发的新的现实问题和前沿性问题未能被包含在法律法规中，而需要等到不得不立之时才进行法律规制，存在严重的滞后性。

二　现有金融科技安全治理自律机制的不足

（一） 行业组织缺乏权威、公信力

综观现存的金融科技行业自律组织，首先，其成立时间大多不长，缺乏时间的检验。其次，一些行业自律组织缺乏政策支持。资料显示，不少协会是为了赚取高额的会费而成立的，不仅对会员单位没有严格的准入机制，而且也难以有效保障投资者的资金安全。显然，这部分自律组织制定的自律公约的权威性会大打折扣。最后，同一金融科技业态中各种各样的行业自律组织层出不穷，泥沙俱下。以股权众筹为例，其自律监管整体呈分散化、区域化，在同一时期，有在北京成立的中国股权众筹联盟，也有在深圳成立的中国股权众筹行业联盟，从名称来看，两者都冠以"中国"二字，但两者均不属于全国性的股权众筹自律组织，仅仅是一部分股权众筹平台联合成立的组织，自律组织的公信力明显不足。

（二）自律公约缺乏行业统一标准和可操作性

金融科技行业的大多数自律公约只是从宏观层面拟定了一种"理念"，而具体的操作并没有体现在自律公约中。行业协会的自律公约因缺乏相应的实施机制和配套惩戒措施而流于形式，无法起到真正约束相关参与主体的作用。[①] 并且，多数行业公约由于缺乏统一的标准，在实际执行过程中出现操作难的问题。以网络借贷行业为例，对比中国小额信贷机构联席会于 2011 年发布的《中国小额信贷服务中介机构行业自律公约》和小额信贷联盟于 2014 年发布的《小额信贷信息中介机构（P2P）行业自律公约（修订版）》，可以发现，尽管两部公约都是针对 P2P 行业及行业从业人员的自律与管理规范，但其中具体的条款规定却出现了冲突、不统一的现象。比如关于从业企业退出执行机制的规定，前者明确规定了应至少提前一个月通知客户企业的终止时间、终止原因，但后者的规定是提前三个月。可见，正是由于中国目前 P2P 网络借贷行业内尚未形成统一的行业标准，各协会公约众说纷纭、莫衷一是，行业内部自律标准混乱，难以形成良好的行业秩序。

（三）政府支持合作不足

首先，值得肯定的是，在整个金融科技安全治理机制构建的过程中，中国政府确立了整体的政策思路，对其在管理中的定位予以明确。但就现存的自律体系而言，中国政府对金融科技行业自律机制建设的支持不足。中国互联网金融协会作为首个国家级别的金融科技行业自律组织，其下设的专业委员会目前仅涉及网络借贷和众筹融资两种业态。金融科技在创新发展中衍生出丰富多样的金融业态，大部分业态中现存的行业协会或自律组织都不具备官方背景，仅仅是行业内自主发起成立的。而政府的支持不仅可以确立行业自律组织的权威性、公信力，对自律机制的快速发展和成熟也有积极意义。

[①] 欧阳日辉主编《互联网金融监管：自律、包容与创新》，经济科学出版社，2015，第 199 页。

第四章

域外金融科技安全治理的经验借鉴

第一节 美国金融科技安全治理的经验

美国是金融科技的发端国家，其提出的"FinTech"主要是指利用移动互联、云计算、大数据等新兴技术开展的金融服务。在 P2P 网络借贷方面，2005 年成立的 Prosper 网络借贷平台成为首家网络借贷平台，随后成立的 LendingClub 也已发展成为美国最大的网络借贷平台。在互联网支付方面，该技术起源于美国，全球支付行业巨头 PayPal 的技术革新之路展示的就是全球互联网支付行业的发展脉络。在众筹融资方面，随着 2001 年成立的世界最早的众筹网站 ArtistShare 的成功运营，众筹平台在美国的发展进入高速增长期，目前，Kickstarter 已发展成为世界上影响力最大的众筹网站之一。面对快速发展的金融科技，美国的金融科技安全治理也处于世界领先地位。一直以来，美国对金融科技的安全治理表现为三个特点：其一，对金融科技采取审慎宽松的态度[①]；其二，在传统法律制度基础上，形成了以立法为核心的法制治理模式[②]；其三，在

[①] 刘磊等：《互联网金融发展的国际比较研究》，《科技促进发展》2018 年第 10 期。

[②] 王建文、奚方颖：《我国网络金融监管制度：现存问题、域外经验与完善方案》，《法学评论》2014 年第 6 期。

联邦和州双层治理体制下[①]，实行"双线多头"的治理模式。[②] 纵观美国整个金融科技的发展历程，尽管金融科技在发展过程中遇到一些问题但并没有对美国金融体系造成实质性的风险冲击，这主要得益于美国完善的法律体系、多层次的治理体系、强大的市场化征信体系和健全的消费者权益保护体系。

一 完善的法律体系

美国联邦和各州的立法、法院的判例以及相关国际法组成了美国庞大的金融监管法律体系，根据统计数据，仅在 1989～2007 年近 20 年的时间里，美国国会通过的有关互联网的法案就有 167 部。[③] 完备的法律体系为美国金融科技的规范发展奠定了良好的基础，也形成了美国以立法为核心的金融科技安全法制治理模式。美国金融科技的法律规范体系通过将金融科技纳入现有金融体系中进行安全治理，并根据金融科技不断出现的新模式调整相应的政策和法规，扩充金融科技的法律规范体系，具体而言，就是对传统金融的网络化，通过修订或补充原有的法律规范以适应新环境下金融安全治理的新要求，例如颁布《统一计算机信息交易法》《全球及全美商务电子签名法》《货币市场基金增补法案》《电子资金转移法》《统一电子交易法》《电子证券交易法》《金融服务现代化法案》等；而对金融科技新形态则采用制定新的法律规范的方式进行规制，主要颁布了以下几部法案。

（一）JOBS 法案和《众筹条例》

美国最早开始证券型众筹的立法探索，美国总统奥巴马于 2012 年

---

① 邓舒仁：《互联网金融监管的国际比较及其启示》，《新金融》2015 年第 6 期。
② 汪振江、张弛：《互联网金融创新与法律监管》，《兰州大学学报》（社会科学版）2014 年第 5 期。
③ 詹真荣、刘阳：《世界典型国家互联网监管实践及其启示》，《中共杭州市委党校》2011 年第 2 期。

4月5日正式签署了《工商初创企业推动法》（*Jumpstart Our Business Startups Act*，简称"JOBS法案"）。该法案在美国现行《证券法》《证券交易法》等相关规定的基础上进行了大幅度的修订，其中第三编创造出一种发行人通过中介向个人投资者开展小额股权融资的全新豁免形式——"众筹"（Crowdfunding），[①] 对众筹模式的发展给予了法律形式的认可和支持。JOBS法案为新兴成长型企业通过网络平台募资的股权融资行为提供了合法性依据，开辟了民间资本与中小企业间的融资新渠道。[②] 该法案条款302明确规定了企业每年通过网络平台募集的资金不得超过100万美元，并对相关投资人、中介机构以及发行人（即融资企业）提出了具体的要求。对于投资人，根据投资人的年收入或资产净值，以10万美元为界限规定了相应的投资额度。对于中介机构，必须在证券交易委员会（SEC）登记注册为经纪商或集资门户作为准入条件，同时需履行风险提示、预防诈骗和消费者保护等职责。对于发行人，首先要求其完成在SEC的备案，并根据目标融资金额大小将发行人分为三个不同等级，同时要求不同程度的信息披露。

为了更好地保护投资者的合法权益，JOBS法案要求SEC在270日内制定关于证券型众筹豁免的细则。由于JOBS法案第三编的规定过于详尽，SEC基于法定权限对JOBS法案所确立的相关规定进行修改和删减的余地非常小，直到2015年10月30日距JOBS法案要求的时限已足足迟延了1000多天后，SEC才通过了《众筹条例》。[③] SEC在其权限范围内做出的一系列有效完善可以概括为以下三点。其一，该条例将JOBS法案中的一部分模糊性表述精细化，完善具有可操作性的制度设计。例如，上文提到的JOBS法案中对投资人的投资限额的规定中，难

---

① 彭冰主编《互联网金融的国际法律实践》，北京大学出版社，2017，第114页。
② 傅喆：《"美国JOBS法案"签署鼓励中小企业融资》，《金融管理与研究》2012年第6期。
③ Joan MacLeod Heminway, "How Congress Killed Investment Crowdfunding: A Tale of Political Pressure Hasty Decisions, and Inexpert Judgments that Begs for A Happy Ending," *Kentucky Law Journal* 102, 2014, p. 865.

以厘清当投资人的净资产或年收入中有一项低于 10 万美元而另一项等于或高于 10 万美元的情况下如何适用的问题，《众筹条例》则将其明确为必须在投资人净资产和年收入均等于或高于 10 万美元时，才能使用更高一级的标准。其二，该条例在其权限范围内尽可能减少了治理成本。例如，在无合理理由质疑可靠性的情况下，允许中介机构信赖发行人和投资人的陈述。其三，该条例弥补了 JOBS 法案的缺陷和空白之处。例如，该条例要求众筹中介建立公平、开放交流渠道的规定，填补了 JOBS 法案中未要求中介机构在其平台上提供交流渠道的疏漏。[①]

（二）《统一虚拟货币经营监管法》

2017 年 7 月 19 日，美国全国统一州法委员会在其于加州圣地亚哥召开的 126 周年年会上通过了《统一虚拟货币经营监管法》(*Uniform Regulation of Virtual Currency Business Act*)。这是继纽约、加利福尼亚等制定虚拟货币专门州法后，美国按照统一州法委员会程序出台的针对虚拟货币的治理法案，标志着美国在虚拟货币业务治理上又前进了一大步。

该法案共七章，遵循《统一货币服务法》(*Uniform Money Service Act*) 立法模式，并在参考各州已经发布的相关法律的基础上制定。该法案主要包括对虚拟货币服务和产品供应商许可的申请和审批、消费者权益保护、网络安全、反洗钱和持续监管等内容。与近几年出台的其他关于虚拟货币业务的规则类似，《统一虚拟货币经营监管法》集中在对虚拟货币经营活动的治理上，涉及经营信息披露、储备金设立、网络安全、业务连续、灾后恢复、反欺诈、反洗钱和反恐怖等方面。值得一提的是，为了促进各州之间虚拟货币业务的和谐发展，减少不必要的成本支出，该法案第 204 条明确了各州之间的互惠原则，对于已在某个州取得虚拟货币业务许可的供应商可以简化其在另一个州申办相应证照的手

---

① Bradford, C. S., "The New Federal Crowdfunding Exemption: Promise Unfulfilled," *Securities Regulation Law Journal* 40 (1), 2012, p.27.

续。同时，对每年经营额少于 3.5 万美元的从业者创新性地规定了一种临时登记制度，通过"入口匝道"或"监管沙箱"的方式对其进行管理以实现鼓励创新和市场治理的双重目标。

二　多层次的治理体系

美国偏向由政府主导、政府监管与行业自律并行的治理模式。[①] 在政府监管方面，采用联邦与各州政府共同监督管理的"双线多头"治理模式。"双线"是指金融机构除了接受联邦一级机构的治理外，还需要接受州一级机构的治理[②]；"多头"是指无论是联邦一级还是州一级都设有数个金融安全治理机构，金融企业接受多家金融安全治理机构的安全治理。

美国属于混业经营下的分业治理，对金融科技安全没有专门的治理机构，而是由货币监理署（OCC）、美联储（FED）、联邦存款保险公司（FDIC）、联邦金融机构检查委员会（FFIFC）、证券交易委员会（SEC）等政府部门在其职责范围内对相应的金融科技业务进行安全治理。[③] 例如，联邦存款保险公司负责对第三方支付业务的安全治理；证券交易委员会负责对网络信贷业务和互联网理财业务的安全治理；美联储和货币监理署负责对网络银行的安全治理。[④] 除法定治理机构外，金融科技行业在美国还受到一些行业自律性机构和组织的管理，尽管这些行业自律规定仅针对相关协会会员有效且不具有强制性，但其对行业标准的设立以及相关技术的运用等的明确规定对金融科技的安全治理也起到了至关重要的作用。同时，在行业自律协会的作用下，金融科技机构和相关安全治理机构间能够实现更好的沟通和交流，消除信息不对称带来的失灵，构建平衡的金融科技生态环境。

---

① 辛路、吴晓光、陈欢：《从英美经验看互联网金融治理体系》，《上海金融》2016 年第 7 期。
② 于蔚、钱水土：《互联网金融监管的国际经验》，《中国金融》2015 年第 1 期。
③ 中国人民银行内江市中心支行课题组、罗红威：《互联网金融监管国际比较与启示》，《西南金融》2014 年第 9 期。
④ 年猛、王垚：《互联网金融：美国经验与启示》，《经济体制改革》2015 年第 3 期。

三　强大的市场化征信体系

早在 19 世纪中叶，美国就出现了征信业，并在经历了快速发展期、法律完善期、并购整合期以及成熟拓展期四个阶段后，逐步形成了市场主导型的私营征信机构模式。简言之，美国征信行业按照市场化方式运作，大多征信机构由私人或公司建立，独立于政府和中央银行，以营利为目的。① 这种市场化的运作方式在有效提高了效率和质量的同时，还增强了公众个人隐私保护的意识。专业分工、边界清晰、各司其职是美国征信市场的特点，并且整个征信体系又被细化为个人征信和机构征信，其中个人征信体系以 Experian、Trans Union 和 Equifax 三家全国性大型征信机构为代表，而机构征信则包含资本市场信用和普通企业信用两大类。② 强大的市场化征信体系使金融科技市场参与者能够透过互联网的虚拟面纱清晰地了解相应的真实资信情况，有效保障了金融科技投资者和金融科技消费者的资金安全。

四　健全的消费者权益保护体系

2010 年 7 月 21 日，随着《多德—弗兰克华尔街改革与消费者保护法案》（*Dodd-Frank Wall Street Reform and Consumer Protection Act*）的签署，美国监管当局对金融消费者权益的保护上升到了与金融体系改革同样重要的位置。该法案改变了美国传统上"多重监管、相互协调"的金融消费者保护格局，③ 而在美联储体系下增设消费者金融保护局（Consumer Financial Protection Bureau，CFPB）专门负责消费者权益保护相关法律的制定、监督和执行，其宗旨是保护消费者和投资者不受金

---

① 赵渊博：《互联网金融征信体系建设的国际经验与中国模式选择》，《征信》2018 年第 3 期。
② 《美国征信业研究分析》，中文互联网数据资讯网，http://www.199it.com/archives/299552.html，2022 年 11 月 21 日最后访问。
③ 巴曙松、杨彪：《第三方支付国际监管研究及借鉴》，《财政研究》2012 年第 4 期。

融市场中欺诈等不公平行为的损害。① CFPB 通过加强与美联储、联邦存款保险公司、货币监理署等职责机构间的合作，强化对金融消费者的保护。② 此外，在 CFPB 下设立专门负责金融知识教育的金融知识普及办公室（Office of Financial Literacy），在提升消费者金融知识水平的同时，还通过设立社区热线为金融消费者提供投诉渠道，处理相关金融纠纷。

此外，美国金融业监管局（Financial Industry Regulatory Authority，FINRA）在 2012 年 7 月 9 日出台了"2111 规则"（Rule 2111），替代了 1996 年由美国证券交易商协会（National Association of Securities Dealers，NASD）制定的"2310 规则"（Rule 2310）。"2111 规则"是 FINRA 适当性规则（Suitability Rule）的主要表现，其将客户适当性细化为合理基础上的适当性、具体客户的适当性和定量适当性三类。通过适当性规则的制定，美国建立了对金融消费者的分级保护制度，隔离了不合格金融消费者进入特定金融市场产生的风险，在保护金融消费者合法权益的同时，最大限度地实现了对金融科技创新的鼓励。

第二节　英国金融科技安全治理的经验

英国作为金融科技发展的前沿国家，P2P 网络借贷、互联网支付、股权众筹等在金融科技市场发展中均处于领先地位。在 P2P 网络借贷方面，真正商业意义上的网络借贷起源于英国，2005 年 2 月随着首个提供 P2P 网络借贷服务的金融科技公司 Zopa 在英国伦敦的成立，英国 P2P 网络借贷行业取得了跨越式增长。③ 在互联网支付方面，除了 PayP-

---

① 宋国良、方静姝：《互联网金融监管：靠自律还是靠政府——英、美两国的监管特点及对我国的启示》，《中国经济导报》2014 年 2 月 13 日，第 B08 版。

② 黎四奇：《〈多德—弗兰克华尔街改革和消费者保护法〉之透析及对中国的启示》，《暨南学报》（哲学社会科学版）2012 年第 10 期。

③ 范文仲等：《互联网金融理论、实践与监管》，中国金融出版社，2014，第 94 页。

al 外，创建于英国的 WorldPay 也是一家全球领先的支付业务运营商。在股权众筹方面，2011 年成立的 Crowdcube 是英国也是全球最早的股权众筹平台，该平台的设立为初创型、处于早期阶段和成长期的公司提供了资金募集渠道。随后，Seedrs 上线运营，开创了股权众筹"管家式"① 的服务模式。剑桥大学和独立慈善机构 Nesta 共同发布的《英国互联网金融发展现状及趋势报告》显示，自 2013 年以来，英国金融科技行业规模呈快速发展的趋势，并且金融科技的复杂性和多样性都在不断变化。② 英国金融科技市场规模稳定扩张的背后，是"双峰治理"模式、良好的行业自律和有效的制度设计的共同作用，这保证了金融科技在英国的良性发展。

一　审慎监管与行为监管并行的"双峰治理"模式

2008 年金融危机前，英国对金融科技安全实行集中治理，英国金融服务管理局（Financial Service Authority，FSA）承担安全治理的主要职责。发生金融危机后，英国对集中治理框架进行了反思，并对整个金融安全治理体制进行了全面的改革。英国在中央银行之下新设立金融政策委员会（Financial Policy Committee，FPC），主要负责宏观审慎监管，识别、监控和应对系统风险，并将 FSA 拆分为审慎监管局（Prudential Regulation Authority，PRA）和金融行为监管局（Financial Conduct Authority，FCA），分别履行本属于 FSA 的审慎监管职能和行为监管职能。其中，FCA 通过颁布相关监管办法有针对性地为金融科技安全治理确定行业标准和实施细则，对金融科技交易中的具体内容做出明确的规定以规范金融科技的行业秩序。同时，FCA 还引入公平

---

① "管家式"服务模式是指创业者将自己的融资项目发布在 Seedrs 网站上，通过审核的合格投资者选择合适的项目进行投资，并得到一定的股权。Seedrs 同时以代理人的名义帮助投资者进行融后项目的管理并获得现金收益。

② 《英国互联网金融发展现状及趋势报告》，搜狐网，http://www.sohu.com/a/110455934_355147，2022 年 11 月 22 日最后访问。

交易署作为第三方治理主体与行业协会共同完善金融科技的安全治理
体系。[①]

在 FPC 的指导下，PRA 和 FCA 两机构间相互协作，形成了审慎监
管与行为监管并行的"双峰治理"模式。[②] 在这一模式下，金融科技的
安全治理分工仍不以行业作为区分标准，而是按照目的的不同，从审慎
监管和行为监管两个不同的角度分别由 PRA 和 FCA 负责。因此，对创
新发展的金融科技新模式而言，只要明确其金融地位即可纳入"双峰
治理"模式，而无须准确界定其所属的金融科技领域。

二 良好的行业自律

一直以来，英国都奉行经济自由主义，与欧洲其他发达国家相比，
政府对经济发展的干预更少。在金融科技发展初期，英国主要通过行业
协会和公平贸易局（OFT）对金融科技实行自律约束。[③] 欧洲经济危机
后，英国政府强化了政府治理的作用，但良好的行业自律仍然为英国金
融科技的健康发展提供了有效的保障。

在网络借贷领域，与美国相比，尽管在行业规模和增长速度上英国
的网络借贷不如美国，但其行业自律发展较强。2011 年 8 月，英国最
主要的三家 P2P 借贷企业 Zopa、RateSetter 和 Funding Circle 发起成立了
英国 P2P 金融协会（Peer-to-Peer Finance Association，P2PFA）[④]，该协
会发挥了网络借贷行业准治理机构的重要作用，在国家法律的基础上
为 P2P 网络借贷行业提供了自律规范。2012 年 6 月，P2PFA 推出了世
界首个 P2P 网络借贷自律性文件——《运营准则（2012）》。该准则共

---

① 李琳璐：《国外互联网金融监管对我国的启示》，《财会通讯》2017 年第 36 期。
② 中国人民银行金融稳定局赴英考察团：《英国金融监管改革及启示》，《金融发展评论》
　2013 年第 10 期。
③ 王建文、奚方颖：《我国网络金融监管制度：现存问题、域外经验与完善方案》，《法学评
　论》2014 年第 6 期。
④ 张芬、吴江：《国外互联网金融的监管经验及对我国的启示》，《金融与经济》2013 年第 11 期。

九条内容，在 P2P 网络借贷平台最低运营金额、高级管理人员、客户资金分离、信息技术系统和平台退出等方面做出了明确的规定，[①] 对规范整个网络借贷行业和保护金融科技消费者权益起到了重要作用。2015年 6 月，P2PFA 在修订《运营准则（2012）》的基础上推出了《运营准则（2015）》，规定了 P2P 网络借贷行业的六条高级准则以及透明性、平台风险管理、公司治理、运营数据报告、保留和免责声明五项具体准则。[②] 2017 年 11 月，P2PFA 再次推出《运营准则（2017）》，提出了能力、诚信、公正和透明度四项高级准则。在众筹领域，12 家众筹公司于 2012 年发起成立了众筹协会，并推出了与众筹行业相关的行为准则，通过设定平台最低资本额、进行信用评级与信息安全管理等措施，保护出资人的权利，促进众筹行业的良性发展。[③]

三　金融服务补偿计划

2001 年，在《金融服务与市场法案》的指导下，FSA 推行了金融服务补偿计划（Financial Services Compensation Scheme，FSCS），该计划由金融服务补偿计划有限责任公司负责实施，保障范围涉及存款、保险和投资等各个领域，[④] 形成了英国整个金融行业客户权益保护的最后屏障。FSCS 采取强制保险的方式，其成员单位包括所有接受 PRA 或 FCA 监管的金融机构。当 FSCS 中任一成员单位出现问题并面临破产时，将会由 FSCS 对相关参与者做出赔偿，赔偿金额高达 8.5 万英镑，从而全面保障了客户的资金安全。

---

① 邓建鹏、黄震：《互联网金融的软法治理：问题和路径》，《金融监管研究》2016 年第 1 期。
② 卜亚、印梦婷：《P2P 网络借贷行业自律：理论模型与跨国经验》，《金融监管研究》2018 年第 8 期。
③ 陈胜、方婧姝：《互联网金融监管寻路——借鉴英国发展经验》，《金融时报》2013 年 11 月 11 日，第 12 版。
④ 郭宏宇：《维护金融稳定和公共信心的全面补偿机制——英国存款保险制度述评》，《银行家》2015 年第 1 期。

四 完善的社会信用体系

英国作为一个典型的征信国家,其拥有完善的信用管理体系,形成了独立、公正且市场化运作的征信服务主体,信用市场总体规模仅次于美国,居全球第二。英国的征信机构均为私营模式,根据征信机构与私人机构之间的关系又可以将英国的征信机构分为独立型征信机构和互助型征信机构。[①] 其中,独立型征信机构是指征信机构与主要信息提供者共同建立一个类似协会的组织,组织内的信息共享类型及方式由成员单位讨论决定,并只对组织成员单位开放相关信息。[②] 而互助型征信机构是指信息提供者既是该类征信机构的投资者又是客户。英国最大的征信服务机构 Experia 就属于独立型征信机构,Experia 建立了一个庞大的信息中心,采用计算机网络信息技术对相关信息进行集中处理、备份,并按月更新相关数据。在金融科技领域,各金融科技公司通过与信用咨询机构合作的方式获得信用等级评定,并公开披露相关交易数据,定期更新公司运营信息,同时向相关治理机构汇报。[③]

五 "监管沙箱"制度

2016 年,FCA 创新性地将"沙箱"概念引入金融科技安全治理领域,正式启动了"监管沙箱"(regulatory sandbox)制度。首先,金融科技企业向 FCA 提出监管沙箱测试申请,FCA 根据金融科技企业的规模、产品、创新能力以及对社会的效用等方面对申请进行筛选;其次,FCA 为选定的金融科技企业匹配提供合适的消费者,同时要求提供产品或服务的金融科技企业一同制订金融科技消费者保护计划,如风险

---

① 浙江省信用办:《英国、瑞士信用体系建设对浙江的启示》,《浙江经济》2015 年第 21 期。
② 唐明琴:《征信机构建设的国际经验及其启示》,《重庆社会科学》2012 年第 10 期。
③ 王建文、奚方颖:《我国网络金融监管制度:现存问题、域外经验与完善方案》,《法学评论》2014 年第 6 期。

发生后的消费者赔偿制度等；最后，在筛选条件合格的情况下，金融科技企业向金融科技消费者提供测试的产品或服务，在"监管沙箱"中进行规定期限的监管测试，测试期一般持续三个月至半年，测试内容包括客户数量、客户选择、客户权益保护、信息披露、测试计划等。参与"监管沙箱"测试的金融科技消费者与普通金融科技消费者一样，受到金融服务补偿计划和金融申诉服务的保护。[①]

"监管沙箱"制度为金融科技安全治理提供了安全的"监管实验区"。该实验区模拟出真实的市场运营环境，FCA 通过对产品或服务的市场反应、适用范围、风险测试结果等进行全程监控并出具相应的书面报告，最终判定金融科技企业提供的此类产品或服务是否能被授予经营许可证。在整个测试过程中，FCA 也会根据测试结果随时进行金融科技安全治理政策的制定、修改及完善。

第三节 日本金融科技安全治理的经验

与美国不同，日本的金融科技发展依循集团化模式，在网络企业的主导下形成了以日本最大的电子商务平台乐天（Rakuten）为代表的涵盖银行、保险、券商等全金融服务的金融科技企业集团。[②] 1997 年成立的乐天公司最初是一家电子商务公司，2003 年其通过收购建立了乐天证券，开始进入金融科技行业。利用规模庞大的电商客户群，乐天证券于建立当年便晋升为日本开户数排第三的券商。乐天证券业务范围涵盖股票、信托、债权、期货以及外汇等。2009 年，乐天收购 eBANK 并将其更名为乐天银行，经过快速的发展乐天银行已成为日本最大的网

---

① 叶文辉：《英国"监管沙箱"的运作机制及对我国互联网金融监管的启示》，《征信》2017年第 4 期。

② 李加宁、李丰也：《世界主要国家互联网金融发展情况与监管现状》，http://www.csrc.gov.cn/pub/newsite/yjzx/sjdjt/cxywyj/201505/t20150514_276926.html，2022 年 11 月 27 日最后访问。

络银行。作为网络公司主导金融科技变革的典型，一体化的治理模式、有针对性的法律政策和完善的信用信息共享机制为日本整个金融科技行业的健康发展奠定了坚实的基础。

一　一体化的治理模式

日本对金融科技采取的是高度集中的治理体制，将金融业作为统一的整体进行安全治理，而日本金融厅则是日本金融业最高的、全能的金融安全治理机构。日本金融厅下设立总务企划局、检查局和监督局 3 个职能部门，并成立了金融审议会、证券交易监督委员会等 6 个专门委员会，这 6 个专门委员会独立或与相关专业部门共同负责对银行业、证券业、保险业和信托业等整个金融市场的安全治理工作。其一，在银行业方面，日本金融厅直接负责对大型银行的金融风险进行检查，同时辅以特别成立灵活机动的专业检查组进行深入检查；其二，在保险业方面，日本金融厅直接检查保险公司的业务情况、法律遵守情况以及风险管理状况等；其三，在证券业方面，日本金融厅主要负责检查较大证券公司的自有资本比率是否达标，其下设的证券交易监督委员会则负责对证券交易的公平、公开、公正进行监督。总之，日本金融厅对金融科技既实施科学的治理，也给予其公平合理的发展空间。

二　有针对性的法律政策

《银行法》、《证券法》、《保险法》和《信托法》是日本国会在金融安全治理方面的主要法律，随着金融科技的不断发展，日本在国会所立上位法的基础上，有针对性地出台了规范新兴金融产品或服务的法律政策，包括《金融商品销售法》、《金融商品交易法》和《地下金融对策法》等在内的相关法律作为日本开展金融科技安全治理的主要法律依据。其中，《金融商品销售法》打破了传统行业立法模式，不再以金融主体和具体业务为界限，而是从消费者角度确立了金融商品销售领域消费者保护的三大支柱规范。《金融商品交易法》为新兴金融科技业态产品或服务的安全治理提供了法律依据，有效完善了投资者保护制度。《地下金融对策法》则主要针对民间金融公司的借贷活动进行规范。上述有针对性的法律与日本现有的金融监管法律形成了其完善的金融科技安全治理法律环境。

以股权众筹为例，2013 年 12 月 25 日，日本金融审议会在经过 6 个月的审议之后公布了《金融审议会针对新创企业和成长企业的风险资本供应现状等的相关工作组（Working Group）报告》，提出了对股权众筹进行解禁的提案，明确了股权众筹的合法性。该报告界定和说明了众筹的基本概念，并根据回报方式的不同将众筹划分为"购买型众筹"、"捐赠型众筹"和"投资型众筹"，而"投资型众筹"就是《金融商品交易法》的监管对象。随后，2014 年 3 月，《金融商品交易法等部分修改法案》被正式提交至日本国会，更细致地完善了股权众筹的行业规范，例如，设定了众筹平台的融资限额、区分了受信投资者与非受信投资者、制定了冷静期制度等。日本一系列与股权众筹相关的有针对性的法律政策的出台或修订为股权众筹在日本的发展提供了良好的法律环境，在一定程度上促进了股权众筹行业在日本的规模发展。

三　完善的信用信息共享机制

会员制是日本征信信用信息共享的制度设计，无论是个人征信机构还是企业征信机构的信用信息共享机制均是会员制，但二者存在一定的区别。完善的信用信息共享机制为日本建立了良好的征信体系，为金融科技在日本的健康发展提供了基础保障。[1]

---

[1] 苏志伟、李小林：《世界主要国家和地区征信体系发展模式与实践：对中国征信体系建设的反思》，经济科学出版社，2014，第 70~74 页。

日本个人征信业主要由 JICC、CIC、PCIC 三家个人征信机构主导，会员制是日本个人征信机构信用信息共享的机制，主要是指个人征信机构的信用信息服务仅对会员开放，并且一旦成为个人征信机构的会员就必须履行提供信用信息的义务。会员制模式实现了信用信息在会员单位间的局部流转，为了实现信用信息在个人征信机构间的共享，早在 1987 年，JICC、CIC、PCIC 自发组建了信用信息网络（Credit Information Network，CRIN）用于这三家征信机构间的信用信息共享。随后，2010 年在日本政府的推动下，JICC 和 CIC 搭建组成了金融信息网络（Financial Information Network，FINE），共享包括个人基本信息、余额信息、贷款金额和延迟支付等在内的信用信息。可见，FINE 和 CRIN 的搭建为信用信息在征信机构间的共享提供了高效安全的渠道，这种微观与宏观兼顾的信用信息共享机制在全球范围内都是独树一帜的。[1]

日本企业征信业形成了以 TDB 和 TSR 为龙头企业的寡头垄断格局。与日本个人征信业相比，企业征信业会员制有着本质的区别，这主要是因为日本企业征信业的会员机制只是一种经营策略，而与信用信息共享无关，企业征信机构的征信服务并非只提供给会员单位，也可以通过缴纳非会员费用的方式获得。这也使日本企业征信业形成了有别于个人征信业的信用调查机制，主要是指 TDB、TSR 等企业征信机构中信用信息由调查、收集获得，而不再来源于会员单位的信用信息登记，这种变被动为主动的信用信息获取方式能够更有效地保证信用信息的客观公正性。

同时，日本政府还致力于政务信息公开制度的构建。1999 年建立的政府信息公开制度，对不同类别的信息做出了不同程度的公开要求。2001 年，为了迎合征信市场的发展需要，日本政府为公众免费公开企业登记、企业个人纳税、破产申请等公共信息，[2] 大大降低了征信机构

---

① 池凤彬、刘力臻：《日本征信业的历史沿革及运营机制分析》，《现代日本经济》2018 年第 5 期。

② 孙红、金兵兵：《日本征信市场的特点及启示》，《征信》2015 年第 6 期。

收集信息的成本，极大地推动了日本征信行业的发展，也为金融科技的健康发展奠定了坚实的基础。

第四节　域外金融科技安全治理经验对中国的启示

金融行业的发展是一国经济发展的重要组成部分，在金融科技迅速发展的当下，世界各国对金融科技的安全治理均十分重视。目前，虽然发达国家与中国存在不同的政治制度、法律体系以及文化背景，但是因其金融科技起步早、发展快，一些积极的经验仍值得中国学习借鉴。当然，照搬发达国家的治理经验是不可取的，中国应结合实际情况，探索出一种适合自身金融发展的具有"中国特色"的金融科技安全治理机制。我们将域外金融科技安全治理经验对中国的启示归纳为以下几点。

一　有效的模式选择是金融科技安全治理的内在需要

对金融科技的安全治理首先应确定相应的治理模式，这是金融科技安全治理的内在需要。实践表明，不同的国家通常根据各自的国情实施不同的治理模式，例如，美国实行联邦和各州政府共同监督管理的"双线多头"治理模式，英国实行审慎监管与行为监管并行的"双峰治理"模式，而日本则实行一体化的治理模式。随着金融科技在中国的快速发展，现行的分业治理模式能否适应金融科技的逐渐混业化发展趋势是金融科技安全治理过程中需要解决的首要问题。因此，构建金融科技安全治理机制需要根据中国金融科技市场的实际情况，及时明确有效的模式选择。

二　完善的法律法规体系是金融科技安全治理的依据

面对金融科技创新的蓬勃发展，法律法规体系的完善是风险防范的客观依据。比如：美国将金融科技纳入现有的金融体系中，根据金融科技的创新发展调整或扩充现有的法律法规框架以适应金融科技市场的变化；日本则是在国会所立上位法的基础上有针对性地出台了规范金融科技产品或服务的法律法规，包括《金融商品销售法》、《金融商品交易法》和《地下金融对策法》等。尽管各国在构建金融科技安全治理法律法规体系的过程中各有侧重，但其主旨都是有效规避金融科技发展过程中的法律政策风险。根据域外经验，中国金融科技的安全治理也应当根据金融科技的发展规律，及时构建和完善相关法律法规体系，通过立法、补充细则等手段弥补中国金融科技安全治理相关法律法规数量大但位阶不高、难兼容且易滞后等不足，明确金融科技新业态的合法地位，确立金融科技安全治理的法律依据。

三 强大的社会信用体系是金融科技安全治理的基础

美国和英国的征信公司大多以营利为目的，实行市场化运作，这种市场化的运作方式一方面有效提高了信用评价的效率和质量，另一方面也增强了公众个人隐私保护的意识。而日本采用会员制信用信息共享的制度设计，有效保证了信用信息的客观公正性。换言之，完善的社会信用体系给金融科技市场提供准确信用信息的同时，也实现了金融科技市场中各参与主体间的信息对称。可以说，无论是在金融科技发展较早、较快的欧美国家还是在网络公司主导金融科技变革的日本，强大的社会信用体系都是其金融科技安全治理的基石。目前，中国尚未实现统一的信用评价机制，各个独立市场主体的信用评级机构分别对个人、企业以及金融科技机构等市场主体进行信用评级，中国人民银行的征信系统也没有与金融科技机构实现对接。在这一背景下，形成由政府出面建立的集政府数据、金融数据和商业数据于一体的混合信用信息数据库迫在眉睫，建立强大的社会信用体系也势在必行。

四　健全的消费者权益保护是金融科技安全治理的出发点

从域外金融科技安全治理的经验来看，美国将金融消费者的权益保护与金融体系的改革放在同样重要的位置，并设立了专门负责金融消费者权益保护立法、监管和执行的消费者金融保护局，同时通过金融消费者分级制度的建立实现了对金融消费者权益的保护和对金融创新的鼓励。可见，美国非常重视对金融科技消费者权益的保护，可以说，金融科技的安全治理是以保护金融科技消费者的合法权益为根本出发点的。借鉴美国经验，在金融科技的安全治理中，中国应该从消费者权益保护的角度出发，健全金融科技消费者权益保护相关立法及制度，包括金融科技消费者分级制度的建立、安全教育机制的强化以及投诉维权渠道的设立等，在实现金融科技消费者权益保护的基础上促进金融科技的健康发展。

五　高效的制度设计是金融科技安全治理的实现路径

相关域外经验表明，对金融科技的风险防控及安全治理，除了需要完善相关法律法规体系外，还应注重制度设计在金融科技安全治理中的作用。以英国为例，英国通过设计金融服务补偿计划、"监管沙箱"制度等一系列制度以保障金融科技创新发展，有效实现了金融科技的安全治理。与英国相比，中国金融科技安全治理的机制构建总体来看比较宽松，缺乏高效的制度设计。考虑到中国金融科技创新速度快而中国相关法律法规又相对滞后的现实，加强中国金融科技的安全治理，需要从制度设计入手，在事前预防、事中处理和事后救济三个阶段构建不同的制度体系，切实保障金融科技安全治理机制的高效实施。

第五章

中国金融科技安全治理机制的模式选择

第一节 单一中心治理模式和多中心治理模式的选择

一 多中心治理视角下的金融科技安全治理

（一）金融科技的社会性特征与单一中心治理的矛盾

金融科技的社会性特征主要表现在以下两个方面。一是金融科技本身的社会性，金融科技作为金融与互联网信息技术的有机结合，金融本身较强的外部性特征和同样具有外部性特征的互联网相叠加，更大程度地放大了金融科技的社会性表现。[①] 最显著的体现就是金融科技的普惠性，大幅提升了金融参与度，而大众的广泛参与又成为金融科技自身发展的重要推动力，让更多人成为金融科技的受益群体。二是金融科技风险的社会网络性，在金融科技发展不断创新、金融服务深入人们日常生活的同时，虚假信息、信用危机、金融诈骗等问题给金融科技带来了新的风险，并且这些风险在一定社会网络中集聚、扩散。金融科技风险的社会网络性加速了各类风险之间的转化和传染，其形成与社会放

[①] 贾圣林：《真正有生命力的互联网金融是什么样的?》，《IMI 研究动态》2016 年第 26 期。

大明显地表现为发生系统性风险的危险增大。①

金融科技的社会性表现，使金融科技安全治理对象呈现多元化发展趋势，这对金融科技安全治理提出了更高要求。而与治理对象"多中心"性质相悖的是，中国金融科技安全治理实际上是以政府部门为主体的单一中心治理模式，无论是国家层面的中国银保监会（后发展成为国家金融监督管理总局）、中国证监会还是地方层面的各省市金融监管局，其实质都是隶属于一元化下的各行政分支。② 在实践中，单一中心治理模式常常表现为"自上而下"的政府法治治理，而这种单纯的法律革新治理模式难以对金融科技风险的社会特性做出积极、正确的应对。而在多中心治理模式下，强调治理主体中社会力量的重要性，各社会治理主体与政府拥有平等地位，社会自我管治和政府依法治理同样重要，多治理主体在信任的基础上展开全方位合作，最终形成社会多元主体参与、多种治理方式并行的金融科技安全多维治理模式。

（二）单一中心治理模式的不足

第一，安全治理资源有限。金融科技的安全问题产生于金融科技交易过程的各个环节。中国金融科技在发展过程中，呈现出"准入门槛低""从业人员素质参差不齐"等特点。基于成本效益等因素的考量，金融科技安全治理的执法资源不可能被无限扩张，单靠政府的单一力量很难做到有效治理，最终导致中国金融科技的风险源呈现点状、面状、链状的现象，同时相关责任主体呈分散化、碎片化的特点，安全治理难度加大。

第二，安全治理效率低下。中国金融科技安全治理机构具有层级设置、区域划分的特征。以中国证监会为例，按照《中华人民共和国证

---

① 许多奇：《互联网金融风险的社会特性与监管创新》，《法学研究》2018 年第 5 期。
② 夏蜀：《平台金融：自组织与治理逻辑转换》，《财政研究》2019 年第 5 期。

券法（2014 修正）》第七条①的规定，中国证监会在各省份和计划单列市设立了 36 个证券监管局，这种层级设置模式在实践中易导致信息传递效率低下、政策执行不及时、领导协调难度大等问题。同时，各省份和计划单列市各自设立证券监管局的区域划分模式也难以保证政策实施过程中的治理效果。

第三，安全治理责任不确定。金融科技安全治理现行的各治理主体主要以行政部门方式存在，各治理部门在相关治理责任的承担上具有浓厚的行政化色彩，并且现行的法律法规并没有明确的关于行政不作为责任的规定。可见，在权威性、实效性和操作性均存在缺陷的情况下，各治理主体难以对金融科技安全治理责任进行明确的划分。

（三）多中心治理模式在金融科技安全治理中的适用

1951 年，英国学者迈克尔·博兰尼提出"多中心"（polycentricity）的概念，并指出，社会中的自发秩序体系通常是通过体系内多中心性要素相互协调来实现的，而不是通过共同性团体有意完成的。② 20 世纪 70年代，美国学者埃莉诺·奥斯特罗姆将"多中心"概念引入公共治理领域，创建了"多中心治理理论"，明确了政府、市场和社会的分权治理对"囚徒困境""公地悲剧"等问题的治理效用。③ 多中心治理模式在"多中心理论"的基础上发展而来，主要是指对社会公共事务的治理不能仅仅依赖单一的治理主体，而应该由多个社会治理主体共同参与使公共事务得到合理有效的解决，使各方利益均得到保障。④ 在金融

---

① 《中华人民共和国证券法（2014 修正）》第七条："国务院证券监督管理机构依法对全国证券市场实行集中统一监督管理。国务院证券监督管理机构根据需要可以设立派出机构，按照授权履行监督管理职责。"

② 〔英〕迈克尔·博兰尼：《自由的逻辑》，冯银江、李雪茹译，吉林人民出版社，2011，第160 ~ 171 页。

③ 〔美〕埃莉诺·奥斯特罗姆：《公共事物的治理之道：集体行动制度的演进》，余逊达、陈旭东译，上海译文出版社，2012，第 216 ~ 248 页。

④ 熊光清、熊健坤：《多中心协同治理模式：一种具备操作性的治理方案》，《中国人民大学学报》2018 年第 3 期。

科技领域，多中心治理模式主要包括政府、社会、行业和平台四个中心，从四个不同的维度为金融科技的安全治理保驾护航。

第一，政府监管为金融科技安全治理提供了保障。为有效控制风险发生的概率和保障金融科技的创新发展，政府常常通过出台一系列政策措施的方式为金融科技的安全治理保驾护航。无论是在金融科技风险的防范、金融科技体系稳健运行的维护方面，还是在金融科技消费者权益的保护方面，政府监管都起到了保障性作用。①

第二，社会共治为金融科技安全治理提供了支撑。金融科技消费者和金融科技机构是金融科技行业的重要利益相关者。对于金融科技消费者而言，一旦在行业运行过程中发生恶性事件，其利益极易受到侵害。如何保障金融科技消费者的合法权益不仅需要法律法规的明确规定，还需要完善的投诉举报机制。对于金融科技机构而言，相关社会中介机构利用其专业优势在为金融科技机构搭建信息共享类平台的同时，也有效地对金融科技机构进行了专业的监督管理，形成了金融科技安全治理的社会性力量。

第三，行业自律为金融科技安全治理提供了主导性力量。金融科技的创新发展导致原有的业务边界逐渐模糊。这种创新是否合规需要监管层及时给出明确的答复，而这对处于金融科技行业外的监督者而言是较为困难的。弄清楚业务创新的合规性，需要金融科技行业内部人士通过识别风险损害来判断。因此，行业自律使金融科技行业的被治理者同时也成为治理者，更能按照金融科技行业的发展规律制定规则，保障金融科技的有序发展。

第四，平台自控作为一种内生力量为金融科技安全治理提供了重要基础。金融科技平台在业务边界内开展业务，其合规运营能够有效控制和减缓风险积累的可能性。换言之，平台自控作为一种内生化力量，其积极主动地防控风险是金融科技安全治理的重要基础。

---

① 欧阳日辉：《互联网金融治理：规范、创新与发展》，经济科学出版社，2017，第110～111页。

二 不同中心治理对金融科技安全影响的理论分析

通常认为，在金融科技的安全治理中，形成了政府、市场和社会三个不同的治理中心，政府主要通过法治政府的建设来影响金融科技安全的程度，而市场和社会主要通过金融生态环境的建设影响金融科技安全的程度。

（一）法治政府建设对金融科技安全的贡献

第一，法治政府建设通过完善相关法律和监管体系，弥补法律空白，打击金融科技违法行为，进而达到增强金融科技安全的效果。按照现代经济理论，"理性经济人"会在道德收益[①]和欺骗收益[②]之间抉择，当道德收益小于欺骗收益时，就容易产生道德风险。[③] 这种风险通常表现为做出一些明知有风险或可能存在非法金融活动的行为，由此造成监管套利现象的发生。正是由于这种道德风险的存在，亟须完善相关法律制度以规避欺骗收益的产生。法治政府的建设保障了金融法治化进程，有效打击了金融违法犯罪行为，对金融科技安全的提升起到了很大的作用。

第二，法治政府建设通过规范金融科技行业运行，在防止权力滥用的基础上促进金融科技市场的安全稳定。一方面，金融科技机构组织方面的规范缺失，导致金融科技机构组织长期法外运行，这不利于金融科技的发展，同样对金融科技安全也会产生不利的影响。另一方面，法律法规的不完善，出现金融科技监管机构随意行使权力的现象，使得权力得不到有效约束，靠政策、靠文件随意行使权力的情况时有发生。[④] 法

---

① 道德收益是指因诚实守信获得投资者信任从而为未来带来持续长期的收益，这里主要是指在互联网金融交易中，因遵守相关法律政策、诚实守信而得到对方认可从而给自身带来的收益。

② 欺骗收益是指通过欺骗手段得到的免遭法律惩罚的个人收益，这里主要是指在互联网金融交易中，在法律法规空白等疏于规制的领域，采取欺骗手段而获得的个人收益。

③ 唐庆国：《金融安全、公信力和中国证券市场》，《管理世界》2002 年第 12 期。

④ 胡滨、全先银：《法治视野下的中国金融发展——中国金融法治化进程、问题与展望》，《财贸经济》2009 年第 5 期。

治政府以完善金融科技相关法律规范为依托，从制度层面上明确了金融科技行业运行的规范框架，为金融科技机构法律地位的明确、金融科技监管机构职责权统一的实现提供了有效的法律支撑，在保障权力规范使用的基础上，最大限度地为金融科技安全的实现提供了支持。

第三，法治政府建设通过维护金融科技消费者合法权益，依法解决金融科技交易中的代理问题，从而提升金融科技安全。信息不对称导致金融科技消费者能力有限，难以形成对金融科技机构的有效监督和约束，代理问题成为金融科技机构与金融科技消费者之间的主要问题。在金融科技市场中，金融科技机构作为金融科技消费者的代理人与金融科技消费者之间往往存在利益差异，其为了自身利益的实现，往往会做出损害委托人利益的行为。如何解决上述代理问题，使金融科技消费者的合法权益得到有效的保护？金融科技法律制度体系的构建就显得尤为重要。法治政府的建设为金融科技消费者权益的保护提供了法律支撑，有效解决了金融科技消费者与金融科技机构之间的代理问题，从而促进了金融科技安全稳定的发展。

第四，法治政府建设通过拓宽金融科技纠纷解决渠道，为金融科技的安全稳定发展提供保障。一方面，司法作为解决纠纷的手段，金融科技相关纠纷却常常因为司法体制本身的原因而未能得到解决。[1] 另一方面，即使诉讼、调解、仲裁等传统的纠纷解决方式在一定程度上对金融科技纠纷的解决起到了作用，但诉讼程序的复杂化、调解组织的局限性以及仲裁机构的高费用，都使传统的纠纷解决方式难以适应以"大批量、小金额"为特点的金融科技纠纷，特别是金融科技消费纠纷。[2] 现代社会，司法作为社会公正的最后一道防线，若其失真将使社会失去最

---

[1] 胡滨、全先银：《法治视野下的中国金融发展——中国金融法治化进程、问题与展望》，《财贸经济》2009 年第 5 期。

[2] 李丹：《以法治维护金融稳定——访全国人大代表、人民银行南京分行行长郭新明》，《中国金融家》2019 年第 3 期。

基本的公正，金融科技的稳定与安全问题也会岌岌可危。法治政府的建设为金融科技纠纷的解决开创了不少独特的模式，例如成立专门的金融科技消费纠纷调解仲裁委员会等，一系列举措都为金融科技的安全稳定发展提供了必要的保障。

中国的社会治理模式具有典型的国家法依赖症。[①] 国家法范式作为一种以国家为法制化轴心的法范式，坚持法规范的国家性，通过构建一种对抗性的主体关系，实现以强制性为导向的法秩序。[②] 这种由国家主导、政府推进的法治建设，往往会在初期表现出显著的效果，加速了中国的法治化进程。但随着社会的多元化发展，特别是科学技术的不断创新，这种以政府为核心的法治建设模式会面临诸多挑战。因此，在金融科技领域，政府法治化程度的持续加深，是否能够给金融科技安全治理带来持续正向的影响作用，也是本书关注的一个重点。目前，金融科技仍处于不断发展的阶段，其模式和业态还未完全定型，此时如果仅仅依靠国家法规制金融科技行业，就可能导致与实际情况不相符的"硬伤"，无法产生应有的预期效果。[③] 与国家法相比，其他社会规范治理更加灵活，修改程序也更加简便，而国家法由于其稳定性的要求不能频繁进行修改补充，且其修改程序复杂。某种程度上，其他社会规范治理的灵活性能够弥补国家法的不足，消除单一国家法治理产生的负面因素。基于此，有学者指出，国家法与其他社会规范治理相结合的新型治理模式可以使两者形成良性互动。[④]

（二）金融生态环境发展对金融科技安全的改善

金融生态是一个具有包容性的概念，金融部门自身和金融生态环境

---

① 邓建鹏、黄震：《互联网金融的软法治理：问题和路径》，《金融监管研究》2016 年第 1 期。
② 罗豪才、宋功德：《软法亦法——公共治理呼唤软法之治》，法律出版社，2009，第 12 页。
③ 邓建鹏、黄震：《互联网金融的软法治理：问题和路径》，《金融监管研究》2016 年第 1 期。
④ 姜明安：《软法的兴起与软法之治》，《中国法学》2006 年第 2 期。

是影响金融风险形成的两大类原因。① 金融科技的安全发展不仅依赖于金融科技产业本身，还与社会经济发展的各个方面息息相关。我们将金融科技发展的外部环境统称为金融生态环境，是一种宏观层面的金融环境，主要指与金融科技行业生存、发展具有互动关系的社会、自然因素的总和，包括政治、经济、文化、地理、人口等一切与金融科技行业相互影响、相互作用的方面。金融生态环境对金融科技安全的影响作用主要表现在以下几个方面。

第一，金融生态环境发展通过构建良好的社会信用体系，促进金融科技机构的健康发展，从而增强金融科技安全。在现代社会中，"信用"一词渗透到社会经济生活的方方面面。经济学上，信用主要是指一种建立在授信人对受信人偿付承诺的信任的基础上，使受信人无须付现即可获得商品服务的能力。② 社会信用体系的不健全将对预期经济行为产生不确定性影响，以虚拟网络为基点的金融科技的不确定性期望也会得到加强，同时，信用关系的破坏，使信用在市场经济中的调节、再分配等作用难以发挥，从而导致经济发展成本增加，不利于金融科技安全治理的正常运作。此外，企业信用观念也较为滞后，严重破坏了中国的国际形象，对中国企业的国际竞争力产生了负面影响，制约了中国金融科技的世界一体化发展进程。总之，信用作为市场经济的根本，良好的社会信用环境是金融科技机构健康发展、金融科技行业安全运行的前提与保障。而社会信用环境发展作为金融生态环境建设的重要部分，在金融生态环境建设的起步阶段，始终以整治信用环境为导向；在金融生态环境建设的推进阶段，坚持以社会信用体系的完善作为重点内容。③ 金融生态环境通过构建良好的社会信用体系，为金融科技安全的持续增强提供了信用基础。

---

① 李扬、王国刚、刘煜辉主编《中国城市金融生态环境评价》，人民出版社，2005，第 4 页。
② 李军：《解读金融安全和信用建设良性互动的奥秘》，《现代经济探讨》2002 年第 10 期。
③ 缪曼聪：《以创建金融安全区为切入点着力改善金融生态环境》，《中国金融》2005 年第 15 期。

第二，金融生态环境发展通过改善人才生活环境，汇集吸引金融科技人才，增强城市金融科技竞争力，促进金融科技的健康稳定发展。2018 年，习近平总书记在参加全国人大广东代表团审议时强调："发展是第一要务，人才是第一资源，创新是第一动力。"① 在金融全球化的时代，人才被定位为第一资源，人才、知识、技术、市场和利润之间形成良性转换互动，金融人才的培育关系着中国在国际金融秩序中的话语权。根据 SNL 金融信息公司于 2015 年公布的世界十大银行排名，前五名中，中国银行占据四席。② 然而，直至 2022 年 6 月，国际清算银行才迎来该行 92 年历史上第一位来自中国的高管。③ 正是由于中国金融人才在制定国际准则中的话语权缺失，中国不得不将国内标准设置在国际标准之上以避免国际社会的质疑，但这给中国金融行业带来了额外的压力，并不利于中国金融市场的健康发展。基于此，金融生态环境建设通过在教育、文化、医疗等方面为金融科技人才创造良好的人才环境，真正发挥"重视人才、靠人才引领创新发展、聚天才英才、深化人才改革"④ 的人才第一资源潜力，达到增强城市金融科技竞争力的效果，为金融科技安全稳定健康发展提供人才保障。

第三，金融生态环境发展通过优化营商环境，推进金融科技的完善发展，从而提升金融科技的安全指数。所谓营商环境是指市场主体在进入、经营、退出等过程中涉及的政务、市场、法治、人文等外部环境因素的总和。随着以简化行政审批、取消前置证明等为特征的营商环境的不断优化，企业寻租行为得到了有效抑制，企业能够基于市场需求开展

---

① 《习近平强调人才是第一资源 专家解读四重含义》，中国青年网，http://news. youth. cn/sz/201803/t20180319_11519900. htm，2022 年 10 月 16 日访问。

② 《SNL 金融信息公司排名：中国四大银行跻身世界前五》，新华网，http://www. xinhua-net. com/world/2015 - 08/07/c_128104185. htm，2022 年 10 月 16 日访问。

③ 《张涛出任国际清算银行亚太区首代 成为首位来自中国的高管》，财新网，https://finance. caixin. com/2022 - 06 - 01/101893293. html，2024 年 2 月 8 日最后访问。

④ 《习近平强调人才是第一资源 专家解读四重含义》，百度百家号，https://baijiahao. baidu. com/s？id = 1595348509775260567&wfr = spider&for = pc，2024 年 2 月 8 日最后访问。

市场创新活动。[①] 同时，由于政府干预力度的减弱，企业创新所耗费的成本将逐渐下降，生产要素的利用效率也会逐渐提高。[②] 金融科技市场中，优良的营商环境同样可以促使金融科技机构寻租现象的减少和金融科技市场创新活动的增多，这都将有利于金融科技安全系数的提高。金融生态环境建设的另一个重要部分就是营商环境的优化，金融生态环境发展通过优化金融科技市场营商环境，不断推进金融科技的健康发展，为金融科技的稳定安全提供了优良的商业环境。

三 两种模式下对金融科技安全指数影响的实证分析

基于上述理论分析，可以将政府通过法治化建设影响金融科技安全指数的模式视为单一中心治理模式，而将政府、市场和社会共同参与金融科技安全治理的模式认定为多中心治理模式。因此，研究法治政府指数和金融生态环境指数对金融科技安全治理的影响，可以厘清单一中心治理模式和多中心治理模式的选择问题。

（一）模型建立与数据来源

1. 模型建立

本书以 2013～2017 年各省份的金融科技安全指数为被解释变量，以 2013～2017 年各省份的法治政府指数和金融生态环境指数为解释变量，利用全国 23 个省级面板数据评估分析金融科技安全的影响因素，探讨单一中心模式与多中心模式选择的实证结果。综上所述，本书设定了以下模型形式：

$$IFS_{it} = \alpha_0 + \alpha_1 GoL + \alpha_2 GoL^2 + \alpha_3 EoF + \mu_{it} \tag{1}$$

式（1）中，*IFS* 表示被解释变量金融科技安全指数；*GoL* 表示解

[①] 夏后学、谭清美、白俊红：《营商环境、企业寻租与市场创新——来自中国企业营商环境调查的经验数据》，《经济研究》2019 年第 4 期。

[②] 周黎安等：《"层层加码"与官员激励》，《世界经济文汇》2005 年第 1 期。

释变量地方政府法治化程度；GoL^2 表示地方政府法治化程度的平方；EoF 表示控制变量金融生态环境；下标 i 和 t 分别表示第 i 个省份和第 t 年；μ 表示随机扰动项；α 表示待估参数。

2. 数据来源

（1）被解释变量。本书研究的被解释变量为金融科技安全指数。既有文献尚未形成对金融科技安全指标体系的统一设定，综合考虑已有文献关于金融安全指标体系的设定标准以及金融科技的特殊性、发展性与实际运行等因素，拟从宏观经济因素、金融行业因素以及金融科技行业因素三个不同的维度选取相应的指标，并采用主成分分析法测度金融科技安全。各具体指标的测度如表 5 – 1 所示。

表 5 – 1　金融科技安全指标体系

指标分类		指标名称	指标说明
宏观经济因素		区域 GDP 增长率	（当年区域 GDP – 上年区域 GDP）/上年区域 GDP ×100%
		区域人均 GDP 增长率	（当年区域人均 GDP – 上年区域人均 GDP）/上年区域人均 GDP ×100%
金融行业因素	银行业	不良贷款率	地区商业银行不良贷款率
		地区银行业资产收益率	地区银行业实现利润总额/地区银行业资产总额 ×100%
	证券业	证券化率	地区上市公司市价总值占区域 GDP 的比例
	保险业	保险深度	保险深度
		保险密度	保险密度
金融科技行业因素		区域金融科技发展水平	地区 P2P 网络借贷总交易额/区域 GDP 总额 ×100%
		区域金融科技集中度	地区 P2P 网络借贷贷款余额/地区贷款总额 ×100%
		地方互联网贷款问题平台比例	地区 P2P 停业及问题平台数量/地区 P2P 网络贷款平台数量 ×100%
		地方互联网贷款问题平台增长率	地区 P2P 停业及问题平台数量比上年增长数/地区 P2P 网络贷款平台数量 ×100%

表 5 – 2 汇报了 2013 ~ 2017 年金融科技安全指数排名前五的省份情况。结果显示，在金融科技安全指数排名前五的省份中，2013 年

以西部地区省份为主，达到 3 个，占比达 60%；2014 年之后，东部地区占比逐渐提高，其中，2014 年达到 3 个，占比达 60%；2015 年和 2016 年，均达到 4 个，占比达 80%；2017 年达到 5 个，占比为100%。另外，2013～2017 年，北京市金融科技安全指数排名一直居全国首位。

表 5 - 2 2013～2017 年金融科技安全指数排名前五的省份

年份	省份	金融科技安全指数
2013	北京	58.43
	云南	41.54
	重庆	40.83
	上海	40.41
	新疆	38.02
2014	北京	64.67
	上海	45.55
	重庆	41.53
	广东	38.63
	新疆	37.39
2015	北京	76.67
	上海	53.19
	广东	42.21
	重庆	39.74
	浙江	35.19
2016	北京	88.18
	上海	69.47
	广东	47.88
	浙江	39.88
	重庆	37.78

年份	省份	金融科技安全指数
	北京	100.00
	上海	80.51
2017	广东	55.90
	浙江	47.98
	江苏	45.42

（2）解释变量。本书研究的解释变量为地方政府法治化程度，采用中国政法大学法治政府研究院评估的中国法治政府得分，分别从依法全面履行政府职能、法治政府建设的组织领导、依法行政制度体系、行政决策、行政执法、政务公开、监督与问责、社会矛盾化解与行政争议解决和社会公众满意度调查 9 个维度来刻画中国法治政府的建设情况。2013～2017 年中国法治政府评估报告中均报告了 100 个城市（包括 4 个直辖市）的政府质量及其分项指数的得分。为了匹配金融科技安全指数这一被解释变量，本书将各省会城市的法治政府指数得分作为衡量各省份法治政府建设情况的指数。表 5 - 3 汇报了 2013～2017 年法治政府得分排名前五的省份情况。结果显示，在法治政府指数排名前五的省份中，东部地区占比远远超过中西部地区和东北地区。其中，2013 年、2015 年和 2016 年排名前五的省份中东部地区均达到 3 个，占比为 60%；2014 年达到 4 个，占比为 80%；2017 年排名前五的省份全部为东部地区省份。而 2013～2017 年，法治政府指数排名前五的省份均未出现东北地区省份。

表 5 - 3　2013～2017 年法治政府评估排名前五的省份

年份	省份	法治政府指数
2013	广东	753.9
	北京	739.64

年份	省份	法治政府指数
2013	四川	717.55
	上海	716.01
	湖南	715.88
2014	广东	772.58
	北京	755.95
	上海	752.05
	浙江	749.28
	湖南	737.68
2015	浙江	773.04
	江苏	772.46
	广东	766.31
	安徽	764.00
	湖南	750.94
2016	浙江	805.42
	广东	800.21
	广西	796.48
	安徽	787.93
	上海	786.34
2017	广东	770.83
	浙江	763.87
	上海	754.95
	北京	749.46
	江苏	747.54

（3）控制变量。本书研究的控制变量为金融生态环境，采用中国（深圳）综合开发研究院课题组评估的中国金融中心指数（CDI CFCI）。金融生态环境主要指金融业发展的外部环境，可细分为金融人才环境和金融商业环境。金融生态环境的得分通过数据标准化处理、指标赋

权、指数计算和指数更新等一系列操作得出，保证了评价结果的科学性、连续性和一致性。首期中国金融中心指数（CDI CFCI）于 2009 年发布，此后每年更新一次，2013～2017 年中国金融中心指数（CDI CF-CI）均报告了 31 个中国金融中心的评价得分。同理，为了匹配金融科技安全指数这一被解释变量，本书将各省会城市的金融生态环境得分作为衡量各省份金融生态环境的数据。表 5－4 汇报了 2013～2017 年金融生态环境评分排名前五的省份情况。结果显示，2013～2017 年金融生态环境评分排名前五的省份均为东部地区省份。

表 5－4　2013～2017 年金融生态环境评分排名前五的省份

年份	省份	金融生态环境评分
2013	北京	150.87
	上海	129.03
	广东	90.92
	天津	73.24
	浙江	66.50
2014	北京	141.62
	上海	117.86
	广东	99.30
	天津	72.48
	浙江	71.61
2015	北京	151.18
	上海	128.16
	广东	107.77
	浙江	82.77
	江苏	79.54
2016	北京	153.65
	上海	132.66
	广东	115.07

年份	省份	金融生态环境评分
2016	天津	86.79
	浙江	85.63
2017	北京	178.08
	上海	152.76
	广东	132.80
	浙江	97.98
	江苏	96.66

（二）计量结果与分析

利用 STATA 软件对上述省级面板数据进行计量分析，并通过 Hausman 检验确定固定效应模型和随机效应模型的选择适用，最终结果如表 5-5 所示。

表 5-5　中国金融科技安全的影响因素分析

	被解释变量 IFS
GoL	0.4390 ** （0.1848）
GoL^2	−0.0003 ** （0.0001）
EoF	0.2957 *** （0.0893）
Hausmanχ 值	6.668 *
R-sq：over all	0.5452

注：*** 、** 、* 分别表示通过了 1%、5% 和 10% 的显著性检验；系数后括号内的数字为标准差。

表 5-5 的结果表明，该省级面板数据支持固定效应模型，法治政府 GoL 的系数为正，说明法治政府的建设对金融科技安全指数有显著的正向作用，但 GoL^2 的系数显著为负，说明法治政府的建设与金融科技安全指数呈倒 U 形关系。具体来说，随着地方政府法治化程度的提升，金融科技安全指数也呈上升趋势，但当法治政府的建设达到一定程度

后，地方政府法治化程度的再度提升会对金融科技安全指数产生负面
影响。正如前文中总结的那样，法治政府的建设之所以能够对金融科技
安全指数产生显著的正向影响，理论上可能的解释包括：首先，法治政
府的建设对相关法律和监管体系的完善有促进作用，法律空白的填补
能够有效打击金融科技违法行为，从而达到增强金融科技安全的效果；
其次，法治政府的建设规范了金融科技行业的运行，权力被关进"笼
子"里，促进了金融科技市场的安全稳定；再次，法治政府的建设以
保障金融科技消费者合法权益为目标，防止在金融科技交易中因代理
问题产生的风险，从而提升了金融科技安全；最后，法治政府的建设拓
宽了金融科技纠纷解决渠道，为金融科技的安全稳定发展提供了有效
保障。这种由国家主导、政府推进的法治建设，往往会在初期表现出显
著的效果，但随着金融科技的多元化发展，相关技术的不断创新，这种
以政府为核心的法治建设模式开始面临诸多挑战。法律条文本身的固
化、修改程序的繁复都使得国家法不能很好地适应社会的多元化发展，
法治政府的建设开始对金融科技安全产生显著的负向作用。这说明，金
融科技的安全治理应该是全方位的，除法律框架外，也应将金融科技安
全治理纳入"共建共治共享"的社会治理框架中，构建"多方共治"
的多元化金融科技安全治理体系。其他控制变量的估计结果显示，金融
生态环境 EoF 与金融科技安全指数 IFS 有显著的正向关系，这与前文的
理论分析结果一致，金融生态环境发展通过构建良好社会信用体系、改
善金融科技人才生活环境和优化金融科技营商环境等手段，促进金融
科技机构的健康发展，增强城市金融科技竞争力，从而提升金融科技的
安全指数。

　　上述模型的实证结果也进一步说明了以法治建设为中心的单一治
理模式不能适应金融科技的创新发展。随着金融科技的多元化发展，金
融科技的安全治理更倾向于以法治建设为基础、其他社会因素共同治
理的多中心治理模式。

第二节　分业治理模式和混业治理模式的效率分析

一　分业治理模式和混业治理模式的效率收益与损失

（一）分业治理模式

1992 年、1998 年和 2003 年，中国证监会、中国保监会和中国银监会的先后成立标志着中国正式确立了金融行业的分业经营和分业治理模式。分业治理模式的形成适应了中国当时经济发展的需求，对金融市场化改革起到了尤为重要的作用。分析分业治理模式的效率收益和损失可以得出以下几个结论。

1. 分业治理模式的效率收益

第一，分业治理模式能够更好地适应金融实质分业的需要。互联网信息技术与金融的有机结合，使得传统金融行业中银行、证券、保险等业态的界限逐渐模糊，各业态间交叉加深。但在实际操作中，金融科技各模式间仍存在较强的分业性质，例如股权众筹属于直接融资范畴而互联网保险则属于保险行业范畴。即使像 P2P 网络借贷这类具有混业经营特征的金融科技产品也可以通过明确治理主体的方式进行专业化治理。银行、证券、保险及其衍生产品按照金融功能的不同在性质上呈现不同的特点，由此产生的风险性质也有所差异，在当前强调"穿透式"监管原则的基础上，分业治理模式能够更好地识别各金融科技产品的风险特征。

第二，分业治理模式下，差异化、专业化的治理理念有利于提高治理效率。首先需要明确的是，这里所说的效率主要体现在微观审慎方面，集中表现为安全治理的专业性提高。[①] Goodhart 曾指出，治理目标

---

① 鲁篱、田野：《金融监管框架的国际范本与中国选择——一个解构主义分析》，《社会科学研究》2019 年第 1 期。

的明确以及将治理目标的实现与治理机构的责任准确连接，治理才能有效进行。[①] 在金融科技市场中，不同的治理机构有不同的治理目标和理念，例如，中国银监会治理强调银行作为国家最后贷款人和信用支持者，银行系统的稳定性是中国银监会安全治理的首要目标；中国证监会治理强调证券市场信息的合理披露，以维护证券市场的公平秩序；中国保监会治理则更多地关注保险偿付能力，保障投保人和被保险人的合法权益。可见，不同的治理机构对风险的防范各有侧重。分业治理模式的优势就在于其差异化、专业化的治理理念有效避免了不同治理机构间的理念冲突，在金融科技的安全治理过程中明确治理目标和原则，有利于治理效率的提高。

第三，分业治理模式下，治理竞争的存在，有效预防了腐败问题，形成良性互动格局。在缺乏竞争的情形下，社会资源配置难以达到最优状态，极易存在"X 无效率"[②]，主要表现为垄断者由于缺乏控制成本最小化的动力，而采纳过分投资策略，导致公共物品的供给量远远超过社会整体需求量，最终造成巨大的浪费。[③] 金融科技的公共产品特性决定了其在缺乏竞争的状态下存在"X 无效率"的风险。基于此，分业治理模式将中国银监会、中国保监会、中国证监会的分工细化，这三类治理部门从多维度为金融科技的安全治理提供更多真实有效的信息，各治理部门之间形成良性互动格局，整个金融科技安全治理的垄断形态被打破，形成治理竞争。同时，治理竞争的存在增强了金融科技安全治理的主动性和有效性，"在位"的治理主体为了不被"潜在"的治理

---

① Goodhart, C. A. E., *Institutional Separation between Supervisory and Monetary Agencies* (London: Palgrave Macmillan, 1995), pp. 333 – 413.

② "X 无效率"(X-Inefficiency) 是指具有垄断性的大企业由于外部市场竞争压力小、内部层次多、机构庞大及企业制度安排等，难以实现企业费用最小化、经营利润最大化的目标，导致企业内部资源配置效率低下的一种状态，该理论最早由美国哈佛大学教授勒博斯坦 (Leibenstein) 于 1966 年提出。

③ 〔美〕理查德·A. 马斯格雷夫、〔美〕佩吉·B. 马斯格雷夫：《财政理论与实践》（第五版），邓子基、邓力平译校，中国财政经济出版社，2003，第 107～109 页。

主体取代，会自觉履行职责。也就是说，当治理存在竞争时，"潜在"的治理主体会对"在位"的治理主体产生监督和激励作用，[①] 这种作用能够有效防止治理懈怠和治理腐败现象的产生，并突破执法资源的约束限制，促进了相关法律法规的有效实施。

2. 分业治理模式的效率损失

第一，分业治理模式下治理成本高。采用分业治理模式的先决条件是严格界定金融科技产品的归属，这一过程会耗费大量的人力成本和制度成本，有时候甚至会因为产品界限的模糊而难以达到预期的效果。即使能够有效实现金融科技产品的归属，分业治理的各机构主体也很难制定出合理的治理方针，金融科技产品的推陈出新也会大幅提升金融科技治理的政策成本。[②]

第二，分业治理模式下潜在风险激增。通常，分业治理各治理主体根据细分的金融科技市场和业务模式来确定其治理行为，并各自针对某一特定的金融科技产品或业务加以规制，这就导致各治理主体间难以开展统一的治理行动，难以形成信息共享机制。在这种情况下，单个治理主体往往不能通盘考量金融科技风险的系统性问题，无法针对金融科技系统性风险加以防范，导致金融科技风险传染性增强，最终导致金融科技系统性风险的爆发。[③] 另外，分业治理模式容易产生多标准下的"监管套利"行为，而监管套利行为的盛行，容易造成金融科技风险的链条式反应。同时，在分业治理模式下由于缺乏统一的合作机制，各治理机构主体在处理相关金融科技业务时，往往倾向于保护归属于该机构的利益，"庇护式治理"便"应运而生"，安全治理风险增加。[④]

---

① 徐彪：《监管竞争能促进合作吗？——来自经典公共品实验的证据》，《公共行政评论》2019 年第 4 期。
② 年志远、贾楠：《互联网金融监管与传统金融监管比较》，《学术交流》2017 年第 1 期。
③ 靳文辉：《互联网金融监管组织设计的原理及框架》，《法学》2017 年第 4 期。
④ 陆岷峰、葛和平：《经济新常态下我国金融监管体制改革方向研究》，《当代经济管理》2018 年第 9 期。

第三，分业治理模式导致治理缺位、治理重叠等问题。分业治理模式依据治理对象确定治理主体，治理行动由治理主体围绕治理职责展开，由于缺乏激励机制，治理主体对于其职责以外的事项缺乏关注，治理主体间的联动机制难以形成，最终，要么产生相互推诿等治理缺位的情形，要么导致治理重叠或治理冲突等不良后果。[①] 并且，在实际金融科技安全治理过程中，不同的治理主体对金融科技业务实行不同的治理标准，当存在标准不统一的情况下就会影响金融科技治理政策间的协调，在这一过程中，对于职责不清的领域极易出现"多一事不如少一事"的"治理准则"，从而形成治理政策的"灰色空缺"，最终产生治理错位、治理缺失等政策问题。[②]

（二）混业治理模式

随着金融科技的不断发展，金融科技安全的混业治理模式越来越受到重视，不少发达国家和发展中国家开始向统一治理的方向发展。例如，英国成立单独的金融服务监管局（Financial Service Authority），标志着英国开始对金融业实施统一治理；美国取消了《格拉斯—斯蒂格尔法》，预示着美国重新进入混业治理时代；加拿大、瑞士和丹麦等国家也逐渐减少相关金融治理机构的数量。在混业治理成为全球金融安全治理大趋势的时代背景下，中国于2018年将中国银监会和中国保监会合并为中国银保监会，2023年在中国银保监会的基础上组建成立国家金融监督管理总局，对于中国金融科技的安全治理而言，混业治理模式的效率收益和损失如下。

1. 混业治理模式的效率收益

第一，混业治理模式有利于实现规模经济和范围经济。混业治理

① 靳文辉：《互联网金融监管组织设计的原理及框架》，《法学》2017年第4期。
② 陆岷峰、葛和平：《经济新常态下我国金融监管体制改革方向研究》，《当代经济管理》2018年第9期。

模式最大的优势在于节约包括信息成本、人力成本、制度成本等在内的交易成本，并整合了各治理主体收集使用的金融科技数据、信息，能够充分地合并同类资源，对金融科技创新产生更强的适应性，这有助于规模经济①的产生。同时，混业治理能够很好地适应金融科技机构不断创新扩大经营范围的需要，随着金融科技生产可能性边界的扩大，混业治理的边际成本逐渐降低，实现了金融科技安全治理"范围经济"②的效果。

第二，混业治理模式为系统性风险隐患提供更为全面真实的预防措施。金融科技作为一个新兴行业，行业标准存在不统一、产品定位模糊等问题，随之而来的就是风险预测的难度加大，一旦风险不能得到有效的预防和控制，就极易产生系统性风险。综合的、统一的治理机构能够对涉及多业态的金融科技产品或已经实现混业经营的金融科技机构实施更有效的治理，通过信息共享机制的构建，全面判断风险的形成机理及途径，并在风险处置中，以及时迅速的反应和一致性的治理政策为系统性风险隐患的防范提供全面真实的预防措施。

第三，混业治理模式极大地改善了金融科技安全治理的大环境。从治理主体角度来看，混业治理模式将分业治理模式下所有的治理主体纳入治理责任范围内，平衡了治理主体责、权、利之间的对等关系，提高了治理主体的责任感。从被监管者和社会公众角度来看，在多个治理机构并存的分业治理模式下，即使各主体分工明确，仍存在治理缺位和治理重叠的现象。在金融科技混业发展的时代背景下，被监管者和社会公众单一的市场行为都可能涉及多个金融科技领域，一旦发生风险或

---

① "规模经济"（Economies of scale）是指通过扩大生产规模而引起的经济效益增加现象，反映的是生产要素集中对经济效益产生的作用。

② "范围经济"（Economies of scope）是指企业通过扩大经营范围，增加产品种类，生产多种产品而引起的单位成本的降低，即当同时生产多种产品的费用低于分别生产每种产品所需成本的总和时，所存在的状况就是范围经济，简单来说就是由产品的范围而非规模带来的经济效应。

纠纷，会存在多个部门协调交涉的可能性，这不仅不利于问题的解决，还会给被监管者和社会公众带来负面影响。相反地，混业治理最大限度地实现了治理政策的连续性、稳定性，给社会公众带来稳定性预期，有利于社会公众加深对相关治理政策的了解，降低了社会公众在这一过程中的识别成本和困难，[①] 极大地改善了金融科技安全治理的大环境。

2. 混业治理模式的效率损失

第一，混业治理模式下产生的内部化冲突，可能会增大内部协调成本。通常认为，分业治理相对于混业治理而言，其治理整体规模较大，各治理主体间的协调难度也相对更大，而混业治理由单一机构统一监管治理的模式能有效解决分业治理模式下各治理主体间的治理理念冲突问题。但事实上，混业治理模式并不能使分业治理状态下的治理理念冲突等问题得到彻底解决，反而会将这些在分业治理模式下本属于外部冲突的矛盾内部化。因此，在混业治理模式下，需要通过大量内部制度的制定解决由此产生的内部冲突，这就会大大增加内部协调成本。

第二，混业治理模式大大增加了道德风险产生的可能，寻租现象屡见不鲜。一方面，在混业治理模式下，相关治理主体不再进行细化分工，这可能会导致治理主体的权力被放大，同时，混业治理另一个显著的影响是治理竞争的消失殆尽，这将大大增加了道德风险的产生。治理主体为实现自身效用最大化，而选择实施有悖于金融科技安全治理目标实现的行为。另一方面，正是由于治理权力的放大和治理竞争的缺失，部分金融科技机构会通过贿赂的方式游说相关安全治理责任人来获得稀缺资源、超额利润，[②] 也就是产生了"寻租"现象。这种非生产性的寻利行为活动，不仅会浪费大量的社会经济资源，还将导致社会资源的配置错位。

---

① 吴风云、赵静梅：《统一监管与多边监管的悖论：金融监管组织结构理论初探》，《金融研究》2002 年第 9 期。

② 陈连艳、罗敏：《契约式治理：当代政府治理变革》，《云南行政学院学报》2017 年第 3 期。

学术界对金融科技领域中分业治理和混业治理的争论由来已久，从以上理论分析来看，两种治理模式各有利弊，难以从性质上对二者加以判断。不同金融治理模式的最终标准取决于治理组织结构对金融治理效率的影响。不同治理模式理论对金融科技安全治理的模式选择的实践作用是有限的，具体选择还需要根据治理模式对金融科技安全治理效率的影响来确定。因此，我们将采取定量分析的方法，比较不同治理模式的效率，为中国金融科技安全治理机制的构建提供更为准确的思路或框架。

二 分业治理模式和混业治理模式效率指标体系的设计方案

本部分采用主成分分析法，利用 SPSS 软件，选取对金融科技安全治理效率有解释意义的指标，主要包括治理收益指标和治理成本指标两大类，对金融科技安全治理效率进行实证分析。

基于成本效益理论，金融科技安全治理效率的衡量主要包括治理收益与治理成本两部分。一方面，对金融科技安全治理效率收益的衡量主要是治理目标的实现程度，而金融科技安全治理的目标可分为四类，即经济增长、金融科技稳定、金融科技发展和金融科技公平实现。另一方面，金融科技安全治理的成本包括直接成本、间接成本和扭曲成本。[①] 其中，直接成本包括立法成本、执法成本以及处理问题的机构等产生的成本支出；间接成本包括总间接成本和增量间接成本；扭曲成本主要指道德风险或监管腐败产生的成本费用。结合数据的可得性，本书以2013 年"互联网金融元年"为起点，选取并收集了 2013～2018 年六年间的数据用以研究金融科技安全的治理效率。金融科技安全治理效率指标体系的各指标名称和数据来源详见表 5-6 和表 5-7。

---

① 邓鑫、沈伟基：《银行监管成本界定的质疑》，《财经问题研究》2009 年第 7 期。

表 5-6　金融科技安全治理效率指标体系

指标分类		指标名称	单位	指标代码
治理收益	经济增长	GDP 增长率	%	X_1
		人均 GDP 增长率	%	X_2
	金融科技稳定	P2P 问题平台占比	%	X_3
		P2P 平均综合利率	%	X_4
		P2P 综合收益率	%	X_5
		P2P 平台借款期限	月	X_6
	金融科技发展	第三方支付综合支付交易规模增长率	%	X_7
		P2P 成交额增长率	%	X_8
		互联网消费金融放贷规模增长率	%	X_9
		互联网保险渗透率	%	X_{10}
	金融科技公平实现	P2P 人均借款额	万元/人	X_{11}
		互联网融资与社会融资总量之比	%	X_{12}
治理成本	分业治理成本	直接成本和间接成本	亿元	X_{13}
		扭曲成本	—	X_{14}
	混业治理成本	直接成本和间接成本	亿元	X_{15}
		扭曲成本	—	X_{16}

其中，经济增长用 GDP 增长率和人均 GDP 增长率来衡量。金融科技稳定用 P2P 问题平台占比、P2P 平均综合利率、P2P 综合收益率和 P2P 平台借款期限来衡量，通过金融科技的风险程度体现金融科技的稳定程度。金融科技发展用第三方支付综合支付交易规模增长率、P2P 成交额增长率、互联网消费金融放贷规模增长率和互联网保险渗透率来衡量，通过金融科技主要模式的发展情况体现金融科技整体发展情况。金融科技公平实现用 P2P 人均借款额和互联网融资与社会融资总量之比来衡量：一方面，P2P 人均借款额在一定程度上反映了资金的可获得性，体现了金融科技的深度；另一方面，金融科技通过模式的创新，服务于金融长尾市场，大幅增加了融资的广度。通过对这两个指标的衡量，可体现出金融科技融资的公平性。

表 5 - 7 2013～2018 年金融科技安全治理效率指标体系各指标取值

指标	2013 年	2014 年	2015 年	2016 年	2017 年	2018 年
X_1	10.10	8.15	6.97	7.88	10.90	9.69
X_2	9.56	7.60	6.43	7.30	10.29	9.19
X_3	9.25	17.46	34.53	71.12	33.40	67.87
X_4	23.00	17.50	11.50	9.76	9.56	9.85
X_5	23.05	17.86	13.29	10.45	9.45	9.87
X_6	4.73	6.12	6.81	7.89	9.16	13.05
X_7	46.80	50.30	46.90	67.80	40.80	3.60
X_8	399.06	138.94	288.57	110.11	35.90	-36.01
X_9	222.60	205.30	546.00	269.00	904.00	122.90
X_{10}	1.85	4.25	9.20	7.43	5.13	4.97
X_{11}	32.84	20.04	17.04	11.98	4.72	3.96
X_{12}	0.02	0.05	0.32	0.46	0.25	0.35
X_{13}	321.20	330.98	341.95	350.81	369.02	387.60
X_{14}	13.3	12	12.3	13.3	13.7	13
X_{15}	233.31	234.34	247.13	256.83	275.56	329.87
X_{16}	40	36	37	40	41	39

注：X_1、X_2：数据来源于国家统计局；X_3：2013～2017 年数据来源于王家卓、徐红伟主编的相关年份的《中国网络借贷行业蓝皮书》，2018 年数据来源于网贷之家发布的问题平台数据；X_4：数据来源于网贷天眼发布的《2018 年网贷行业报告：行业年中遇冷，合规持续推进》；X_5、X_6：2013～2017 年数据来源于王家卓、徐红伟主编的相关年份的《中国网络借贷行业蓝皮书》，2018 年数据来源于网贷之家发布的网贷行业数据；X_7：2013～2017 年数据来源于艾瑞咨询发布的 2017 年中国第三方支付季度数据研究报告《2017 年中国第三方移动支付交易规模达 120.3 万亿元》，2018 年数据来源于艾瑞咨询发布的 2018 年中国第三方支付年度数据报告《2018 年第三方移动支付交易规模达 190.5 万亿元》；X_8：2013～2017 年数据来源于王家卓、徐红伟主编的相关年份的《中国网络借贷行业蓝皮书》，2018 年数据来源于网贷之家发布的网贷行业数据；X_9：来源于艾瑞咨询发布的《2018 年中国互联网消费金融行业报告》，其中 2018 年为预测值；X_{10}：互联网保费收入数据来源于艾瑞咨询发布的《2019 年中国互联网保险行业研究报告》，全国保费收入数据来源于中国保险监督管理委员会发布的 2013～2018 年的保险统计数据报告；X_{11}：2013 年数据来源于王家卓、徐红伟主编的《2013 中国网络借贷行业蓝皮书》，2014～2018 年数据来源于网贷之家发布的网贷行业数据；X_{12}：互联网融资数据来源于前瞻网发布的 2013～2018 年中国互联网金融行业融资情况分析，社会融资总量数据来源于国家统计局发布的年度数据之社会融资规模；X_{13}、X_{14}：分业治理的直接成本是中国银监会、中国证监会和中国保监会发布的年度部门决算表中金融支出项的加总，间接成本按照 Lomax 的经验估算，金融监管的直接成本与间接成本按 1:4 的比例进行核算，扭曲成本的核算采用非政府组织"透明国际"发布的全球清廉指数，由于分业治理涉及三大不同监管机构，该指数按照 3 倍计量；X_{15}、X_{16}：混业治理的直接成本以中国银监会的决算为基础，在不增加其他支出的基

础上，将金融支出项下的各支出项目加总得出，由于 2018 年中国银监会和中国保监会合并，中国银监会 2018 年部门决算未单独列出，以《2018 年度中国银行保险监督管理委员会部门决算》中列出的金融支出替代，间接成本和扭曲成本的核算与分业治理模式相同，但考虑到机构的同质同类性，比分业治理的腐败成本约低 3 倍。

三　分业治理模式和混业治理模式下中国金融科技安全治理效率的实证分析

由于上述 16 个指标的单位各异，需要对数据进行标准化处理以提升实证研究结果的有效性，处理结果见表 5 - 8。

表 5 - 8　2013 ~ 2018 年金融科技安全治理效率的数据标准化处理

指标	2013 年	2014 年	2015 年	2016 年	2017 年	2018 年
X_1	0. 7635	- 0. 5292	- 1. 3115	- 0. 7082	1. 2938	0. 4917
X_2	0. 7759	- 0. 5295	- 1. 3087	- 0. 7293	1. 2621	0. 5295
X_3	- 1. 1617	- 0. 8404	- 0. 1725	1. 2593	- 0. 2167	1. 1321
X_4	1. 7118	0. 7178	- 0. 3666	- 0. 6811	- 0. 7172	- 0. 6648
X_5	1. 6662	0. 7112	- 0. 1296	- 0. 6522	- 0. 8362	- 0. 7594
X_6	- 1. 1087	- 0. 6313	- 0. 3944	- 0. 0235	0. 4127	1. 7452
X_7	0. 1931	0. 3579	0. 1978	1. 1820	- 0. 0895	- 1. 8413
X_8	1. 5048	- 0. 1063	0. 8205	- 0. 2848	- 0. 7444	- 1. 1898
X_9	- 0. 5274	- 0. 5860	0. 5680	- 0. 3702	1. 7806	- 0. 8651
X_{10}	- 1. 4159	- 0. 4776	1. 4576	0. 7656	- 0. 1336	- 0. 1961
X_{11}	1. 6411	0. 4572	0. 1798	- 0. 2883	- 0. 9598	- 1. 0301
X_{12}	- 1. 2641	- 1. 0961	0. 4198	1. 2798	0. 0403	0. 6203
X_{13}	- 1. 1801	- 0. 7831	- 0. 3374	0. 0224	0. 7618	1. 5164
X_{14}	0. 5613	- 1. 4289	- 0. 9696	0. 5613	1. 1737	0. 1021
X_{15}	- 0. 8114	- 0. 7832	- 0. 4318	- 0. 1652	0. 3497	1. 8418
X_{16}	0. 6011	- 1. 4599	- 0. 9446	0. 6011	1. 1164	0. 0859

通过数据的标准化处理，消除了不同指标数据之间的量纲差异，在此基础上，运用主成分分析法量化各指标对金融科技安全治理效率的

影响大小，计算得出不同治理模式下金融科技安全治理效率指数。

（一）分业治理模式下金融科技安全的治理效率

在分业治理模式下，影响金融科技安全治理效率的代表性指标是 $X_1 \sim X_{14}$，通过主成分分析法得到 2013～2018 年金融科技安全分业治理效率指标体系中各指标的方差解释程度（见表 5 - 9）。

表 5 - 9　2013～2018 年金融科技安全分业治理效率指标体系中各指标（$X_1 \sim X_{14}$）的方差解释程度

主成分	特征值	方差贡献率（%）	累计方差贡献率（%）
1	7.256	51.826	51.826
2	3.714	26.528	78.354
3	1.690	12.070	90.424

表 5 - 9 中的数据显示，特征值大于 1 的主成分总共有 3 个，且其累计方差贡献率达到 90.424%，这说明，前 3 个主成分能够反映原始数据 90.424% 的信息，选择前 3 个主成分已能够替代原来的变量。因此，此处选取前 3 个主成分来替代前述 14 个指标便能够达到降维的目的。表 5 - 10 汇报了各主成分的因子载荷矩阵，结合表 5 - 9 的结果，不难发现，特征值为 7.256 的主成分 1，其方差贡献率为 51.826%，说明主成分 1 可以解释分业治理模式下金融科技安全治理效率指标体系所含信息的 51.826%，同时，从表 5 - 10 因子载荷矩阵中不同指标系数的绝对值大小可以看出，主成分 1 集中反映了 P2P 人均借款额（X_{11}）、P2P 综合收益率（X_5）、分业治理模式的直接成本和间接成本（X_{13}）、P2P 平均综合利率（X_4）、P2P 平台借款期限（X_6）、P2P 成交额增长率（X_8）、P2P 问题平台占比（X_3）和互联网融资与社会融资总量之比（X_{12}）这 8 个指标。同理可得，主成分 2 可以解释分业治理模式下金融科技安全治理效率指标体系所含信息的 26.528%，集中反映了人均 GDP 增长率（X_2）、GDP 增长率（X_1）、互联网保险渗透率（X_{10}）和分业治理模式

的扭曲成本（X_{14}）这 4 个指标；主成分 3 可以解释分业治理模式下金融科技安全治理效率指标体系所含信息的 12.070%，集中反映了互联网消费金融放贷规模增长率（X_9）和第三方支付综合支付交易规模增长率（X_7）这两个指标。

表 5 – 10　金融科技安全分业治理效率指标体系的因子载荷矩阵

指标	主成分 1	主成分 2	主成分 3
X_1	0.106	0.979	0.171
X_2	0.105	0.983	0.149
X_3	0.848	− 0.245	− 0.179
X_4	− 0.944	0.262	− 0.184
X_5	− 0.970	0.149	− 0.173
X_6	0.905	0.251	− 0.333
X_7	− 0.443	− 0.507	0.574
X_8	− 0.862	− 0.187	0.189
X_9	0.247	0.108	0.846
X_{10}	0.483	− 0.812	0.232
X_{11}	− 0.972	− 0.049	− 0.041
X_{12}	0.825	− 0.423	0.118
X_{13}	0.949	0.266	− 0.137
X_{14}	0.324	0.601	0.513

根据表 5 – 10 得到的因子载荷矩阵和表 5 – 9 中汇报的主成分特征值可以得到金融科技安全分业治理效率指标体系的因子得分系数矩阵，具体结果见表 5 – 11。

表 5 – 11　金融科技安全分业治理效率指标体系的因子得分系数矩阵

指标	主成分 1	主成分 2	主成分 3
X_1	0.039407	0.507986	0.131387
X_2	0.038876	0.509927	0.114780
X_3	0.314928	− 0.127089	− 0.137736

续表

指标	主成分 1	主成分 2	主成分 3
X_4	- 0. 350430	0. 135770	- 0. 141341
X_5	- 0. 360066	0. 077195	- 0. 132836
X_6	0. 335821	0. 130213	- 0. 256108
X_7	- 0. 164384	- 0. 263096	0. 441519
X_8	- 0. 319843	- 0. 097201	0. 145137
X_9	0. 091679	0. 055881	0. 650752
X_{10}	0. 179368	- 0. 421417	0. 178669
X_{11}	- 0. 360814	- 0. 025274	- 0. 031742
X_{12}	0. 306448	- 0. 219377	0. 091142
X_{13}	0. 352155	0. 137857	- 0. 105464
X_{14}	0. 120305	0. 311833	0. 394265

根据 3 个主成分因子的不同方差贡献率，按照主成分分析法指标权重计算步骤和原理，计算得出金融科技安全分业治理效率指标体系各指标权重，归一化处理后得到调整后的金融科技安全分业治理效率指标体系中各指标权重（见表 5 - 12）。

表 5 - 12　金融科技安全分业治理效率指标体系中各指标权重

指标	初始权重	调整权重
X_1	0. 1891532	0. 366224442
X_2	0. 1872018	0. 362446247
X_3	0. 1248292	0. 241684935
X_4	- 0. 179882	- 0. 348274776
X_5	- 0. 201454	- 0. 390040835
X_6	0. 1964892	0. 380427809
X_7	- 0. 112466	- 0. 217748877
X_8	- 0. 192459	- 0. 372625694
X_9	0. 1558034	0. 301654921
X_{10}	0. 0030203	0. 005847687

指标	初始权重	调整权重
X_{11}	– 0.21845	– 0.422946618
X_{12}	0.1234454	0.239005869
X_{13}	0.2282019	0.44182751
X_{14}	0.2130633	0.412517379

根据表 5 – 12 汇报的金融科技安全分业治理效率指标体系各指标权重计算得出 2013 ~ 2018 年金融科技安全分业治理效率的得分，结果如表 5 – 13 所示。

表 5 – 13　2013 ~ 2018 年金融科技安全分业治理效率得分

年份	金融科技安全分业治理效率得分
2013	– 3.4440
2014	– 2.9651
2015	– 1.6618
2016	0.6741
2017	3.6813
2018	3.7154

同时，按照每年的金融科技安全分业治理效率得分绘制分业治理模式下金融科技安全治理效率得分走势图（见图 5 – 1）。从图 5 – 1 可以看出，2013 ~ 2018 年，金融科技安全分业治理效率呈上升趋势，且在 2017 年之前逐年升高，2018 年才逐渐趋于平缓。

（二）混业治理模式下金融科技安全的治理效率

在混业治理模式下，影响金融科技安全治理效率的代表性指标是 X_1 ~ X_{12}、X_{15}、X_{16}，通过主成分分析法得到 2013 ~ 2018 年金融科技安全混业治理效率指标体系中各指标的方差解释程度（见表 5 – 14）。

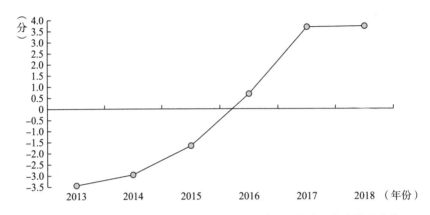

图 5 - 1　2013～2018 年分业治理模式下金融科技安全治理效率得分走势

表 5 - 14　2013～2018 年金融科技安全混业治理效率指标体系中各指标
（$X_1 - X_{12}$、X_{15}、X_{16}）的方差解释程度

主成分	特征值	方差贡献率（%）	累计方差贡献率（%）
1	7.061	50.437	50.437
2	3.750	26.789	77.225
3	1.794	12.817	90.043

　　表 5 - 14 数据显示，特征值大于 1 的主成分总共有 3 个，且其累计方差贡献率达到 90.043%，这说明前 3 个主成分能够反映原始数据 90.043% 的信息，选择前 3 个主成分已能够替代原来的变量。因此，此处选取前 3 个主成分来替代前述 14 个指标便能够达到降维的目的。表 5 - 15 汇报了各主成分的载荷矩阵，结合表 5 - 14 的结果不难发现，特征值为 7.061 的主成分 1，其方差贡献率为 50.437%，说明主成分 1 可以解释混业治理模式下金融科技安全治理效率指标体系所含信息的 50.437%，同时，从表 5 - 15 因子载荷矩阵中不同指标系数的绝对值大小可以看出，主成分 1 集中反映了 P2P 人均借款额（X_{11}）、P2P 综合收益率（X_5）、P2P 平均综合利率（X_4）、P2P 平台借款期限（X_6）、P2P 成交额增长率（X_8）、混业治理模式的直接成本和间接成本（X_{15}）、P2P 问题平台占比（X_3）和互联网融资与社会融资总量之比（X_{12}）这 8 个指标。同理可得，

主成分 2 可以解释混业治理模式下金融科技安全治理效率指标体系所含信息的 26.789%，集中反映了人均 GDP 增长率（X_2）、GDP 增长率（X_1）、互联网保险渗透率（X_{10}）和混业治理模式的扭曲成本（X_{16}）这 4 个指标；主成分 3 可以解释混业治理模式下金融科技安全治理效率指标体系所含信息的 12.817%，集中反映了互联网消费金融放贷规模增长率（X_9）和第三方支付综合支付交易规模增长率（X_7）这两个指标。

表 5 – 15　金融科技安全混业治理效率指标体系的因子载荷矩阵

指标	主成分 1	主成分 2	主成分 3
X_1	0.110	0.967	0.227
X_2	0.109	0.972	0.205
X_3	0.857	− 0.241	− 0.159
X_4	− 0.933	0.283	− 0.203
X_5	− 0.960	0.171	− 0.201
X_6	0.919	0.258	− 0.289
X_7	− 0.470	− 0.534	0.543
X_8	− 0.862	− 0.178	0.134
X_9	0.213	0.057	0.853
X_{10}	0.468	− 0.827	0.199
X_{11}	− 0.966	− 0.031	− 0.082
X_{12}	0.822	− 0.433	0.123
X_{15}	0.859	0.362	− 0.325
X_{16}	0.304	0.559	0.505

根据表 5 – 15 得到的因子载荷矩阵和表 5 – 14 中汇报的主成分特征值可以得到金融科技安全混业治理效率指标体系的因子得分系数矩阵，具体结果如表 5 – 16 所示。

表 5 – 16　金融科技安全混业治理效率指标体系的因子得分系数矩阵

指标	主成分 1	主成分 2	主成分 3
X_1	0.041259	0.499528	0.169213

指标	主成分 1	主成分 2	主成分 3
X_2	0.041087	0.502145	0.152971
X_3	0.322461	- 0.124519	- 0.118501
X_4	- 0.351056	0.146165	- 0.151641
X_5	- 0.361209	0.088161	- 0.149876
X_6	0.345809	0.133282	- 0.215901
X_7	- 0.176733	- 0.275877	0.405597
X_8	- 0.324453	- 0.092114	0.100326
X_9	0.080174	0.029677	0.636914
X_{10}	0.176025	- 0.426858	0.148453
X_{11}	- 0.363511	- 0.015887	- 0.061379
X_{12}	0.309439	- 0.223411	0.091596
X_{15}	0.323181	0.187011	- 0.242594
X_{16}	0.114440	0.288454	0.377213

根据 3 个主成分因子的不同方差贡献率，按照主成分分析法指标权重计算步骤和原理，计算得出金融科技安全混业治理效率指标体系各指标权重，归一化处理后得到调整后的金融科技安全混业治理效率指标体系中各指标的权重（见表 5 - 17）。

表 5 - 17　金融科技安全混业治理效率指标体系中各指标权重

指标	初始权重	调整权重
X_1	0.1958138	0.408416199
X_2	0.1941843	0.405017411
X_3	0.1267108	0.264285501
X_4	- 0.174741	- 0.364463264
X_5	- 0.197433	- 0.411794321
X_6	0.2026236	0.422619612
X_7	- 0.123339	- 0.25725279
X_8	- 0.194865	- 0.406437096

指标	初始权重	调整权重
X_9	0.1443985	0.301177408
X_{10}	- 0.007265	- 0.015153605
X_{11}	- 0.217082	- 0.452775625
X_{12}	0.1199001	0.250080117
X_{15}	0.2021348	0.421600234
X_{16}	0.208406	0.434680218

根据表5-17汇报的金融科技安全混业治理各指标权重计算得出2013~2018年金融科技安全混业治理效率的得分，结果如表5-18所示。

表 5 - 18　2013~2018 年金融科技安全混业治理效率得分

年份	金融科技安全混业治理效率得分
2013	- 3.3982
2014	- 3.1381
2015	- 1.8954
2016	0.5859
2017	3.7036
2018	4.1421

同时，按照每年的金融科技安全混业治理效率得分绘制混业治理模式下金融科技安全治理效率得分走势图（见图5-2）。从图5-2可以看出，2013~2018年，金融科技安全混业治理效率呈上升趋势，且在2017年之前逐年升高，2018年才逐渐趋于平缓。

（三）分业治理模式与混业治理模式的对比研究

金融科技安全分业治理效率和混业治理效率的对比走势如图5-3所示。

从图5-3可以看出，第一，2013~2018年这六年间，无论是分业

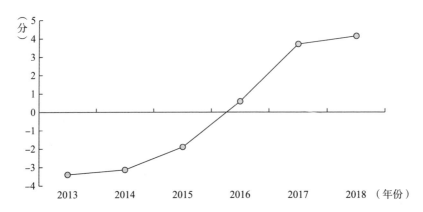

图 5 – 2   2013～2018 年混业治理模式下金融科技安全治理效率得分走势

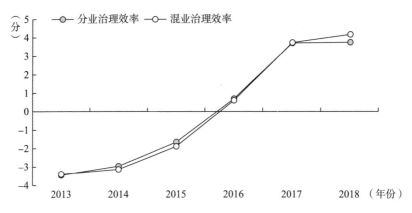

图 5 – 3   2013～2018 年分业治理与混业治理模式下金融科技安全治理效率得分走势

治理模式还是混业治理模式，金融科技安全治理效率均呈现明显上升趋势，特别是 2014 年以后，金融科技安全的治理效率明显提高，这说明中国金融科技安全治理从 2014 年起逐步完善。

第二，两种不同模式下各年份的金融科技安全治理效率存在明显的差异。2014～2016 年，分业治理模式下金融科技安全治理效率高于混业治理模式，主要因为，2014～2016 年这三年间中国金融科技行业尚处在发展初期，分业经营仍是主流趋势，分业治理模式具有差异化、专业化优势。随着金融科技行业的不断创新发展，各业务边界开始模糊，分业治理模式的优势逐渐被替代。从 2017 年起，混业治理的效率实现反超，到 2018 年，混业治理模式下的金融科技安全治理效率的比较优势更为明显，这与实践中中国银监会和中国保监会的合并时间点不谋而合。在金融全球化和金融体制改革不断深化的时代背景下，分业经营明显制约了金融科技行业的发展，抑制了金融科技创新，分业经营向混业经营转变逐渐成为一种国际性潮流。[①]

综上所述，随着金融科技的不断发展和创新，对于金融科技安全治理的整体性效率而言，混业治理可以通过治理成本的节约，实现比在分业治理模式下更高的效率。当然，由于相关数据的代表性选取偏差以及中国金融行业发展的具体实践，这一结论不能涵盖中国金融科技安全治理发展的整个过程，但可以为金融科技的不同发展阶段提供不同模式治理效率测度的参考方法，并为中国金融科技安全治理提供借鉴。

---

① 王子立、罗莹、杨洁：《金融混业监管模式比较研究》，《财会月刊》2011 年第 17 期。

第六章

完善中国金融科技安全治理的制度构建

第一节　金融科技安全治理总体思路

一　金融科技安全治理理念

所谓理念，是"理"和"念"的结合，"理"是指事物存在的合理性与正当性，是事物存在的客观性体现，"念"是指前述的合理性和正当性能被普遍接受，是人们信念的主观表达，实际上理念就是主观与客观的对立统一。因此，金融安全治理理念可以被理解为人们对金融安全治理的合理性和正当性所表现出的认可度和基本信念。在不同的金融发展阶段，金融安全治理理念会随着国家政策层面的变迁与演进呈现出不同的内容和特征，但其所要解答的基本问题均是围绕为什么要实施金融安全治理与如何进行安全治理以达到最优化等内容展开。

作为一种与市场自发运动相对应的政府行为，金融安全治理理念的根源是与亚当·斯密提出的"看不见的手"相联系的，并在与政府干预与否的反复争论中经历了"自由—管制—放松管制—重新管制"四个阶段的发展。① 传统金融安全治理理念主要围绕有效监管的主题辩

---

① 武长海、涂晟：《互联网金融监管基础理论研究》，中国政法大学出版社，2016，第87页。

证展开，其核心是强调通过政府等强制性干预手段消除金融市场的信息不对称。金融科技的出现对传统金融安全治理理念提出了挑战，形成了适应金融科技产品特征、符合金融科技发展规律的金融科技安全治理理念。具体来说，金融科技安全治理理念主要包括以下几个方面。

（一）开放包容理念

金融科技是一个集金融和互联网信息技术于一体的新兴产业，互联网信息技术的发展决定了金融科技的创新属性。因此，在对金融科技进行安全治理时，应秉持开放包容的态度，在充分研究业务模式后，在法律规定的合法范围内给予金融科技创新发展的空间。

（二）全面治理与重点监控的理念

金融科技在继承了传统金融风险的基础上，还表现出比传统金融更大的风险可能性。在金融科技交易中，任何一个环节的不慎操作都可能导致整个金融系统的崩溃，产生"蝴蝶效应"。因此，对金融科技的安全治理需要坚持全面治理理念。但过于严格的管控又容易压抑金融科技的创新发展，为了平衡金融创新与金融风险产生之间的关系，可以通过重点管控的方式对安全性较差的环节进行重点监控。也就是说，金融科技的安全治理应在全面治理与重点监控理念的双重指导下进行。

（三）相对安全理念

相对安全理念是与绝对安全理念相对应的一个概念。绝对安全理念认为安全是唯一的价值，在过程中追求绝对的安全。而相对安全理念强调安全价值的相对性，即在金融科技市场的所有价值中，安全价值虽然依旧处于首要的、基础的低位，但不再是终极的、最高的地位。① 金融科技安全治理过程中涉及的价值除了安全以外还有效率和公平等，若一味地追求安全价值的实现就容易产生金融抑制、寻租等现象，这不

---

① 邢会强：《相对安全理念下规范互联网金融的法律模式与路径》，《法学》2017 年第 12 期。

利于金融科技可持续发展目标。因此，坚持相对安全理念是金融科技安全治理有效实施的保障。

二 金融科技安全治理机制的构建原则

原则是指基本原理或行为准则。[①] 金融科技安全治理机制的构建原则则是指构建相关金融科技安全治理机制的过程中应遵循的行为准则或基本原理。我们认为，金融科技安全治理机制的构建应遵循四项原则：公正原则、适度原则、金融消费者保护原则和协同共治原则。

（一）公正原则

公正是社会治理最根本的原则，也是金融科技安全治理得以合法存在的基本理由。金融科技安全治理机制的制定只有首先遵循公正原则，才能提高金融科技各治理主体的积极性，从而提高整个金融科技安全治理的效率，最终促进社会经济的良性发展。公正原则包括程序公正和实体公正两方面的内容。程序公正的主要体现是在金融科技安全治理机制的设计过程中应广泛听取金融科技市场各参与方的意见，特别是金融科技消费者、金融科技机构等主体的意见；实体公正是指按照构建好的金融科技安全治理机制实施的安全治理行为能够真正做到惩恶扬善，使金融科技市场中的各主体都能因遵守规则而得到肯定，因违反政策而受到惩罚。因此，基于公正原则构建的金融科技安全治理机制是提高社会经济运作效率的基础，也是促进社会和谐发展的一剂良药。

（二）适度原则

与传统的金融监管宗旨一致，金融科技安全治理旨在通过适度的安全治理，实现适度的竞争，形成和保持金融科技行业适度竞争的环境和格局。[②] 金融科技安全治理机制构建的适度原则主要有有效治理和有

---

① 薛波主编《元照英美法律词典》，法律出版社，2003，第1091页。
② 祁敬宇主编《金融监管学》（第二版），西安交通大学出版社，2013，第48页。

限治理两个方面的内涵。

在有效治理方面，金融科技安全治理机制的设计应以弥补金融科技市场机制和公共机制存在的缺陷为突破，并以成本收益最优化的方式有针对性地采取治理措施进而解决金融科技市场机制中存在的市场失灵等问题。而适度原则的有限治理则主要体现为对鼓励创新和风险防范的综合考量。一方面，制定的金融科技安全治理政策必须将金融科技创新对经济增长的长期影响作用考虑进去，[①] 控制治理政策对金融科技创新的干预力度，因为过多的干预会抑制金融科技的创新和活力，导致金融压抑，降低金融效率。安全治理部门还应根据金融科技创新的实际情况对相关的安全治理政策做出相应的调整，为金融科技市场参与者提供合意的创新激励。另一方面，对金融科技的创新也不能采取放任自流的态度，过少的干预会导致金融科技机构的不规范经营，积累和扩大的金融科技风险在一定程度上可能会影响整个金融行业的安全与稳定。金融科技具有金融和互联网的双重风险，具有更强的广泛性、传染性、隐蔽性和突发性等特点，其在创新过程中极易对金融体系产生不稳定性影响，而风险防范作为金融监管法律制度的主要目标是金融科技安全治理机制也无法回避的问题。[②] 综上所述，适度原则就是要求金融科技安全治理机制的构建应以成本收益最优化的方式纠正市场失灵，在风险可控范围内鼓励金融科技创新，并随着金融科技创新的动态发展，适时适度调整相应的安全治理政策。

（三）金融消费者保护原则

金融消费者保护原则作为传统金融监管的核心原则，在金融科技安全治理机制的构建中也有着举足轻重的作用，其体现的是保护弱势

---

① 〔美〕詹姆斯·R. 巴斯、〔美〕小杰勒德·卡普里奥、〔美〕罗斯·列文：《金融守护人：监管机构如何捍卫公众利益》，杨农等译，生活·读书·新知三联书店，2014，第 54 页。

② 岳彩申：《互联网金融监管的法律难题及其对策》，《中国法律》2014 年第 3 期。

群体的法律原则。[①] 金融科技交易内容的专业性与复杂性，使得大部分处于"长尾"市场、投资经验和专业知识欠缺的金融科技消费者相对于金融科技机构处于弱势和劣势地位。为了减少这种不平等现象的发生，实现法律要求的公平正义，金融消费者保护原则要求金融科技安全治理机构将保护金融科技消费者的权益放在首位，政府作为公权力的拥有者与处于弱势的金融科技消费者站在一起，在相关安全治理机制的构建中设置更严格的消费者保护措施，使金融科技消费者与金融科技机构之间的关系达到某种均衡状态。具体实施包括但不限于：要求金融科技机构承担更多的举证责任；在风险发生时将消费者赔偿放在首位；增强金融科技市场的竞争力，减少损人利己的机会主义行为倾向。因此，金融消费者保护原则就是在机制构建时平衡好金融科技机构和金融科技消费者之间的权利与义务，引导好金融科技创新，始终维护金融科技消费者的合法权益。

（四）协同共治原则

金融科技安全治理机制的构建坚持协同共治原则是必要的。所谓协同共治原则就是指为了实现金融科技安全治理的整体有效性，针对社会各界制定不同的安全治理机制，以实现低成本与高效率的和谐治理。金融科技通过网络平台跨行业、跨机构、跨市场进行交易，参与人数的广泛性和交易的多样复杂性使得金融科技风险的防控离不开有效的协同治理。在构建金融科技安全治理机制时，应充分考虑金融科技的独特性，制定政府与市场共同作用、法律与自律并驾齐驱的多中心安全治理模式；通过集合社会各界的治理力量，达到对金融科技安全治理的帕累托最优。

三 金融科技从监管走向治理

治理与监管两者间的区别主要表现在：其一，监管强调政府单方面

---

① 欧阳日辉主编《互联网金融监管：自律、包容与创新》，经济科学出版社，2015，第95页。

的监督管理，而治理是在多方参与下的协同共治；其二，监管更倾向于被动地实施监督管理行为，而治理更多的是主动发现问题并解决问题。金融科技的新特点和新模式要求防范金融科技风险不能停留在为了监管而监管的初始阶段，而是以金融科技的安全治理来实现金融科技的健康有序发展。

（一）制度化监管走向大数据治理

制度化监管是对金融科技的各个方面通过制定较为严格的监管准则以实现对金融科技行业的风险管控。一方面，这种面面俱到的监管模式往往会因为过于全面而缺少对监管重点的把握，从而导致监管成本高、效率低等问题。另一方面，制度化的监管模式在多数情况下会对金融科技的创新发展产生抑制作用，影响金融科技市场的健康发展。因此，对金融科技的安全治理有必要从制度化监管转向大数据治理。所谓大数据治理，是指运用互联网信息技术和思想，通过实时、互动、动态的方式对金融科技内潜在的风险进行前瞻性、智能化治理。大数据治理通过网络信息技术的应用对不同金融科技产品和服务进行筛选区分，准确高效地捕捉到金融科技安全治理的重点，并实行差异化治理，在降低安全治理成本的基础上大大提高了金融科技安全治理的效率。同时，与制度化监管相比，大数据治理更加灵活，为金融科技的创新提供了更多的空间，对金融科技的创新发展起到了支持作用。

（二）行政监管走向依法治理

行政监管是指在行政人员的主导作用下对金融科技的风险防范和行为监管，这是一种强调以人为核心的监管模式。通过层级式政府监管机构的设置和庞大的行政人员安排，实现对金融科技安全由上至下的全方位监管。但行政监管也因为行政审批程序的复杂低效，并且在实际操作中常常出现行政人员的权力寻租现象从而导致监管的不公正。与行政监管截然不同的是依法治理模式，这是"人治"与"法治"的区别，依法治理以完善的金融科技法律政策体系为基础，按照法律制度的规定，规范金融科技中相关市场主体的行为，保证安全治理过程的公正有序、治理结果的公平有效。总之，从行政监管向依法治理的转变是金融科技安全治理法治化建设的重要基础。

（三）机构监管走向功能治理

机构监管是以金融科技机构的业务属性为划分依据，对从事不同业务范围的市场主体实行分业监管。在金融科技产品和服务日益复杂化的情况下，持续的金融创新使得金融科技产品或服务的范围不断变化，金融机构间的边界也越发模糊，[①] 以限定业务范围为主要监管手段的机构监管显得低效而无能，并且对金融科技的创新发展产生了制约作用。在金融科技跨界经营的驱动下，金融科技的机构监管开始向功能治理转变，即以市场主体在金融科技市场中发挥的功能以及金融科技产品或服务的实质为依据开展对金融科技的安全治理。功能治理主张对发挥同一金融功能的不同金融科技机构所开展的相同或相似的金融科技业务实施大体相同的治理策略，有效解决了治理真空和治理重叠问题。

（四）分业监管走向协同治理

分业监管是与分业经营相对应的监管模式，主要表现为"一行三会"对金融科技的不同业务进行监管负责。随着金融科技跨行业、跨区域甚至跨国界经营模式的出现，分业监管已难以适应金融科技混业经营的现状，常常出现由监管缺位导致的监管漏洞和由监管重叠导致的资源浪费等问题。因而，在金融科技混业发展的大趋势下，对金融科技的安全治理应当从分业监管向协同治理转变。协同治理能够充分发挥现有治理资源的优势，调动各治理主体的积极性，通过加强各治理主体之间

---

① 王兆星：《机构监管与功能监管的变革——银行监管改革探索之七》，《中国金融》2015 年第 3 期。

的交流与协调有效避免了监管缺位和监管重叠问题。同时，协同治理模式也顺应了当前中国"共建共治共享"社会治理体系的发展趋势。

第二节　金融科技安全治理机制的基本框架设计

一　金融科技安全治理的组织体系

按照前文的归纳总结，目前已有的金融科技业态主要有第三方支付、网络借贷、股权众筹、金融网销（包括互联网基金销售、互联网保险和互联网信托）、数字货币和互联网消费金融等，同时随着金融科技的创新发展，在国家政策和新兴技术的支持下，越来越多的新业态如雨后春笋般出现。正是由于金融科技存在多业态性以及各业态具有差异性，因此亟须成立一个能够多方协调的治理机构。本书试图在现存的金融科技安全治理机构的基础上，提出构建金融科技安全治理的组织体系的问题，主要涉及两个方面的建议。首先，根据金融监管协调部际联席会议制度的设立精神，建议设立"金融安全治理委员会"，负责协调包括金融科技在内的金融业务和金融机构安全，特别是金融科技涉及的行业交叉部分，由其进行统一规范。其次，各部门明确治理职责，制定统一治理标准，有效避免分业治理模式下的治理缺位和治理重叠问题。

二　金融科技安全治理的法律体系

目前，中国金融科技安全治理的法律体系还存在诸多问题，大多数业态仅依靠一些政策性文件对风险进行防范和治理，上位法严重缺失，尤其是一些新兴的金融科技业态甚至还处于无门槛、无标准、无监管的"三无"状态。而大多数金融科技业态在差异化的基础上仍有许多的共同点，这为将金融科技作为一个整体进行统一规范奠定了坚实的基础。因此，我们认为金融科技安全治理的法律体系首先需要制定一部上位法"金融科技法"，该法可以在中国人民银行等十部门颁布的《关于促进互联网金融健康发展的指导意见》的基础上修改完善。其次，在"金融科技法"下由相关机构在其职责范围内出台金融科技各业态的管理办法，例如，由中国人民银行出台"互联网征信业务管理办法""互联网支付业务管理办法"等；由国家金融监督管理总局出台"P2P网络借贷业务管理办法""互联网信托业务管理办法""互联网保险业务管理办法"等；由中国证监会出台"股权众筹业务管理办法""互联网基金销售业务管理办法"等；同时，针对类似数字货币、互联网消费金融等跨市场、跨行业机构的新兴金融科技产品，采用由中国人民银行金融科技安全治理委员会牵头、各相关治理部门协同研究的方式，最终形成类似"数字货币业务管理办法""互联网消费金融业务管理办法"等行政规章。

三 金融科技安全治理的多中心协同体系

多中心治理模式是金融科技多元化发展的结果，在该治理模式下构建的金融科技安全治理的多中心协同体系应该是一个"四位一体"的立体化体系（见图6-1），通过充分发挥平台自控的基础作用、行业

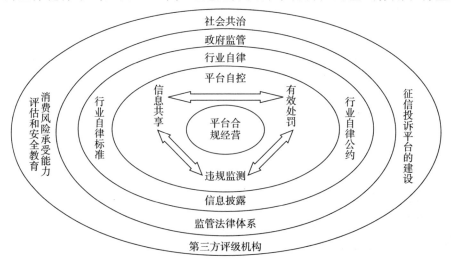

图6-1 金融科技"四位一体"多中心协同体系

自律的主导作用、政府监管的保障作用和社会共治的支撑作用，在各方的共同努力下实现金融科技的健康安全和可持续性发展。

（一）平台自控

金融科技平台是金融科技交易活动开展的重要载体，做好平台自控是保障金融科技安全运行的第一道屏障。首先，金融科技平台通过网络信息技术实现对违规行为的监测；其次，建立不良信息共享机制，各平台可以通过共享的不良信息快速识别出"劣质"客户，防止风险的发生；最后，通过有效处罚机制，最终实现金融科技平台的合规经营。

（二）行业自律

目前，中国金融科技安全治理最权威的行业自律组织是中国互联网金融协会，应充分发挥其引领作用，通过发布自律公约、制定经营管理规则等充分实现其引导示范效应，打造金融科技行业自律的重要组织基础。在此基础上，一方面，完善金融科技安全治理自律组织的构建，国家层面上，可以在中国互联网金融协会下设专业委员会，负责不同金融科技业态的行业自律管理；地方层面上，经地方政府批准同意，成立各地方金融科技协会，负责各地方金融科技市场的自律管理。另一方面，加速金融科技安全治理自律公约的颁布，由上述金融科技协会制定与各金融科技业态相关的风险防范准则标准、信息披露制度等方面的自律管理公约。

（三）政府监管

在中国金融科技的安全治理体系中，政府监管是其重要的组成部分。政府主要通过制定法规的形式构建金融科技安全治理的法规体系，以实现对金融科技风险的防范、金融科技机构行为的规范以及金融科技消费者权益的保护。面对中国现行金融科技安全治理法律体系存在的问题，建议由全国人民代表大会常务委员会颁布一部综合性的法律"金融科技法"，以提高整个金融科技安全治理法律体系的层次，并且，在各项管理办法的制定过程中应加强具体操作性的法律条文的制定。

（四）社会共治

在中国金融科技安全治理过程中，除了政府、行业、平台等力量外，其他多元社会主体，包括金融科技消费者、第三方专业机构等也是金融科技安全治理中的重要力量，能够在金融科技的安全治理中起到重要的外部监督作用。社会共治建设的路径包括但不限于金融科技消费者分级制度、金融科技消费者安全教育机制、第三方信用评级机制以及投诉评议平台等。

四　金融科技安全治理的协调体系

（一）中央与地方的"双层"协调治理

1. 统一组织形式

综观中国目前现有的金融科技安全治理组织体系框架，尽管在省、市乃至县级均设有金融办单位，但是只有省一级的金融办单位相对比较独立，形成了较为完整的组织框架结构，而市、县级别的金融办几乎没有形成统一的框架结构，较为混乱。这种情况不利于金融科技企业明确预期和识别相关治理单位，难以实现金融科技安全治理资源的有效统合。因此，构建一套完善的中央与地方金融科技安全治理机构组织架构迫在眉睫。

2. 明确职责边界

中央与地方的"双层"协调治理要求在上下联动、信息传递、风险预警、危机处理等方面通过明确的权限界定和职责划分最终形成合力。一方面，中央层级的金融科技安全治理机构应突出其权威的协调性和指导性，对地方金融科技安全治理实施有效的规制和指引，协调各地方金融科技安全治理政策的一致性，以保证中央与地方"双层"协调治理的权威性；另一方面，地方层级的金融科技安全治理机构则需要突出其对中央层级政策指导意见的操作性，突出表现在制定相关治理条例时，明确说明"不能做"和"应该做"的事项，以保证中央与地方"双层"协调治理的可操作性。当然，地方层级治理机构在遵循中央规定的行业规则的同时，还应该有一定的灵活性和自主权，从而有效发挥地方金融科技安全治理机构的积极作用。

3. 健全信息共享

有效的中央与地方"双层"协调治理是建立在信息共享基础之上的，并且离不开治理信息的收集与交流。目前，金融科技安全治理主体在获取各自相关常规信息方面已没有多大障碍，但由于缺乏对信息实时共享的明确规定和保障机制，难以判断哪些信息需要实时共享以及如何共享。在信息实时共享的方式上，中央与地方金融科技安全治理机构不仅要完善传统的信息定期送达、实时信息上报、重大事件及时上报等制度，还可以借助区块链技术，实现中央与地方、地方与地方之间的金融科技安全治理系统的联网互通，并赋予地方金融科技安全治理机构管辖地内各金融科技机构及其分支机构业务系统接口的开发权，从而保证对相关信息的实时掌控。

（二）产融跨界的协调治理

产融结合是当下经济发展的一种新模式，在这种模式下，新型产融组织层出不穷，产融结合下产生的新金融也成为经济快速发展的新动力。[①] 所谓"产融跨界的协调治理"主要是指金融部门和其他产业部门在金融科技安全治理过程中的协同合作，包括行业自律的统合和企业自身的协同治理两方面的内容。不同行业的自律准则通常是根据各行业自身的实际情况设定的，各有侧重。当前，在产融跨界的情况下，金融行业与其他行业合作交流，在适用行业自律准则时容易出现冲突，甚至导致治理缺位，亟须实现产融结合。产融跨界行业自律的统合要求各

---

① 欧阳日辉主编《互联网金融治理：规范、创新与发展》，经济科学出版社，2017，第 241 页。

个行业自律机构在面对金融科技安全治理时应当实现目标一致的统一发展。产融跨界企业自身协同治理的实现以企业内部制度的构建为基础，通过产融跨界企业间信息共享的实现，形成企业自身治理理念并实现治理模式的创新，最终确定产融跨界治理政策的顶层设计方案。第一，采用试点模式，选取特定产融跨界企业所在的城市作为试点，尝试构建相应的治理机制，例如负面清单制等，以此来检验产融跨界企业自身协同治理的科学性和合理性。第二，积极引导金融科技企业与产业基金的有机融合，有效防范产融跨界实践引发的金融科技风险。第三，通过强化产业金融准入的审核制度以及对产融跨界企业的监督，推进产融跨界企业的健康有序发展，从而避免产融跨界创新引发的系统性金融风险。

（三）国际协调治理

由于金融科技并存于有国际性特点的互联网环境，其发展逐渐呈现出国际化趋势。当下，各国对金融科技安全治理的措施存在较大差异，无论是在安全治理方面还是消费者权益保护方面都没有形成统一的全球标准，尚无任何国家化的制度安排。[①] 随着金融科技国际化发展进程的加快，建立金融科技的国际协调体系对防范全球系统性金融风险极为重要。

首先，要明确金融科技的国际安全治理主体，可以在金融安全治理委员会下设专门的机构负责世界范围内的金融科技交易，承担监督国际金融科技机构、虚拟货币发行等职责；其次，在具体处理国际金融科技事务时，由于不同的管辖权会使处理流程产生很大的差异，需明确金融科技国际管辖权的法律适用；最后，为了有效解决国际金融科技法律冲突，可以构建相应的冲突解决机制，并在冲突发生时，由国际金融科技安全治理机构承担化解双方矛盾、解决双方纠纷的职责。

---

① 杨祖艳：《监管沙箱制度国际实践及启示》，《上海金融》2018 年第 5 期。

第三节 法经济学视角下中国金融科技安全
治理机制的实践进路

第三章和第四章详细论述了国内外现存的金融科技安全治理机制，包括法律政策体系、自律等不同模式，如何建立一套完善的金融科技安全治理机制不仅要考虑金融科技自身的特点，还需要结合中国的基本国情综合考虑。基于前文的研究，作者在借鉴国外经验的基础上，从事前预防、事中处理和事后救济三个层面集中论述具有中国特色的金融科技安全治理的实践进路。

一 金融科技安全治理的事前预防机制

（一）"监管沙箱"制度的应用

"沙箱"原是计算机专业用语，意指在程序执行中的安全隔离环境，主要通过严格的程序控制所能访问的资源，是虚拟化的一种。[1] 英国是首个将"沙箱"原理应用于金融行业的国家，随后美国、欧洲等国家相继在金融市场推出了沙箱测试服务。中国于 2019 年 12 月开始在北京进行监管沙箱试点，随后试点范围扩大到上海、广州、深圳、重庆、杭州、苏州等 9 个城市。[2] 这一制度的试点预示着金融科技治理机制的整体转型——从"事后救济型"转向"事前预防型"。

"监管沙箱"制度的本质是为金融科技企业开辟一个"安全空间"，[3] 在这个"安全空间"里，治理机构通过实施相对宽松的金融科技安全

[1] 柴瑞娟、常梦：《加拿大沙箱监管的制度建构与启示》，《证券市场导报》2018 年第 10 期。

[2] 黎四奇、李牧翰：《金融科技监管的反思与前瞻：以"沙盒监管"为例》，《甘肃社会科学》2021 年第 3 期。

[3] 李仁真、申晨：《监管沙箱：拥抱 Fintech 的监管制度创新》，《辽宁大学学报》（哲学社会科学版）2018 年第 5 期。

治理政策，为金融科技企业创造更大的创新空间。在实现金融创新的同时，该制度又通过将风险限定在"沙箱"范围内，最大限度地减少了对整体经济环境的影响，从而实现了金融创新与金融稳定的均衡发展。简言之，"监管沙箱"制度能够实现风险可控条件下的金融创新。[1] 随着金融科技的发展，"监管沙箱"制度还可以借用网络信息技术，实现"虚拟沙盒"等新"监管沙箱"模式：通过大数据技术将真实情况模型化，在模拟出的环境中进行"沙盒测试"，进一步降低了成本，提高了效率。并且，在这一过程中，治理机构也能够更好地洞悉金融科技创新的特点和规律，不断积累经验，为制定科学合理的安全治理政策提供依据。

图 6 - 2 汇报了"监管沙箱"中金融创新收益成本的时间轨迹。该图中，横轴表示时间维度，纵轴表示金融创新收益 R（成本 C）维度。R_1 为金融创新收益的时间轨迹，通常认为，新兴金融科技产品都会经历从市场不认可到认可的过程，其收益曲线会随着时间呈先下降后上升的趋势；C_1 为治理政策实施成本的时间轨迹，由于政策实施过程中的经验积累会随着时间的增加而增加，而累积的经验可以有效降低政策实施的成本，因此我们认为，在一般情况下，C_1 是一条渐次下降的曲线。众所周知，金融创新能为社会带来正效益的前提条件是 $R_1 \geq C_1$，这意味着至少在 T_1 点时，金融创新才能真正发挥作用。而"监管沙箱"制度的引入会给金融创新的收益和成本均带来影响，体现在图 6 - 2 中就是，"沙箱"中较为宽松的治理政策以及网络信息技术等科技手段的应用，一方面，大幅度降低了金融创新过程中的治理成本，成本曲线从 C_1 移动到 C_2；另一方面，沙箱原理将风险发生的可能性前置并限定在一定范围内，大大降低了损失发生的概率，金融创新的收益曲线从 R_1 转移到 R_2。此时，金融创新的实现时点就从

---

① 李新宁：《金融科技的高质量发展与监管创新》，《学习与实践》2018 年第 10 期。

T_1 移动到了 T_2。可见，"监管沙箱"制度通过市场适应性预期的实现，缩短了金融科技创新的市场适应时间，更有利于金融科技市场的创新性发展。

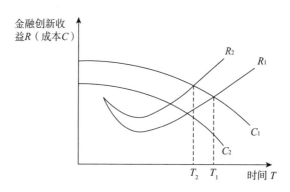

图 6 – 2　"监管沙箱"中金融创新收益成本的时间轨迹

（二）市场准入制度的优化

市场准入是金融风险防控的第一道关口，2017 年在第五次全国金融工作会议上，李克强同志就明确指出"要筑牢市场准入"[①]，在金融科技领域更应如此。金融科技有不同于传统金融的特殊利益结构和风险特征，不能因为政府的"简政放权"而放弃金融科技的准入制度。但金融科技的普惠性等特征又决定了市场准入制度的实施力度不能偏离金融科技发展的客观需要。因此，对金融科技市场准入制度的优化应根据中国金融科技发展的实践、金融科技本身的形态等实际情况来完成。

从经济学角度分析，市场准入制度的实施应该像私人厂商那样进行理性边际决策，以追求利润最大化为目标，通过对成本收益的有效组合，力求以最低的成本获取最高的经济收益和社会效益。我们认为，市场准入制度是借用政府等外部手段对市场活动的一种干预，其存在可以减少"市场失灵"导致的不正当竞争、公共利益受损甚至国民经济

[①]　《第五次全国金融工作会议在京召开》，搜狐网，https://www.sohu.com/a/157553822_481887，2023 年 6 月 25 日最后访问。

下行等风险,[①] 表现为社会总体收益的上升。在政府等外部因素的干预过程中，社会总成本也会随着干预力度的加大而增加，并且若总是以高层次的规制力度来应对低层级的市场失灵状况也会对市场在资源配置中的决定性作用产生负面影响。[②]

从图 6-3 可以看出，随着市场准入制度实施力度的加大，制度总收益曲线和总成本曲线均呈上升趋势，但总收益曲线的斜率越来越小，说明该制度能带来的边际收益越来越少；而总成本曲线的斜率越来越大，说明制度内部产生的"内耗"成本导致边际成本越来越高。市场准入制度产生的效益就是制度收益曲线与制度成本曲线之间的距离，追求制度效益最大化的立法者会选择使这一距离最远的实施力度点 E_1。当实施力度低于 E_1 时，总收益曲线的斜率超过总成本曲线的斜率，即边际收益大于边际成本，此时，制度效益会随着市场准入制度实施力度的增加而增加；当实施力度超过 E_1 时，边际收益低于边际成本，制度效益随着制度实施力度的增加而递减。

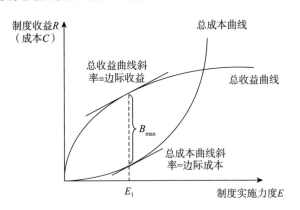

图 6-3　市场准入制度总收益—总成本均衡曲线

综上所述，市场准入制度的优化应以合理限制和规范政府等公权

---

① 郭冠男、李晓琳：《市场准入负面清单管理制度与路径选择：一个总体框架》，《改革》2015 年第 7 期。

② 张守文：《经济法学》，高等教育出版社，2016，第 106~107 页。

力的干预、实现政府权力和市场治理的均衡为目标，市场准入制度的实施力度应以政府对市场的适度干预为指导，避免政府等外部因素对金融科技市场因不必要的干预而造成的市场积极性下降等不良后果。

（三）第三方信用评级机制的引入

现代社会，信用是市场经济运行的保障和基础。现有金融科技信用评级机制的运作模式如图 6－4 所示，各个独立市场主体的信用评级机构分别对个人、企业以及金融科技机构等市场主体进行信用评级。个人征信是中国人民银行通过建立全国统一的个人信用信息数据库，完成对个人信用的评估。企业征信则大多由各大银行根据其客户信用评级办法建立内部评级系统，由于没有统一的企业信用数据库，相关数据的收集会造成重复成本的产生以及数据的不全面性，加之不同银行使用的评级方法各不相同，不少劣质企业成为信用评级下的"漏网之鱼"。对金融科技机构的信用评级亦是如此，对金融科技平台的评级大多由一些网站或研究机构收集部分数据得出，评级的结果缺乏权威性，可以说，对金融科技平台的评级属于严重缺失的状态，大大增加了金融科技风险发生的可能性。

图 6－4　现有信用评级机制运作模式

为了解决上述一系列问题，本书试图引入第三方信用评级机制，并将其运作模式汇报在图 6－5 中。首先，由政府出面建立融合政府数据、金融数据、商业数据于一体的混合信用信息数据库。其次，由第三方信用评级机构按照统一标准借助互联网信息技术整理并存储数据，最终做出相应的信用评级。

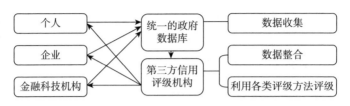

图 6 - 5　第三方信用评级机制运作模式

从古典经济学"经济人"的假设出发，一项制度的引入在耗费了一定的人力、物力及财力等成本的情况下，必须有相应的效益。本书在此选用德国立法成本效益分析评估模型，此模型主要适用于制定新法规或者替代方法的评估，[①] 使用这一模型意在对第三方信用评级机制的引入做可行性分析。将制度引入成本记作"C"，将社会财富记作"V"，将制度引入效益记作"Z"，德国立法项目的效益可表述为：$Z = V - C$。[②]

简要分析可知，引入第三方信用评估机制最主要影响的是执法成本和执行成本中的违法成本。一方面，第三方信用评级机制的引入，有效避免了因数据重复收集而造成的成本增加问题，降低了制度实施的执法成本。另一方面，第三方信用评级机制的实质是事前预防金融风险的发生。在独立市场主体评级模式下，由于评级方法各异，会产生很多"漏网之鱼"，这大大增加了风险发生的可能性，而风险发生后的事后救济会产生大量诉讼费用，同时会给当事人带来经济损失；与独立市场主体评级模式相比，第三方信用评级机制通过互联网信息技术的使用做出统一的信用评级，最大可能地识别出"不诚信"个人、企业和金融科技机构，降低了金融风险发生的可能性，避免了大量不必要的事后救济

---

① 刘少军：《立法成本效益分析制度研究》，中国政法大学出版社，2011，第 151 ~ 153 页。

② 该模型中，立法成本 C 主要包括立法过程成本、执法成本和执行成本，其中立法过程成本是指立法活动耗费的直接成本；执法成本是指为保障法律得到贯彻落实而支付的一切费用；执行成本又包括守法成本和违法成本，其中的违法成本是指人因违反法律规定而承担的责任以及因此而产生的损失。社会财富 V 包括经济和社会两方面的效益，具体各社会主体从一项立法中获得的直接或间接经济效益以及其对社会秩序、人的行为观念影响、社会稳定等各方面产生的综合效益。

成本。当然，第三方信用评级机制的引入成本并不能被完全忽略，这主要涉及技术性支出。假定第三方信用评级机制引入导致的执法成本降低值为 C_1，违法成本降低值为 C_2，制度引入成本 C_3，只要实现 $C_1 + C_2 > C_3$，第三方信用评级机制的引入就具有可行性。

还需要特别指出的是，第三方信用评级机制中政府的介入提高了第三方信用评级机构的权威性，同时，互联网社交网络功能的充分运用，使得无论是数据的整合还是评级标准的制定都可以随着市场的需求和变化进行不断的丰富和发展，这种动态性的信用评级机制能够实现实时评估，真实反映征信的实时情况。

（四）金融科技消费者分级制度的建立和安全教育机制的强化

美国、英国及日本等西方发达国家常常采用"适当性规则"（Suitability Rule）对金融消费者进行分级保护。在借鉴国外经验的基础上，结合中国现实，可以构建以适当性规则为标准的金融科技消费者分级制度。其主要有以下两个方面的作用。其一，对于金融科技机构而言，可以对不同级别的金融科技消费者加以区分，实施与之级别相对应的注意义务和责任承担原则，有效防止了金融科技机构为追求自身利益最大化而损害金融科技消费者权益的情况。[①] 其二，对于金融科技消费者而言，不同的级别有相应的准入门槛，通过限制低级别金融科技消费者进入高风险金融科技市场，帮助金融科技消费者有效规避了其风险承受范围之外的风险损失。

在制度构建方面，主要是通过综合分析金融科技消费者掌握的金融知识、实践经验、经济能力、消费能力以及财务状况等信息对金融科技消费者进行分类。首先，运用互联网信息技术对金融科技消费者的"金融信息"和"非金融信息"进行系统化的收集整理，依托数据分析

---

① 曹守晔、张钱：《金融消费者分级保护制度的法律规则构架》，《社会科学辑刊》2014年第4期。

模型对金融科技消费者的风险承受能力进行科学准确的评估。随后，在风险承受能力评估的基础上，按照"专业"和"非专业"的初始标准将金融科技消费者划分为两大类。再以资金量大小作为进阶标准对"专业"和"非专业"金融科技消费者做进一步细分，将"专业"大类的金融科技消费者细分为"专业零散客户"和"专业机构客户"，将"非专业"大类的金融科技消费者细分为"非专业小客户"、"非专业中客户"和"非专业大客户"。金融科技消费者分级制度是对金融科技机构向金融科技消费者推介金融科技产品或服务行为的一种约束与管制，按照以上分级标准，金融科技机构对"专业机构客户"、"专业零散客户"、"非专业大客户"、"非专业中客户"和"非专业小客户"的注意义务依次减少，相应地，其所受到的保护程度依次增大。

当然，对金融科技消费者的分级不应该是一成不变的，而应该是一个动态化的过程。通过对金融科技消费者信息的不断补充，该分级制度应该能够对其风险承受能力做出相应的调整，从而改变金融科技消费者的级别，在保护金融科技消费者合法权益的基础上最大限度地满足金融科技消费的个性化需求。

除了对金融科技消费者进行分级保护之外，还需要加强对金融科技消费者的安全教育。例如，成立专门的金融科技消费者教育平台、设立相应的专门机构、通过互联网传播专业的金融科技知识、在平台上向社会公众提供免费的金融科技相关咨询和服务等，提高金融科技消费者对金融科技产品和服务的风险意识以及对金融科技行为的规范意识。

二　金融科技安全治理的事中处理机制

（一）信息披露制度的完善

信息披露制度是金融科技市场中解决信息不对称和克服市场失灵的基本方法。通过信息的披露，市场各方主体能够公平地享有相关信息，有效降低了信息的不对称性，从而避免了道德风险、逆向选择的发生以及由此带来的市场失灵问题。同时，金融科技市场相关信息的披露给金融科技企业乃至市场的创新发展提供了明确的依据，例如，消费者相关产品或风险的偏好信息能够给金融科技市场的创新发展提供方向和依据。一般而言，信息披露制度分为自愿性信息披露制度和强制性信息披露制度。[①] 强制性信息披露制度的应用会在信息披露和消费者权益保护之间产生矛盾，从权利角度看就是在信息共享权和隐私权之间产生冲突。信息披露制度中要求披露的内容越多，越容易涉及社会居民个人的权益，包括信誉、隐私等敏感问题；反之，若要求披露的内容过少，又难以达到解决信息不对称问题的预期效果。

苏力认为，社会中的权利实质上是交叉重叠的，权利之间的相互碰撞会随着社会生活的发展日益增加，人们总是处在一种权利相互性的境地。[②] 科斯第一定理认为，在出现权利相互性的时候，若交易成本为零，不论如何配置权利都会产生高效率的结果。但现实生活中并不存在交易成本为零的理想状态，不同的权利配置状态会产生不同的社会总产值。因此，制度最好的设置应当是用一种能够避免较为严重的损害的方式来配置权利。按照上述理论，信息披露制度的完善必须坚持以实现信息披露和消费者权益保护的均衡为目标，有效配置信息共享权和隐私权，以达到社会收益最大化。

图 6 - 6 中，C_0 表示不存在信息披露制度时社会整体金融科技创新活动的边际成本曲线，其与市场需求曲线 D 交点确定的 Q_0 是无信息披露制度状态下的社会金融科技创新活动产出量；C_1 表示信息披露制度导致外部正效应时的社会边际成本曲线，此时的信息披露制度有效解决信息不对称问题带来的收益大于对消费者权益造成的损害；C_2 表示信息披露制度导致外部负效应时的社会边际成本曲线，此时的信息披

---

① 邢会强：《金融法上信息披露制度的缺陷及其改革——行为经济学视角的反思》，《证券市场导报》2018 年第 3 期。

② 苏力：《法治及其本土资源》（第三版），北京大学出版社，2015，第 189 - 195 页。

露制度有效解决信息不对称问题带来的收益小于对消费者权益造成的损害。从图 6-6 中可知，当信息披露制度带来的社会福利大于成本时，$C_0 > C_1$，根据供求关系，C_1 和 D 线相交所确定的 Q_1 是此状态下的社会金融科技创新活动产出量。由 $Q_1 > Q_0$ 可知，信息披露制度的制定若能产生社会正效应，也能给金融科技的创新发展提供有利的市场环境。相反，当信息披露制度带来的社会福利小于成本时，$C_2 > C_0$，根据供求关系得到 $Q_2 < Q_0$，信息披露制度对金融科技创新产生了抑制作用。

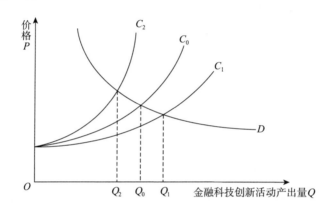

图 6-6 信息披露制度对金融科技创新活动的影响

正如科斯主张的，在权利发生冲突时，制度设定的权利配置应当能够避免较为严重的损害，即这种权利的配置能使社会产出最大化。[①] 从图 6-7 中可以看出，随着信息披露制度中披露信息种类及数量的增加，由信息共享带来的社会效益不断增加，但增速越来越慢；由消费者权益损害导致的社会效益不断减少，且减速越来越快。由此得出的社会总效益曲线是一条先上升后下降的趋势曲线，这说明，信息披露制度的实施所带来的社会效益呈现出先增加后减少的变化趋势。而 B 点是整个社会总效益曲线的最高点，即信息披露制度能带来的最大的社会效益。因此，信息披露的内容及信息披露制度实施的力度应被控制在适当的范

---

① 苏力：《法治及其本土资源》（第三版），北京大学出版社，2015，第 194 页。

围内，以便满足实现社会总效益最大化的要求，这也是信息披露制度在制定和实施过程中需要注意的地方。

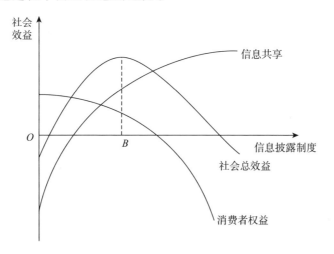

图 6 - 7 信息披露制度的社会效益曲线

（二）"穿透式"治理机制的实现

早在 2016 年，国务院办公厅在《互联网金融风险专项整治工作实施方案》中就明确提出了针对金融科技主要风险领域"穿透式"治理的具体要求。所谓"穿透式"治理就是透过金融科技产品的表面形态，分析金融科技业务和行为的实质，将各环节穿透连接起来，按照"实质重于形式"原则甄别金融科技业务和行为的性质，从而对金融科技业务和行为进行全流程治理的一种模式。[①] 简言之，"穿透式"治理是从金融科技产品实质上划分治理主体、治理职责和适用规则，对于实质相同风险相近的金融科技产品或行为实施相同或相近的治理规则。与传统金融安全治理机制相比，"穿透式"治理机制的出现有效避免了治理真空和治理套利现象的频发，但"穿透式"治理机制的实现不能以限制金融科技的创新发展为前提，不能偏离金融科技安全治理的总体

---

① 国家检察官学院课题组：《P2P 网络借贷平台异化的刑事规制》，《国家检察官学院学报》
2018 年第 1 期。

要求——"鼓励创新、防范风险、趋利避害、健康发展"，亦不可盲目"穿透"、频繁"穿透"，[①] 那么，金融科技创新与"穿透式"治理之间的互动关系就成为研究"穿透式"治理实现的主要方面。下面，我们将运用博弈论理论构建金融科技创新与安全治理的博弈模型。

由于金融科技创新和安全治理是一个在动态中寻求平衡的过程，故该模型是一个动态博弈模型。在该模型中，参与博弈的主体是金融科技企业和安全治理机构，并且安全治理机构不存在垄断和寻租行为，其治理的目的就是实现社会预期收益。在博弈中，金融科技企业的策略选择主体为不创新或加强创新，安全治理主体的策略选择则是形式治理或"穿透式"治理。假设在信息披露制度下，安全治理机构和金融科技企业之间能够实现信息共享，那么该模型就是一个基于完全信息的动态博弈模型。同时，金融科技企业不进行创新时，其收益为 R，创新产生的超额收益为 R_1，创新导致风险增大而产生的损失为 W，导致安全治理加强而产生的损失为 W_1，形式治理带来的社会收益为 B，"穿透式"治理多带来的社会收益为 B_1，多产生的成本为 C，对应的期望值分别为 $E(R)$、$E(R_1)$、$E(W)$、$E(W_1)$、$E(B)$、$E(B_1)$ 和 $E(C)$。

假定金融科技企业不创新，当安全治理机构采用形式治理模式时，金融科技企业和安全治理机构的期望收益为 $[E(R), E(B)]$；当安全治理机构采用"穿透式"治理模式时，由于金融科技企业处于不创新状态，"穿透式"治理对金融科技企业的收益不会产生太大的影响，也不能为其带来更多的社会总效益，此时，$E(B_1) = 0$，双方的期望收益为 $[E(R), E(B) - E(C)]$。

假定金融科技企业加强创新，其可以因为创新而获得超额的期望收益 $E(R_1)$。若安全治理机构采用形式治理模式，则由于治理仅流于表面，容易导致风险发生而产生损失 $E(W)$，所以双方的期望收益为

$[E(R)+E(R_1), E(B)-E(W)]$；若安全治理机构在金融科技企业加强创新时采用了"穿透式"治理，则对于金融科技企业来说，在获得超额收益 $E(R_1)$ 的同时，还需要承担"穿透式"治理给创新带来的损失 $E(W_1)$。对安全治理机构而言，除了支付因加大治理力度而产生的成本 $E(C)$ 外，还获得了"穿透式"治理带来的额外收益 $E(B_1)$，并且成功规避了创新导致的风险 $E(W)$，此时双方的期望收益为 $[E(R)+E(R_1)-E(W_1), E(B)+E(B_1)-E(C)]$。

从表6-1可知，在金融科技企业不创新的情况下，形式治理的预期收益是 $E(B)$，"穿透式"治理的预期收益是 $E(B)-E(C)$，显然 $E(B)>E(B)-E(C)$，此时金融科技安全治理机构的最优策略是形式治理，该模型的博弈均衡为 $[E(R), E(B)]$，即（不创新，形式治理）。在金融科技企业创新的情况下，形式治理和"穿透式"治理对应的预期收益分别是 $E(B)-E(W)$ 和 $E(B)+E(B_1)-E(C)$，由 $E(W)>0$ 且 $E(B_1)-E(C)>0$ 可知 $E(B)-E(W)<E(B)+E(B_1)-E(C)$。所以在"穿透式"治理的基础上，金融科技企业创新的期望收益是 $E(R)+E(R_1)-E(W_1)$，当 $E(R_1)>E(W_1)$，即 $E(R)+E(R_1)-E(W_1)>E(R)$ 时，金融科技企业创新带来的收益超过了"穿透式"治理带来的损失，为了获得更多的利润，金融科技企业会坚持加强创新，同时安全治理机构也会依旧采用"穿透式"治理来减少创新带来的风险损失，此时，（加强创新，"穿透式"治理）的策略形成了一种非合作博弈均衡的状态，即纳什均衡。当 $E(R_1)<E(W_1)$，即 $E(R)+E(R_1)-E(W_1)<E(R)$ 时，金融科技企业创新带来的额外收益不足以抵扣"穿透式"治理带来的创新损失，在这种情况下，金融科技企业的创新变成了无用功，其会做出放弃创新的行为，重新回到上述第一种博弈均衡状态，即（不创新，形式治理），也就是说安全治理机构的安全治理机制选择既可能挫伤金融科技企业的创新动力，也可能因不作为而带来金融风险。通过以上分析可知，"穿透式"治理机制应以

实现 $E(R_1) > E(W_1)$，$E(R) + E(R_1) - E(W_1) > E(R)$ 为目标，最终达到（加强创新，"穿透式"治理）的博弈均衡和最优策略，既推进了金融科技的创新发展，又能够有效防范和规制金融风险。

表 6-1　完全信息的动态博弈模型期望收益矩阵

		金融科技企业	
		不创新	加强创新
金融科技安全治理机构	形式治理	$[E(R), E(B)]$	$[E(R) + E(R_1), E(B) - E(W)]$
	"穿透式"治理	$[E(R), E(B) - E(C)]$	$[E(R) + E(R_1) - E(W_1), E(B) + E(B_1) - E(C)]$

（三）金融审查员制度与技术巡查制度的均衡应用

金融审查员制度主要是指从事金融科技安全治理的专业人才对金融科技机构的业务活动、内部控制、风险状况、反洗钱工作等进行定期或不定期的现场检查和非现场检查。技术巡查制度则是通过互联网信息技术的使用，对金融科技市场中发生的各类交易进行事中实时巡查监管等。以往对金融科技市场交易情况的督查主要是依靠金融审查员制度等人力资本输出的形式，但随着金融科技的不断创新发展，单纯依靠人力资本已经难以实现对金融科技有效的安全治理，必须借助技术巡查制度等技术输出的方式实现安全治理体系的自动化。那么，技术巡查制度等技术输出方式是否可以完全替代金融审查员制度等人力资本输出方式呢？

图 6-8 中，横轴 K 表示技术巡查制度的投入实施情况，纵轴 L 表示金融审查员制度的投入实施情况，曲线 Q 表示金融科技市场的等安全值曲线（假设这个安全值是金融科技安全能实现的最大值）。按照边际技术替代率递减规律，技术巡查制度投入实施量等量地依次从 K_1 增加到 K_2、K_3、K_4，即有 $OK_1 = K_1K_2 = K_2K_3 = K_3K_4$，而相应的，金融审查员制度的投入实施减少量是依次递减的，即 $OL_1 - OL_2 > OL_2 - OL_3 > OL_3 - OL_4$。也就是说，在维持不变的金融科技安全指数过程中，在技术巡查

制度投入量不断增加和金融审查员制度投入量不断减少的替代过程中，技术巡查制度对金融审查员制度的边际替代作用是不断递减的。而技术巡查制度的投入主要是依靠互联网信息技术的不断完善来实现的，这必然会导致相应技术成本的支出，根据边际成本递增的规律，当技术巡查制度的投入增加到一定程度后，若继续增加投入量会使得增加单位投入量产生的成本越来越大，反而得不偿失。

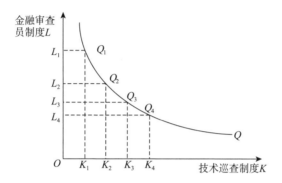

图 6 - 8　技术巡查制度对金融审查员制度的替代效用

因此，尽管技术巡查制度在一定程度上对金融审查员制度有替代效应，但这种替代效应并不会永远递增，在这种情况下，应根据金融科技安全实现的实际需要决定技术巡查制度的投入实施情况，以达到技术巡查制度和金融审查员制度的均衡，实现社会总效益的最优。

三　金融科技安全治理的事后救济机制

（一）信用保险制度在金融科技安全网构建中的完善

金融科技安全网是金融科技风险防范的最后一道防线。按照金融安全网的定义，我们将金融科技安全网认定为，为了保持金融科技安全稳健运行而建立的危机防范和管理的一系列制度安排。[①] 金融科技安全网作为一种危机防范和处置机制，其实质是风险的分配和损失的分担。

---

① 刘士余：《银行危机与金融安全网的设计》，经济科学出版社，2003，第 186 页。

信用保险制度作为金融科技市场的特殊保险制度，是金融科技安全网的重要组成部分。与所有保险的作用一样，信用保险本质上是一种损失分摊的制度保障。从金融科技消费者的角度出发，其向第三方保险公司投保信用保险实质上就是为自己的信用背书，当其发生违约行为时，由第三方保险公司承担相应的损失。从金融科技机构的角度出发，其向第三方保险公司投保信用保险是为了提高自身的信用水平，扩大自己在金融科技市场的份额，降低金融风险发生的可能性。

按照经济学理论，假设在金融科技市场中存在一群厌恶风险的金融科技消费者，他们知道金融科技市场存在发生风险从而导致经济损失的可能性，且该概率为 P。若风险发生，对金融科技消费者造成的经济损失为 C_1，而整个金融科技交易中消费者可获得的收益为 R。在金融科技消费者不购买信用保险的情况下，他们的预期收益为：

$$P(R - C_1) + (1 - P)R = R - PC_1$$

在金融科技消费者购买信用保险的情况下，假设保费支出成本为 C_2，则他们的预期收益为：

$$P(R - C_2) + (1 - P)(R - C_2) = R - C_2$$

由于金融科技消费者是厌恶风险的，当 $R - PC_1 \leq R - C_2$，即 $C_2 \leq PC_1$ 时，厌恶风险的金融科技消费者会选择购买信用保险。也就是说，保险信用制度所设置的保费支出应保证小于或等于金融科技风险发生所带来的损失，才能带来帕累托效率的改进。

综上所述，信用保险制度作为金融科技安全网中的损失分担机制，对金融科技风险的防范和管理起到了至关重要的作用。但是，在信用保险制度的细节设计中，应整体考虑该制度的可行性，并通过相关法律法规的修订，为信用保险制度的完善和运行提供法律保障。

（二）多元救济模式的构建

《中华人民共和国消费者保护法》第三十九条明确规定，消费者和经营者发生消费者权益争议时，可以通过双方协商和解、消费者协会调解、向行政机关投诉、向仲裁机构仲裁、向法院起诉等方式解决纠纷。在这一规定的基础上，本书充分考虑金融科技消费者不同于传统消费者的特殊性，拟构建符合金融科技市场特征的线上专家调解、投诉评议平台、线上仲裁平台以及线上约谈制度等多元化的救济体系。

1. 线上专家调解

金融科技最主要的特点就是依托互联网，金融科技消费者与金融科技机构之间的交易均在网上完成，如果依旧采用传统的面对面调解模式除了会产生大量的成本费用外，也难以真正解决纠纷。基于此，建立一套完善的线上专家调解机制势在必行。具体而言，成立专门的金融科技专家调解小组，并采用互联网技术建立一个金融科技纠纷受理系统，金融科技消费者通过实名认证注册使用该系统，在系统中录入金融科技纠纷中涉及的金融科技机构名称、数额以及请求结果等信息，此信息会同时被反馈给涉及的金融科技机构和专家小组成员。专家小组根据金融科技消费者登记的相关交易复杂程度、数额大小以及涉及范围组建相应的调解团队进行线上调解。

2. 投诉评议平台

基于互联网碎片化、无间断、跨区间的特点，金融科技市场的投诉机制必须打破传统投诉机制中时间、地域等的限制，构建金融科技投诉评议平台，依靠金融科技消费者的力量对金融科技交易中的不规范行为和金融诈骗等进行监督。该平台可以 24 小时接受金融科技消费者的网上投诉，实现对金融科技消费者投诉的快速反应，并通过互联网技术对投诉进行分类，根据投诉问题传送到相应部门处理，再及时将投诉处理结果进行反馈。

除投诉功能外，评议是金融科技投诉评议平台的另一个重要功能。根据投诉事件对社会造成的影响及损害程度，一般的投诉事件由平台自行评议，并根据实际情况进行披露。而针对金融科技市场中发生的给社会带来严重影响和重大经济损失的事件，可以采取与新闻 NGO 评议机构合作的方式，由新闻 NGO 评议机构进行评议并将评议报告交由相关媒体刊载。

3. 线上仲裁平台

与线上专家调解、投诉评议平台不同的是，仲裁的结果具有法律效力，在构建金融科技线上仲裁平台时必须考虑仲裁实施的专业性和社会认可度。因此，专业的团队建设是线上仲裁平台构建的基础，应选择兼具法学和金融学背景知识的仲裁员，并对其实施较普通仲裁员更严格的筛选考核制度，以保证线上仲裁的专业性。金融科技的交易双方根据各自的需要选择合适的仲裁员，并由线上仲裁平台按照金融科技交易纠纷的类型设定不同的仲裁程序，从而保证金融科技线上仲裁的灵活性。

4. 线上约谈制度

约谈制度①最早被用于价格监督检查中，后逐渐被应用到社会各个领域。在金融科技市场中，也可以借鉴这一制度的运用模式，建立适合金融科技特点的线上约谈制度。具体操作如下：对金融科技纠纷受理系统、金融科技投诉评议平台以及线上仲裁平台中屡次涉及的金融科技机构进行线上约谈，了解该机构的资产规模、财务状况以及盈利模式等信息，要求金融科技机构对上述系统、平台中涉及的纠纷做出说明并给出相应的解决或预防措施。由于约谈制度不产生直接法律效果、不具有强制性，其在引导金融科技机构行为的过程中更能适应金融科技市场的千变万化，从而达到社会成本效益最优。

（三）国家法与民间法的动态调节

在金融科技安全治理中，通过立法的方式规范金融科技市场交易主体的行为，可达到规避风险的效果。与国家法相对应的是民间法，主

---

① 约谈制度指上级组织部门对未履行或未全面正确履行职责，或未按时完成重要工作任务的下级组织部门所进行的问责谈话制度。

要指由风俗习惯演变而来并逐渐被制度化的规则，与国家法最大的区别在于民间法不是通过国家正式或非正式"授权"产生的，这种制度规则也是权利的来源。[①] 从中国法治发展的历史来看，国家法的产生是顺应社会历史发展需要和符合交易成本规律的，其通过建立强制性规则制度规范市场秩序，约束市场相关主体的行为。国家法在实施过程中产生的经济效益和社会作用是有目共睹的。但国家法的制定和运行表现为高成本性，主要是因为国家法的成本表现为对立法者、司法者和执法者的财政补贴，其中立法者包括全国人大及其常委会、国务院以及与金融科技安全治理相关的各部委、地方人大及其常委会、各级地方政府等；司法者包括各级法院、检察院等；执法者包括各级行政机关等。国家法在金融科技市场中的作用亦是如此。但实际情况是，基于成本效益的考量，国家法没有力量使每一违法行为都受到相应的惩罚，民间法的应用正好可以与国家法形成互补，有效弥补国家法在实施过程中存在的不足。接下来，我们将使用经济学相关理论分析在实现整体效益最大化的过程中，国家法和民间法的动态调节过程。

如图 6-9 所示，曲线 MR 是国家法对金融科技安全治理产生的边际收益，曲线 MC 是国家法制定产生的边际成本，曲线 NN 是由曲线 MR 和 MC 产生的边际国家法净收益。我们认为，法律的最佳供给量应位于边际法律收益等于边际法律成本的水平上。在图 6-9 中，A 点就是国家法的最优供给量。在 A 点左侧，边际收益大于边际成本，即 $MC < MR$，说明国家法的最佳效益尚未实现，国家法供不应求，国家法的投入不足。在 A 点右侧，边际成本大于边际收益，即 $MC > MR$，说明国家法供大于求，国家法因过多而被虚置。因此，只有在 A 点处，国家法对金融科技安全治理的效益才能达到最大值。同理，民间法在对金融科技安全治理

---

① 〔美〕罗伯特·C. 埃里克森：《无需法律的秩序——邻人如何解决纠纷》，苏力译，中国政法大学出版社，2003，第 52 页。

产生效益的同时也会产生相应的成本，并且由于民间法大多基于现有的社会秩序发展而来，在实现更高的效益过程中反而消耗更低的成本，按照上述同样的分析方法可以得到民间法的最优供给量应是位于 A 点右侧的 B 点。

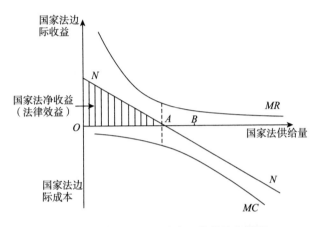

图 6 - 9　国家法边际成本—收益均衡模型

　　接下来，我们将分析国家法和民间法在法律供给方面的替代性。图 6 - 10 中横轴表示国家法供给量，纵轴表示民间法供给量，曲线 D_1C_1 是国家法与民间法的生产可能性边界。所谓"生产可能性边界"是指在现有的法律资源和法律生产技术水平下所能产生的国家法和民间法的各种组合。在曲线 D_1C_1 内部的任何一点，说明生产还有潜力，即还有国家法或民间法未得到充分利用，存在资源闲置；而在曲线 D_1C_1 之外的任何一点，都表示在现有法律资源和法律生产技术水平下所达不到的状态。按照前述分析可知，点 A 和点 B 分别是国家法和民间法能给金融科技安全治理带来最大效益的最优供给量。理想状态下，在现有的法律资源和法律生产技术水平下，能够使国家法的供给量达到 A 点，同时使民间法的供给量达到 B 点，这是能为金融科技安全治理带来最大效益的最优组合。此时，国家法和民间法的均衡点就在 L 点处。

　　但实际上理想状况是很难实现的，往往会出现图 6 - 11 的情况。

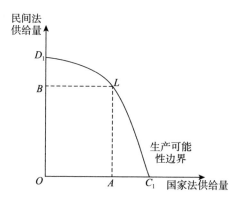

图 6 - 10　理想状态下国家法与民间法的均衡

如图 6 - 11 所示，当生产可能性边界是 D_2C_2 时，A 点和 B 点形成的组合位于其内部，这种情况下还有资源未得到充分应用，可以采用：（1）增加民间法的供给量到 F_2 点，形成 OA 量的国家法和 OF_2 量的民间法组合；（2）增加国家法的供给量到 E_2 点，形成 OE_2 量的国家法和 OB 量的民间法组合；（3）同时增加国家法的供给量到 G_2 点、民间法的供给量到 H_2 点，形成 OG_2 量的国家法和 OH_2 量的民间法组合，使资源得到充分应用。当生产可能性边界为 D_3C_3 时，A 点和 B 点形成的组合位于其外部，这是一种现有资源和技术条件所不能达到的状态，可以

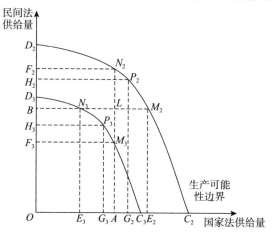

图 6 - 11　非理想状态下国家法与民间法的动态均衡

采用：（1）减少民间法的供给量到 F_3 点，形成 OA 量的国家法和 OF_3 量的民间法组合；（2）减少国家法的供给量到 E_3 点，形成 OE_3 量的国家法和 OB 量的民间法组合；（3）同时减少国家法的供给量到 G_3 点、民间法的供给量到 H_3 点，形成 OG_3 量的国家法和 OH_3 量的民间法组合，使资源配置产生效率。以上无论哪种方法都会导致相应成本收益的变化，并且在不同的金融科技发展阶段，各成本收益变化所带来的影响也不同，国家法和民间法的动态均衡点会随着金融科技发展的变化而在 M_2 点和 N_2 点或 M_3 点和 N_3 点间来回波动。

结　语

自金融科技在中国兴起以来，其发展经历了从野蛮生长到行业出清的转折。金融科技作为传统金融的有益补充，在给金融市场带来创新活力的同时，也带来了兼具"金融"和"互联网"双重属性的风险。在金融科技飞速发展的过程中实现对金融消费者权益的保护，建立公正、有效的金融科技安全治理机制以防范复杂多变的金融科技风险是中国社会的当务之急。

从法经济学视角出发研究金融科技的安全治理机制，较好地结合了法学和经济学领域的理论实践，在公平、正义、安全等价值的追求下实现了社会总效益的帕累托最优。在研究过程中，作者还借鉴了国外已有的成熟治理机制，并根据中国的实际情况加以改进，最终构建出一套完整的事前预防、事中处理、事后救济的金融科技安全治理机制。但由于金融科技安全治理机制的构建研究涉及诸多专业性和技术层面的问题，且金融科技也在技术的革新中不断创新发展，因而本书尚存有待继续深入研究的领域，其中包括金融科技安全治理机制的构建如何适应不断创新发展的金融科技市场等。

参考文献

一 中文参考文献

(一) 著作类

1. 〔美〕埃莉诺·奥斯特罗姆：《公共事物的治理之道：集体行动制度的演进》，余逊达、陈旭东译，上海译文出版社，2012。

2. 〔美〕爱德华·肖：《经济发展中的金融深化》，邵伏军等译，生活·读书·新知三联书店，1988。

3. 〔美〕彼得·纽曼、〔美〕默里·米尔盖特、〔英〕约翰·伊特韦尔编《新帕尔格雷夫货币金融大辞典》（第2卷），经济科学出版社，2000。

4. 长铗等：《区块链：从数字货币到信用社会》，中信出版社，2016。

5. 陈波：《逻辑学导论》，中国人民大学出版社，2003。

6. 陈晨：《股权众筹监管制度研究》，法律出版社，2018。

7. 陈红：《开放经济条件下的金融监管与金融稳定》，中国金融出版社，2014。

8. 陈瑞华：《论法学研究方法》，北京大学出版社，2009。

9. 陈雨露、马勇：《大金融论纲》，中国人民大学出版社，2013。

10. 辞海编辑委员会编《辞海》（缩印本），上海辞书出版社，1999。

11. 《辞源》，商务印书馆，1915。

12. 〔美〕E. 博登海默：《法理学：法律哲学与法律方法》，邓正来译，中国政法大学出版社，2004。

13. 范文仲等：《互联网金融理论、实践与监管》，中国金融出版社，2014。

14. 封北麟：《中国互联网金融：发展、风险与监管》，中国财政经济出版社，2017。

15. 〔英〕弗里德利希·冯·哈耶克：《法律、立法与自由》（第一卷），邓正来、张守东、李静冰译，中国大百科全书出版社，2000。

16. 韩忠亮：《全球化背景下金融监管的博弈研究》，北京大学出版社，2013。

17. 何剑锋：《互联网金融监管研究》，法律出版社，2019。

18. 何德旭等：《中国金融安全评论》（第一卷），金城出版社和社会科学出版社，2014。

19. 胡代光、周安军：《当代国外学者论市场经济》，商务印书馆，1996。

20. 黄达、刘鸿儒、张肖主编《中国金融百科全书》，经济管理出版社，1990。

21. 黄卫东：《互联网金融创新》，新华出版社，2015。

22. 〔美〕克里斯·安德森：《长尾理论：为什么商业的未来是小众市场》，乔江涛、石晓燕译，中信出版社，2015。

23. 李海峰：《网络融资：互联网经济下的新金融》，中国金融出版社，2013。

24. 李琦：《互联网金融领域信用与风险的理论与实证分析》，经济科学出版社，2018。

25. 李心丹：《行为金融学——理论及中国的证据》，上海三联书店，2004。

26. 李扬、王国刚、刘煜辉主编《中国城市金融生态环境评价》，人民出版社，2005。

27. 李扬、张晓晶：《失衡与再平衡——塑造全球治理新框架》，中国社会科学出版社，2013。

28. 李扬主编《金融学大辞典》，中国金融出版社，2014。

29. 〔美〕理查德·A. 波斯纳：《法律的经济分析》，蒋兆康译，中国大百科全书出版社，1997。

30. 〔美〕理查德·A. 马斯格雷夫、〔美〕佩吉·B. 马斯格雷夫：《财政理论与实践》（第五版），邓子基、邓力平译校，中国财政经济出版社，2003。

31. 刘少杰：《当代国外社会学理论》，中国人民大学出版社，2009。

32. 刘少军：《立法成本效益分析制度研究》，中国政法大学出版社，2011。

33. 刘士余：《银行危机与金融安全网的设计》，经济科学出版社，2003。

34. 刘锡良等：《中国金融国际化中的风险防范与金融安全研究》，经济科学出版社，2012。

35. 陆剑清：《行为金融学》，清华大学出版社，2013。

36. 〔美〕罗伯特·C. 埃里克森：《无需法律的秩序——邻人如何解决纠纷》，苏力译，中国政法大学出版社，2003。

37. 〔美〕罗伯特·希勒：《金融与好的社会》，束宇译，中信出版社，2012。

38. 罗豪才、宋功德：《软法亦法——公共治理呼唤软法之治》，法律出版社，2009。

39. 〔美〕罗纳德·哈里·科斯：《论生产的制度结构》，盛洪译，上海人民出版社，1994。

40. 〔美〕罗纳德·Ⅰ. 麦金农：《经济发展中的货币与资本》，卢骢译，上海三联书店、上海人民出版社，1997。

41. 〔英〕迈克尔·博兰尼：《自由的逻辑》，冯银江、李雪茹译，吉林人民出版社，2011。

42. 〔美〕曼纽儿·卡斯特主编《网络社会：跨文化的视角》，周凯译，社会科学文献出版社，2009。

43. 南开大学哲学系逻辑学教研室编著《逻辑学基础教程》（第2版），

南开大学出版社，2008。

44. 〔美〕尼古拉斯·麦考罗、〔美〕斯蒂文·曼德姆：《经济学与法律——从波斯纳到后现代主义》，吴晓露、潘晓松译，法律出版社，2005。

45. 欧阳日辉主编《互联网金融监管：自律、包容与创新》，经济科学出版社，2015。

46. 欧阳日辉主编《互联网金融治理：规范、创新与发展》，经济科学出版社，2017。

47. 彭冰主编《互联网金融的国际法律实践》，北京大学出版社，2017。

48. 祁敬宇主编《金融监管学》（第二版），西安交通大学出版社，2013。

49. 〔美〕R. 爱德华·弗里曼：《战略管理：利益相关者方法》，王彦华、梁豪译，上海译文出版社，2006。

50. 饶育蕾、盛虎：《行为金融学》，机械工业出版社，2010。

51. 〔美〕史蒂文·瓦戈：《法律与社会》（第9版），梁坤、邢朝国译，中国人民大学出版社，2011。

52. 史金艳：《行为金融理论与应用》，大连理工大学出版社，2010。

53. 苏力：《法治及其本土资源》（第三版），北京大学出版社，2015。

54. 苏志伟、李小林：《世界主要国家和地区征信体系发展模式与实践：对中国征信体系建设的反思》，经济科学出版社，2014。

55. 孙宝文：《互联网金融元年：跨界、变革与融合》，经济科学出版社，2014。

56. 孙丽：《互联网金融论》，山东大学出版社，2015。

57. 孙天琦：《金融业行为监管与消费者保护研究》，中国金融出版社，2017。

58. 汪政主编《互联网金融合规指南与法律政策指引》，中国法制出版社，2018。

59. 〔德〕乌尔里希·贝克：《风险社会》，何博闻译，译林出版社，2004。

60. 吴金旺、靖研：《互联网金融法律法规》，中国金融出版社，2018。

61. 吴晓求等：《中国资本市场研究报告（2014）——互联网金融：理论与现实》，北京大学出版社，2014。

62. 武长海、涂晟：《互联网金融监管基础理论研究》，中国政法大学出版社，2016。

63. 武长海、涂晟、樊富强主编《互联网保险的法律规制研究》，中国政法大学出版社，2016。

64. 邢会强等：《互联网金融风险防范法律问题研究》，中国金融出版社，2018。

65. 徐国栋：《民法基本原则解释》，中国政法大学出版社，1992。

66. 许传华等：《互联网金融发展与金融监管问题研究》，中国金融出版社，2015。

67. 薛波主编《元照英美法律词典》，法律出版社，2003。

68. 〔英〕亚当·斯密：《国民财富的性质和原因的研究》（上卷），商务印书馆，1972。

69. 阎庆民、杨爽：《互联网+银行变革与监管》，中信出版社，2015。

70. 杨东、文诚公：《互联网金融风险与安全治理》，机械工业出版社，2016。

71. 杨小凯：《经济学：新兴古典与新古典框架》，社会科学文献出版社，2003。

72. 〔美〕约翰·罗尔斯：《正义论》，何怀宏、何包钢、廖申白译，中国社会科学出版社，1988。

73. 〔英〕约翰·洛克：《政府论》（下篇），叶启芳、瞿菊农译，商务印书馆，1964。

74. 〔英〕约翰·伊特韦尔、〔美〕默里·米尔盖特、〔美〕彼得·纽曼编《新帕尔格雷夫经济学大辞典》（第2卷），经济科学出版社，1992。

75. 〔美〕约瑟夫·熊彼特:《经济发展理论》,何畏等译,商务印书馆,1990。

76. 岳彩申、盛学军等:《互联网与民间融资法律问题研究》,法律出版社,2014。

77. 〔美〕詹姆斯·N. 罗西瑙主编《没有政府的治理 世界政治中的秩序与变革》,张胜军、刘小林等译,江西人民出版社,2001。

78. 〔美〕詹姆斯·R. 巴斯、〔美〕小杰勒德·卡普里奥、〔美〕罗斯·列文:《金融守护人:监管机构如何捍卫公众利益》,杨农等译,生活·读书·新知三联书店,2014。

79. 张炳辉主编《互联网金融安全》,中国金融出版社,2018。

80. 张炳辉主编《金融安全概论》,中国金融出版社,2018。

81. 张健华:《互联网金融监管研究》,科学出版社,2016。

82. 张守文:《经济法学》,高等教育出版社,2016。

83. 张文显:《二十世纪西方法哲学思潮研究》,法律出版社,1996。

84. 《中共中央关于全面深化改革若干重大问题的决定》,人民出版社,2013。

85. 朱景文主编《法社会学》(第三版),中国人民大学出版社,2013。

86. 卓武扬、彭景:《金融创新、道德风险与法律责任》,北京大学出版社,2017。

87. 〔美〕兹维·博迪、〔美〕罗伯特·C. 莫顿:《金融学》,欧阳颖等译,中国人民大学出版社,2000。

(二)报刊类

88. 巴曙松、杨彪:《第三方支付国际监管研究及借鉴》,《财政研究》2012 年第 4 期。

89. 白钦先、李士涛:《互联网金融可持续发展研究——基于金融资源观视角》,《征信》2014 年第 12 期。

90. 贲圣林:《真正有生命力的互联网金融是什么样的?》,《IMI 研究动态》2016 年第 26 期。

91. 毕建华、肖林江：《关注互联网金融信息风险》，《金融时报》2016
    年 11 月 7 日，第 12 版。

92. 卜亚、印梦婷：《P2P 网络借贷行业自律：理论模型与跨国经验》，
    《金融监管研究》，2018 年第 8 期。

93. 曹守晔、张钱：《金融消费者分级保护制度的法律规则构架》，《社
    会科学辑刊》2014 年第 4 期。

94. 柴瑞娟、常梦：《加拿大沙箱监管的制度建构与启示》，《证券市场
    导报》2018 年第 10 期。

95. 常健：《论金融稳定的含义、法律特征与法律限度》，《安徽大学学
    报》（哲学社会科学版）2011 年第 5 期。

96. 陈放：《我国金融安全面临的挑战及其政府治理创新策略》，《政治
    学研究》2021 年第 5 期。

97. 陈放、罗晓梅：《互联网＋金融：产业融合的模式、困境与政策建
    议》，《上海行政学院学报》2016 年第 3 期。

98. 陈连艳、罗敏：《契约式治理：当代政府治理变革》，《云南行政学
    院学报》2017 年第 3 期。

99. 陈林：《互联网金融发展与监管研究》，《南方金融》2013 年第
    11 期。

100. 陈胜、方婧姝：《互联网金融监管寻路——借鉴英国发展经验》，
    《金融时报》2013 年 11 月 11 日，第 12 版。

101. 陈欣烨、修妍：《互联网金融模式服务效果差异性研究——基于共
    性基础差异的分析》，《价格理论与实践》2018 年第 1 期。

102. 陈颖瑛、王娟：《互联网金融的时空特征与运行机制》，《南方金
    融》2019 年第 5 期。

103. 陈志武：《互联网金融到底有多新》，《新金融》2014 年第 4 期。

104. 陈智勇、董寿昆：《金融业的新时代：网络金融时代》，《财经理论

与实践》2000 年第 4 期。

105. 陈宗义：《"民主概念坐标系"中的金融民主》，《上海金融》2014 年第 11 期。

106. 程雪军：《金融科技背景下互联网消费金融研究综述：基本理论框架》，《兰州学刊》2023 年第 5 期。

107. 池凤彬、刘力臻：《日本征信业的历史沿革及运营机制分析》，《现代日本经济》2018 年第 5 期。

108. 崔毅：《开放条件下的中国金融业安全指数研究》，《经济问题》2017 年第 7 期。

109. 崔中山、尹丽：《"自金融"背景下消费者金融教育的理论、现状及建议》，《武汉金融》2018 年第 6 期。

110. 邓建鹏、黄震：《互联网金融的软法治理：问题和路径》，《金融监管研究》2016 年第 1 期。

111. 邓舒仁：《互联网金融监管的国际比较及其启示》，《新金融》2015 年第 6 期。

112. 邓鑫、沈伟基：《银行监管成本界定的质疑》，《财经问题研究》2009 年第 7 期。

113. 狄卫平、梁洪泽：《网络金融研究》，《金融研究》2000 年第 11 期。

114. 丁杰：《互联网金融与普惠金融的理论及现实悖论》，《财经科学》2015 年第 6 期。

115. 董昀、李鑫：《互联网金融的发展：基于文献的探究》，《金融评论》2014 年第 5 期。

116. 樊融杰：《消费金融至少还有五年高速发展期》，《中国保险报》2019 年 9 月 25 日，第 1 版。

117. 封思贤、章洪量：《金融脱媒的界定、机理与测度》，《经济与管理研究》2016 年第 6 期。

118. 《服务实体经济防控金融风险深化金融改革　促进经济和金融良

性循环健康发展》，《人民日报》2017年7月16日，第1版。

119. 傅喆：《"美国JOBS法案"签署鼓励中小企业融资》，《金融管理与研究》2012年第6期。

120. 高万东、吕鹰飞：《我国金融业发展水平测度及区域比较》，《东北师大学报》（哲学社会科学版）2013年第2期。

121. 顾海兵、张安军、李彬：《中国金融安全指数动态监测比较分析》，《福建论坛》（人文社会科学版）2012年第3期。

122. 郭冠男、李晓琳：《市场准入负面清单管理制度与路径选择：一个总体框架》，《改革》2015年第7期。

123. 郭宏宇：《维护金融稳定和公共信心的全面补偿机制——英国存款保险制度述评》，《银行家》2015年第1期。

124. 郭洪侯：《社会科学研究必须坚持科学性和革命性统一的原则——访郑杭生教授》，《社会主义研究》1992年第2期。

125. 国家检察官学院课题组：《P2P网络借贷平台异化的刑事规制》，《国家检察官学院学报》2018年第1期。

126. 何帆、朱鹤、于澜：《金融人才建设与金融安全》，《中国金融》2017年第15期。

127. 何文虎：《我国互联网金融风险监管研究》，《南方金融》2014年第10期。

128. 何文虎、杨云龙：《我国互联网金融风险监管研究——基于制度因素和非制度因素的视角》，《金融发展研究》2014年第8期。

129. 何增科：《理解国家治理及其现代化》，《马克思主义与现实》2014年第1期。

130. 胡滨、全先银：《法治视野下的中国金融发展——中国金融法治化进程、问题与展望》，《财贸经济》2009年第5期。

131. 胡剑波、宋帅、石峰：《互联网金融信息安全风险及其防范》，《征信》2015年第4期。

132. 胡永保、杨弘：《国家治理现代化进程中的政府治理转型析论》，《理论月刊》2015 年第 12 期。

133. 胡志强：《基于金融结构变迁视角的区域金融风险测度——以安徽省为例》，《金融理论与实践》2016 年第 12 期。

134. 黄博文：《算法不完备及其治理——以互联网金融消费者保护为中心》，《西南金融》2018 年第 8 期。

135. 黄海龙：《基于以电商平台为核心的互联网金融研究》，《上海金融》2013 年第 8 期。

136. 姜波、冯华：《互联网金融：本质、模式、风险与监管》，《人民论坛·学术前沿》2017 年第 20 期。

137. 姜明安：《软法的兴起与软法之治》，《中国法学》2006 年第 2 期。

138. 靳文辉：《互联网金融监管组织设计的原理及框架》，《法学》2017 年第 4 期。

139. 黎四奇：《〈多德—弗兰克华尔街改革和消费者保护法〉之透析及对中国的启示》，《暨南学报》（哲学社会科学版）2012 年第 10 期。

140. 黎四奇、李牧翰：《金融科技监管的反思与前瞻：以"沙盒监管"为例》，《甘肃社会科学》2021 年第 3 期。

141. 李丹：《以法治维护金融稳定——访全国人大代表、人民银行南京分行行长郭新明》，《中国金融家》2019 年第 3 期。

142. 李佳：《互联网金融对传统银行业的冲击与融合——基于功能观的讨论》，《云南财经大学学报》2015 年第 1 期。

143. 李健旋：《金融服务方向与业务模式创新探讨》，《科学决策》2019 年第 4 期。

144. 李军：《解读金融安全和信用建设良性互动的奥秘》，《现代经济探讨》2002 年第 10 期。

145. 李钧：《互联网金融是什么?》，《第一财经日报》2013 年 3 月 15 日，第 A13 版。

146. 李凯风、朱冠如：《我国金融消费者权益保护体系的问题与解决对策》，《金融与经济》2017 年第 11 期。

147. 李克穆：《互联网金融的创新与风险》，《管理世界》2016 年第 2 期。

148. 李琳璐：《国外互联网金融监管对我国的启示》，《财会通讯》2017 年第 36 期。

149. 李平原：《浅析奥斯特罗姆多中心治理理论的适用性及其局限性——基于政府、市场与社会多元共治的视角》，《学习论坛》2014 年第 5 期。

150. 李仁真、申晨：《监管沙箱：拥抱 Fintech 的监管制度创新》，《辽宁大学学报》（哲学社会科学版）2018 年第 5 期。

151. 李向红：《互联网支付的现状与风险问题》，《对外经贸实务》2016 年第 11 期。

152. 李新宁：《金融科技的高质量发展与监管创新》，《学习与实践》2018 年第 10 期。

153. 廉东、王庆龙、李锐：《互联网金融业要走整合发展之路》，《经济纵横》2015 年第 5 期。

154. 梁永礼：《新常态下我国金融安全实证分析》，《经济问题探索》2016 年第 11 期。

155. 林宏山：《互联网金融助推普惠金融发展探讨》，《上海金融》2014 年第 12 期。

156. 林莉芳：《互联网金融商业模式、风险形成机理及应对策略》，《技术经济与管理研究》2018 年第 8 期。

157. 刘辉：《市场失灵理论及其发展》，《当代经济研究》1999 年第 8 期。

158. 刘磊等：《互联网金融发展的国际比较研究》，《科技促进发展》2018 年第 10 期。

159. 刘力臻：《互联网金融：机理·特征·监管·趋势》，《当代经济研究》2014 年第 12 期。

160. 刘勤福、孟志芳：《基于商业银行视角的互联网金融研究》，《新金融》2014 年第 3 期。

161. 刘天利、顾颖、霍芙蓉：《互联网金融模式创新的法律边界与规制》，《西北大学学报》（哲学社会科学版）2017 年第 3 期。

162. 刘新海：《互联网金融新模式探析》，《金融电子化》2013 年第 4 期。

163. 刘志云：《国际关系与国际法跨学科研究之路径》，《世界经济与政治》2010 年第 2 期。

164. 鲁篱、田野：《金融监管框架的国际范本与中国选择——一个解构主义分析》，《社会科学研究》2019 年第 1 期。

165. 陆岷峰、葛和平：《供给侧改革背景下我国金融监管体制重构的思考——基于互联网金融对传统金融的冲击分析》，《当代经济管理》2017 年第 1 期。

166. 陆岷峰、徐阳洋：《关于打造中国互联网金融中心战略研究》，《西南金融》2017 年第 2 期。

167. 罗明雄：《互联网金融是金融换媒而非脱媒》，《中华工商时报》2014 年 2 月 25 日，第 9 版。

168. 罗明雄：《六大互联网金融模式形成》，《中国电子报》2013 年 12 月 13 日，第 9 版。

169. 马慧子、王向荣、王宜笑：《中国情境下互联网金融的内涵、特征与风险》，《商业经济研究》2016 年第 21 期。

170. 马健：《产业融合理论研究评述》，《经济学动态》2002 年第 5 期。

171. 马卫刚：《关于〈资本论〉范畴分析方法论的系统性原则研究》，《理论学刊》2002 年第 5 期。

172. 缪曼聪：《以创建金融安全区为切入点着力改善金融生态环境》，《中国金融》2005 年第 15 期。

173. 年猛、王垚：《互联网金融：美国经验与启示》，《经济体制改革》2015 年第 3 期。

174. 年志远、贾楠：《互联网金融监管与传统金融监管比较》，《学术交流》2017 年第 1 期。

175. 宁泽逵、王哲、屈桥：《中国互联网金融风险监管的主要历程、典型模式及未来挑战》，《山东财经大学学报》2023 年第 2 期。

176. 潘静：《从政府中心规制到社会共治：互联网金融治理的新视野》，《法律科学》（西北政法大学学报）2018 年第 1 期。

177. 庞敏、邱代坤：《互联网金融风险产生的路径与防范对策分析》，《理论探讨》2017 年第 4 期。

178. 彭冰：《反思互联网金融监管的三种模式》，《探索与争鸣》2018 年第 10 期。

179. 彭涵祺、龙薇：《互联网金融模式创新研究——以新兴网络金融公司为例》，《湖南社会科学》2014 年第 1 期。

180. 彭景、卓武扬：《我国互联网金融系统性风险的特征、成因及监管》，《西南金融》2016 年第 10 期。

181. 彭岳：《互联网金融监管理论争议的方法论考察》，《中外法学》2016 年第 6 期。

182. 朴铭实：《互联网金融风险与防范》，《税务与经济》2017 年第 3 期。

183. 秦池江：《论金融产业与金融产业政策》，《财贸经济》1995 年第 9 期。

184. 秦颖、高厚礼：《西方企业社会责任理论的产生与发展》，《江汉论坛》2001 年第 7 期。

185. 《全面贯彻党的十八届五中全会精神 依靠改革为科学发展提供持续动力》，《人民日报》2015 年 11 月 10 日，第 1 版。

186. 〔日〕植草益：《信息通讯业的产业融合》，《中国工业经济》2001 年第 2 期。

187. 盛学军：《后危机时代下对金融监管法价值的省思》，《重庆大学学报》（社会科学版）2011 年第 1 期。

188. 宋国良、方静姝：《互联网金融监管：靠自律还是靠政府——英、

美两国的监管特点及对我国的启示》，《中国经济导报》2014 年 2
月 13 日，第 B08 版。

189. 孙红、金兵兵：《日本征信市场的特点及启示》，《征信》2015 年
第 6 期。

190. 谭艳斌：《"正面清单"视角下的互联网金融监管》，《企业经济》
2014 年第 11 期。

191. 唐明琴：《征信机构建设的国际经验及其启示》，《重庆社会科学》
2012 年第 10 期。

192. 唐庆国：《金融安全、公信力和中国证券市场》，《管理世界》2002
年第 12 期。

193. 唐士亚：《运用监管科技促进互联网金融均衡规制——以 P2P 网贷
市场准入规制为例的研究》，《商业研究》2018 年第 12 期。

194. 唐兴军、齐卫平：《国家治理现代化视阈下的政府职能转变》，《晋
阳学刊》2015 年第 2 期。

195. 唐云锋、刘清杰：《地方政府债务诱发金融风险的逻辑与路径》，
《社会科学战线》2018 年第 3 期。

196. 汪振江、张弛：《互联网金融创新与法律监管》，《兰州大学学报》
（社会科学版）2014 年第 5 期。

197. 汪祖杰、吴江：《区域金融安全指标体系及其计量模型的构建》，
《经济理论与经济管理》2006 年第 3 期。

198. 王冰：《市场失灵理论的新发展与类型划分》，《学术研究》2000
年第 9 期。

199. 王聪聪等：《互联网金融背景下的金融创新和财富管理研究》，《管
理世界》2018 年第 12 期。

200. 王丹莉、王曙光：《从金融抑制到金融自由化与金融民主化》，《新
视野》2015 年第 2 期。

201. 王刚、李赫：《金融稳定、金融效率与我国金融安全网制度建设》，

《武汉金融》2007 年第 5 期。

202. 王国刚、张扬：《互联网金融之辨析》，《财贸经济》2015 年第 1 期。

203. 王建文、奚方颖：《我国网络金融监管制度：现存问题、域外经验与完善方案》，《法学评论》2014 年第 6 期。

204. 王金龙、乔成云：《互联网金融、传统金融与普惠金融的互动发展》，《新视野》2014 年第 5 期。

205. 王全兴、樊启荣：《可持续发展立法初探》，《法商研究》1998 年第 3 期。

206. 王茹：《互联网金融风险防范与多元化金融监管体系构建》，《经济研究参考》2016 年第 63 期。

207. 王曙光：《互联网金融的哲学》，《中共中央党校学报》2013 年第 6 期。

208. 王曙光、张春霞：《互联网金融发展的中国模式与金融创新》，《长白学刊》2014 年第 1 期。

209. 王肃之：《互联网金融信息风险的法律防控》，《当代经济管理》2017 年第 6 期。

210. 王元龙：《关于金融安全的若干理论问题》，《国际金融研究》2004 年第 5 期。

211. 王元龙：《我国对外开放中的金融安全问题研究》，《国际金融研究》1998 年第 5 期。

212. 王兆星：《机构监管与功能监管的变革——银行监管改革探索之七》，《中国金融》2015 年第 3 期。

213. 王智东：《我国互联网金融发展的特征、现状、问题及措施》，《商业经济研究》2019 年第 6 期。

214. 王忠、黄瑞华：《国外风险管理研究的理论、方法及其进展》，《外国经济与管理》2005 年第 2 期。

215. 王子立、罗莹、杨洁：《金融混业监管模式比较研究》，《财会月刊》2011 年第 17 期。

216. 吴大维：《金融行业应发展更加开放的互联网精神》，《银行家》2016 年第 8 期。

217. 吴风云、赵静梅：《统一监管与多边监管的悖论：金融监管组织结构理论初探》，《金融研究》2002 年第 9 期。

218. 吴慧强：《网络金融的若干理论问题》，《江汉论坛》2005 年第 1 期。

219. 吴景丽：《互联网金融的基本模式及法律思考（上）》，《人民法院报》2014 年 3 月 26 日，第 7 版。

220. 吴诗伟、朱业：《互联网金融创新与区域金融风险的实证研究》，《金融与经济》2015 年第 10 期。

221. 吴晓求：《中国金融的深度变革与互联网金融》，《财贸经济》2014 年第 1 期。

222. 吴晓求：《中国金融监管改革：逻辑与选择》，《财贸经济》2017 年第 7 期。

223. 武长海：《论互联网背景下金融风险的衍变、特征与金融危机》，《中国政法大学学报》2017 年第 6 期。

224. 习近平：《决胜全面建成小康社会，夺取新时代中国特色社会主义伟大胜利》，《人民日报》2017 年 10 月 28 日，第 1 版。

225. 夏后学、谭清美、白俊纪：《营商环境、企业寻租与市场创新——来自中国企业营商环境调查的经验数据》，《经济研究》2019 年第 4 期。

226. 夏蜀：《平台金融：自组织与治理逻辑转换》，《财政研究》2019 年第 5 期。

227. 肖宇：《构建互联网金融的回应型监管模式》，《探索与争鸣》2018 年第 10 期。

228. 谢平：《互联网金融的现实与未来》，《新金融》2014 年第 4 期。

229. 谢平、邹传伟：《互联网金融模式研究》，《金融研究》2012 年第

12 期。

230. 辛路、吴晓光、陈欢：《从英美经验看互联网金融治理体系》，《上海金融》2016 年第 7 期。

231. 邢会强：《金融法上信息披露制度的缺陷及其改革——行为经济学视角的反思》，《证券市场导报》2018 年第 3 期。

232. 邢会强：《相对安全理念下规范互联网金融的法律模式与路径》，《法学》2017 年第 12 期。

233. 熊光清、熊健坤：《多中心协同治理模式：一种具备操作性的治理方案》，《中国人民大学学报》2018 年第 3 期。

234. 修永春：《"网联"时代第三方支付的三元监管模式探析》，《上海金融》2018 年第 11 期。

235. 徐彪：《监管竞争能促进合作吗？——来自经典公共品实验的证据》，《公共行政评论》2019 年第 4 期。

236. 徐湘林：《"国家治理"的理论内涵》，《人民论坛》2014 年第 10 期。

237. 许多奇：《互联网金融风险的社会特性与监管创新》，《法学研究》2018 年第 5 期。

238. 许恋天：《互联网金融"穿透式"监管研究》，《金融监管研究》2019 年第 3 期。

239. 许梦楠、周新苗：《宏观经济波动对金融安全的冲击效应研究》，《浙江金融》2019 年第 2 期。

240. 薛澜、李宇环：《走向国家治理现代化的政府职能转变：系统思维与改革取向》，《政治学研究》2014 年第 5 期。

241. 薛晓源、刘国良：《法治时代的危险、风险与和谐——德国著名法学家、波恩大学法学院院长乌·金德霍伊泽尔教授访谈录》，《马克思主义与现实》2005 年第 3 期。

242. 薛紫臣：《互联网金融流动性风险的成因和防范》，《中国发展观察》2016 年第 12 期。

243. 杨祖艳：《监管沙箱制度国际实践及启示》，《上海金融》2018 年第 5 期。

244. 姚国章、赵刚：《互联网金融及其风险研究》，《南京邮电大学学报》（自然科学版）2015 年第 2 期。

245. 姚珊珊、滕建州、王元：《我国互联网金融发展的问题与对策》，《税务与经济》2017 年第 2 期。

246. 叶文辉：《英国"监管沙箱"的运作机制及对我国互联网金融监管的启示》，《征信》2017 年第 4 期。

247. 殷剑峰：《"互联网金融"的神话与现实》，《上海证券报》2014 年4 月 22 日，第 A01 版。

248. 尹海员、王盼盼：《我国互联网金融监管现状及体系构建》，《财经科学》2015 年第 9 期。

249. 于蔚、钱水土：《互联网金融监管的国际经验》，《中国金融》2015年第 1 期。

250. 袁金星：《互联网金融发展模式及其监督机制分析》，《金融理论与实践》2014 年第 12 期。

251. 袁远：《监管视角下互联网金融消费者保护研究》，《经济纵横》2019 年第 6 期。

252. 岳彩申：《互联网金融监管的法律难题及其对策》，《中国法律》2014 年第 3 期。

253. 云佳祺：《互联网金融风险管理研究》，中国社会科学院研究生院博士学位论文，2017。

254. 曾刚：《积极关注互联网金融的特点及发展——基于货币金融理论视角》，《银行家》2012 年第 11 期。

255. 曾康霖、虞群娥：《论金融理论的创新》，《金融理论与实践》2001年第 6 期。

256. 詹真荣、刘阳：《世界典型国家互联网监管实践及其启示》，《中共杭州市委党校》2011 年第 2 期。

257. 张芬、吴江：《国外互联网金融的监管经验及对我国的启示》，《金融与经济》2013 年第 11 期。

258. 张健：《中国互联网金融风险与监管体系改革的路径选择》，《亚太经济》2018 年第 6 期。

259. 张明：《警惕互联网金融行业的潜在风险》，《经济导刊》2013 年第 Z5 期。

260. 张晓朴：《互联网金融监管的原则：探索新金融监管范式》，《金融监管研究》2014 年第 2 期。

261. 张晓燕：《金融科技风险及其治理机制研究》，《甘肃社会科学》2023 年第 2 期。

262. 张鑫：《互联网金融创新的三大争议》，《探索与争鸣》2014 年第 12 期。

263. 张旭辉：《互联网金融风险防范和监管问题研究》，中共中央党校博士学位论文，2015。

264. 张兆曦、赵新娥：《互联网金融的内涵及模式剖析》，《财会月刊》2017 年第 2 期。

265. 赵渊博：《互联网金融征信体系建设的国际经验与中国模式选择》，《征信》2018 年第 3 期。

266. 赵增强：《互联网金融及其风险防控》，《税务与经济》2018 年第 1 期。

267. 浙江省信用办：《英国、瑞士信用体系建设对浙江的启示》，《浙江经济》2015 年第 21 期。

268. 郑吉峰：《国家治理体系的基本结构与层次》，《重庆社会科学》2014 年第 4 期。

269. 郑联盛：《共享经济：本质、机制、模式与风险》，《国际经济评论》2017 年第 6 期。

270. 郑联盛：《中国互联网金融：模式、影响、本质与风险》，《国际经济评论》2014 年第 5 期。

271. 中国人民银行金融稳定局赴英考察团：《英国金融监管改革及启示》，《金融发展评论》2013 年第 10 期。

272. 中国人民银行内江市中心支行课题组、罗红威，《互联网金融监管国际比较与启示》，《西南金融》2014 年第 9 期。

273. 周进萍：《利益相关者理论视域下"共建共治共享"的实践路径》，《领导科学》2018 年第 8 期。

274. 周黎安等：《"层层加码"与官员激励》，《世界经济文汇》2005 年第 1 期。

275. 周宇：《互联网金融：一场划时代的金融变革》，《探索与争鸣》2013 年第 9 期。

276. 朱娟：《我国区块链金融的法律规制——基于智慧监管的视角》，《法学》2018 年第 11 期。

（三）其他类

277. 李加宁、李丰也：《世界主要国家互联网金融发展情况与监管现状》，中国政府网，http://www.csrc.gov.cn/pub/newsite/yjzx/sjdjt/cxywyj/201505/t20150514_276926.html。

二　外文参考文献

（一）著作类

278. Apostolos Gkoutzinis, *Internet Banking and the Law in Europe* (Cambridge：Cambridge University Press, 2006).

279. Eatwell, J., *The New Palgrave Dictionary of Economics Second Edition*, *Volume* 3 (London：Macmillan Publishers, 2008).

280. Eric Banks, *E-Finance：the Electronic Revolution in Financial Services*

(New Jersey: John Wiley & Sons, 2001).

281. Greenstein, S., and Khanna, T., "*What Does Industry Mean?*" in Yofee, ed., *Competing in the Age of Digital Convergence* (Cambridge: President and Fellows of Harvard Press, 1997).

282. Lomax, D., *London Markets after the Financial Services Act* (London: Butterworths, 1987).

283. Nicholas Mercuro, Steven G. Medema, *Economics and the Law: From Posner to Post-Modernism* (Princeton University Press, 1997).

284. Robert Baldwin, et al., *Understanding Regulation: Theory, Strategy, and Practice* (Oxford: Oxford University Press, 2012).

（二）论文类

285. Allen, F., Mcandrewa, J., and Strahan, P., "E-Finance: An Introduction," *Journal of Financial Services Research* 22 (2), 2002.

286. Bansel, P., "The Influence of Internet Currency Fund to Commercial Banks Business," *Strategic management journal* 26 (3), 2014.

287. Bator, F. M., "The Anatomy of Market Failure," *The Quarterly Journal of Economics* 72 (3), 1958.

288. Baxter, L. G., "Adaptive Financial Regulation and Regtech: A Concept Article on Realistic Protection for Victims of Bank Failures," *Duke Law Journal* 66 (3), 2016.

289. Berentsen, A., "Monetary Policy Implications of Digital Money," *Kyklos* 51 (1), 1998.

290. Berger, S. C., and Gleisner, F., "Emergence of Financial Intermediaries in Electronic Markets: The Case of Online P2P Lending," *Business Research* 2 (1), 2009.

291. Bradford, C. S., "The New Federal Crowdfunding Exemption: Promise Unfulfilled," *Securities Regulation Law Journal* 40 (1), 2012.

292. Efraim, B. , "Search and Herding Effects in Peer-To-Peer Lending: Evidence from Prosper. com," *Annals of Finance* (7), 2011.

293. Frederick Mishkin, "Global Financial Instability: Framework, Events, Issues," *Journal of Economic Perspectives* 13 (4), Fall 1999.

294. Greenbaum, S. I. , and Thakor, A. V. , "Reputation and Discretion in Financial Contracting," *American Economic Review* 83 (5), 1993.

295. Hallberg, K. , "A Market-Oriented Strategy for Small and Medium-scale Enterprises," *International Finance Corporation Discussion Paper* 2, 2008.

296. Herbst, A. F. , "E-Finance: Promises Kept, Promises Unfulfilled, and Implications for Policy and Research," *Global Finance Journal* 12 (2), 2001.

297. Joan MacLeod Heminway, "How Congress Killed Investment Crowdfunding: A Tale of Political Pressure Hasty Decisions, and Inexpert Judgments that Begs for A Happy Ending," *Kentucky Law Journal* 102, 2014.

298. Ksenija, D. , Anita, C. , and Irena, P. , "Multivariate Analysis of Determinants of Internet Banking Use in European Union Countries," *Central European Journal of Operations Research* 14, 2014.

299. Ramsey, L. , "Internet Finance's Impact on Traditional Finance," *The Journal of Internet Finance* 16 (2), 2014.

300. Serkan Akinci, Şafak Aksoy, Eda Atilgan, "Adoption of Internet Banking among Sophisticated Consumer Segments in an Advanced Developing Country," *International Journal of Bank Marketing* 22 (3), 2004.

301. Shahrokhi, M. , "E-Finance: Status, Innovations, Resources and Future Challenges," *Managerial Finance* 34 (6), 2008.

302. Stijn Claessens, Thomas Glaessner, and Daniela Klingebiel, "Electronic Finance: Reshaping the Financial Landscape around the World,"

Journal of Financial Services Research（8），2002.

（三）其他类

303. Anguelov, C. E. , Hilgert, M. A. , and Hogarth, J. M. , "U. S. Consumers and Electronic Banking, 1995 – 2003 ," *Federal Reserve Bulletin*, Winter 2004.

304. Demirguc-Kunt, A. , Detriagiache, E. , "The Determinants of Banking Crises: Evidence from Industrial and Developing Countries," World Bank, Working Paper, 1997.

305. United States Government Accountability Office, "Person-To-Person Lending: New Regulatory Challenges Could Emerge as the Industry Grows," 2011.

图书在版编目（CIP）数据

中国金融科技安全治理机制研究：基于法经济学的
视角／何玥著. -- 北京：社会科学文献出版社，
2024.5
ISBN 978 - 7 - 5228 - 3581 - 5

Ⅰ.①中… Ⅱ.①何… Ⅲ.①金融 - 科学技术 - 金融
监管 - 金融法 - 研究 - 中国 Ⅳ.①D922.280.4

中国国家版本馆 CIP 数据核字（2024）第 086072 号

中国金融科技安全治理机制研究：基于法经济学的视角

著　　者／何　玥

出 版 人／冀祥德
组稿编辑／高　雁
责任编辑／贾立平
责任印制／王京美

出　　版／社会科学文献出版社·经济与管理分社（010）59367226
　　　　　地址：北京市北三环中路甲 29 号院华龙大厦　邮编：100029
　　　　　网址：www.ssap.com.cn
发　　行／社会科学文献出版社（010）59367028
印　　装／三河市尚艺印装有限公司

规　　格／开本：787mm×1092mm　1/16
　　　　　印　张：17　字　数：229 千字
版　　次／2024 年 5 月第 1 版　2024 年 5 月第 1 次印刷
书　　号／ISBN 978 - 7 - 5228 - 3581 - 5
定　　价／128.00 元

读者服务电话：4008918866